构建与重塑

区块链开启公共治理的深度数字化

曾西平 吴 淼 姚亚静 艾崧溥◎编著

人民邮电出版社

北 京

图书在版编目（ＣＩＰ）数据

　　构建与重塑：区块链开启公共治理的深度数字化 /
曾西平等编著. -- 北京：人民邮电出版社，2024.1
　　ISBN 978-7-115-62764-3

　　Ⅰ．①构… Ⅱ．①曾… Ⅲ．①区块链技术－应用－公
共管理－研究 Ⅳ．①D035-0

　　中国国家版本馆CIP数据核字(2023)第185059号

内 容 提 要

　　本书介绍了区块链技术、解析了区块链的治理价值、梳理了区块链在国内外公共治理领域的应用，在此基础上，探讨了区块链技术应用于数字政府建设的优势，构建了区块链公共治理领域应用的系统架构，分析了其前景及面临的挑战并提出针对性举措。

　　本书从区块链的技术特征和运行原理出发，在技术系统与社会系统的互动过程中进一步挖掘和审视区块链在公共治理领域的价值和潜力，适合数字技术、公共治理、数字经济等领域的研究人员，公共事务从业人员，以及对区块链和公共治理感兴趣的人士阅读。

　◆　编　　著　　曾西平　吴　淼　姚亚静　艾崧溥
　　　　责任编辑　王建军
　　　　责任印制　马振武
　◆　人民邮电出版社出版发行　　北京市丰台区成寿寺路11号
　　　　邮编　100164　　电子邮件　315@ptpress.com.cn
　　　　网址　https://www.ptpress.com.cn
　　　　固安县铭成印刷有限公司印刷
　◆　开本：720×960　1/16
　　　　印张：17.25　　　　　　　　　2024年1月第1版
　　　　字数：263千字　　　　　　　　2024年1月河北第1次印刷

　　　　　　　　　　　　定价：99.90元
读者服务热线：(010)81055493　印装质量热线：(010)81055316
　　　　反盗版热线：(010)81055315
　　广告经营许可证：京东市监广登字 20170147 号

指导委员会

张延川　中国通信学会秘书长/副理事长

吕金虎　北京航空航天大学自动化科学与电气工程学院院长

金　键　中国信息通信研究院工业互联网与物联网研究所所长

祝烈煌　北京理工大学网络空间安全学院党委书记/中国计算机学会
　　　　区块链专委会主任委员

孙　毅　中科院计算所研究员/中国计算机学会区块链专委会秘书长

张　毅　华中科大公共管理学院院长

张胜利　深圳大学电子与信息工程学院院长

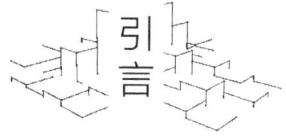

一、区块链的革命性意义

纵观波澜壮阔的人类历史长河，社会和经济的历次飞跃始终离不开科技浪潮的迭代更新。从机械化、电气自动化到电子信息化，三次工业革命无一不对人类社会的生产生活方式产生了颠覆性影响。当前，新一轮科技革命席卷全球，以大数据、云计算、移动互联网、物联网、人工智能为代表的新一代信息技术成为全球技术创新的竞争高地。随着巨量数据的产生和信息技术的深度融合，数字科技被视为引领信息技术进阶迭代的主导力量，具有重塑全球经济和产业格局的潜力。在数字科技战略布局中，区块链通过整合分布式数据存储、对等网络（P2P）通信协议、共识算法、加密算法、智能合约等技术手段，搭建了全新的集成应用框架，被视为工业社会向数字社会转型的核心驱动力和技术保障。美国区块链专家梅兰妮·斯万表示，在数字经济发展的过程中，区块链作为基础设施，虽然未必是颠覆传统的最终解决方案，但可以帮助实现技术的转移，使智能技术和数字技术安全地实现自动化。

2008 年，比特币的横空出世将作为其底层技术架构的区块链引入大众视野。从形式上来看，区块链是一个分布式共享的账本数据库，创造了一种按时间序列、分区块记录数据的管理系统，通过对多重互联网底层技术的整合实现"去中心化"、集体维护、规则全透明、全程可追溯、不易篡改、数据安全等功能。从模型架构来看，区块链搭建了包括数据层、网络层、共识层、激励层、合约层和应用层在内的多层技术框架，每层聚焦一项核心功能且彼此相互配合，形成依托技术的信任机制，《经济学人》称之为"构建信任的机器"，这也是区块链的本质所在。

区块链创造的"智能信任"拓展了人类的信任边界，也进一步推动了人类社会的交往与合作。因此，区块链技术虽然刚开始是为满足"虚拟货币"交易而创造的，但迅速在金融服务领域被采纳和应用，当前又逐步向供应链、数字版权、认证管理、慈善事业乃至物联网和公共服务领域延伸。区块链自诞生起共经历了3个发展阶段："虚拟货币"时代、智能合约时代和多行业应用时代。它与实体经济发展、社会福利增加等公共需求越来越紧密地结合，逐渐渗透社会生活的方方面面。

政府部门、实体企业和各类研究机构及社会组织敏锐地捕捉到区块链释放的"变革信号"，纷纷从战略层面、应用场景和技术平台搭建等方面展开研究和攻关。从全球范围来看，日本、新加坡和欧洲的多个国家率先制定各类政策支持区块链的发展，中国、美国、英国等国家以严谨的态度"拥抱"区块链技术，整体而言，全球主要国家都已对区块链展开了不同程度的探索和实践。技术、资本和制度的融合与优化将为区块链社会描绘出新的蓝图。

二、区块链在中国的发展历程

区块链于2011年进入我国大众的视野，2013年，我国政府开始密切关注"虚拟货币"和区块链技术，并制定了相应的政策，例如，2013年12月发布《关于防范比特币风险的通知》。

2013—2016年，我国开始重视和研究"虚拟货币"及与之相关的密码共识机制，区块链领域的公开专利数量急剧增加、区块链私募股权融资迅猛增长、区块链行业组织竞相成立。2017—2018年，我国政府一方面积极了解和采纳区块链技术，另一方面对"虚拟货币"实行了更为严格的监管，开展了一系列打击整治"币圈生态"的行动，"无币区块链"成为区块链在我国发展的基调。2019年至今，我国政府对区块链技术的鼓励和支持态度十分明朗，区块链先后被纳入新基建范畴并被写入《中华人民共和国国民经济和社会发展第十四个五年规划和 2035 年远景目标纲要》（以下简称"十四五"规划）。我国区块链从底层技术研发、基础设施框架搭建到产业应用和监管治理有了更清晰的方案和更坚定的建设力量。

我国区块链政策环境是伴随着技术框架的完善、实践经验的积累和应用的规范化逐步开放的。从全球范围看，我国完全有条件走在区块链发展前列。一方面得益于我国集中力量办大事，能够找准区块链发展的难点痛点，通过高效的组织体系、充足的资源保障和政策倾斜集中攻克关键技术；另一方面在于我国拥有全球规模最大的互联网应用市场，多元化的应用场景能够推动区块链技术和产业的迅速发展。

三、区块链与国家治理现代化

国家治理现代化要求注重各方的积极性、参与性，坚持国家制度建设，追求自由、民主、公平、正义，充分调动和运用法律的力量、市场的力量、社会的力量、人民的力量，实现法治、德治、共治、自治，实现各项事务治理的制度化、规范化、程序化、民主化。这一目标与区块链的技术理念不谋而合，区块链致力于解决信任和共识问题。

我国治理现代化建设为区块链发展提供了契机，区块链又为治理现代化建设提供了有力支撑。具体来看，其在公共治理领域的价值和优势体现在以下 4 个方面。

第一，构建安全可信的数据平台和治理环境。公共治理离不开对各类数据的采集、管理和应用，区块链的可追溯性和不易篡改性能够确保数据的稳定、安全和可靠。此外，它通过公开透明算法建立的共识、协议和规则，能够避免主观化、官僚化、无序化治理带来的负面影响。

第二，增进初始信任，调动多元治理主体的积极性，拓展合作治理范围。区块链的分布式系统设计及其管理规则能够使初始条件下存在差异的多个主体共同参与治理，最大限度地吸纳多元治理力量，使合作治理的主体范畴、领域和深度得到拓展。

第三，减少中间环节，助力公共治理降本增效。 区块链建立了网状直接协作机制，以对等的方式把参与主体连接起来，其"去中心化"的技术特征使区块链上的价值转移不需要诉诸政府、金融等权威或中介机构，能够减少中间环节、优化办事流程、提升链上协同效率。

第四，根据不同治理需求灵活进行技术组合，实现治理机制和治理模式创新。 经济、政治、文化、社会、生态等不同治理领域及政企合作、政社合作、政府之间部门合作、政府内部管理、政民互动平台、跨国合作等不同合作形式对于治理机制和治理模式的需求都存在差异。而区块链所构建的私有链、联盟链、公有链等多种组织形式能够适用于多元治理场景，并且可以通过灵活选择技术组合来针对性地构建治理规则以满足不同的治理需求。在国家治理现代化背景下，区块链的上述优势为其进一步释放巨大的应用潜力打开了通道，它将为贸易、金融、交通、教育、医疗、城市治理和政务服务等国家治理的方方面面赋能，并推动这些领域技术应用和公共服务的集成化、智能化和智慧化。

我国政府当前正以积极的态度接纳和支持区块链技术，但是要格外慎重新技术在公共治理领域的应用。在传统治理模式下，不同主体间的分工协作往往依赖于特定的组织和制度，例如，国家机关的权威、政府信誉、第三方组织的客观中立性、相对完备的契约、伙伴关系等。但区块链构建了新的共识机制，让技术本身扮演公证人的角色，在政府、市场、社会等多元主体间构建了交叉验证和监督的信任格局。一方面，这种公开性和透明性有助于公共政策被传播、理解和认可，可以提升政策执行和社会治理成效；另一方面，新的信任格局在一定程度上会对作为公共治理最核心主体的政府的权威和控制力产生冲击。政府如何恰当地运用区块链技术？这是政府在引进区块链作为现代化治理工具和治理模式时必须考虑的问题。

四、本书主要内容

本书从区块链的技术特征和运行原理出发，通过透视和剖析技术系统与社会系统的互动过程，进一步挖掘和审视区块链在公共治理领域的价值和潜力。

本书总体上在充分明晰区块链技术特征及其公共治理价值的基础上，致力于推动区块链技术率先在数字政府建设、政府传统职能改进及新兴问题治理 3 个方面的应用。首先，开发区块链技术在新时期数字政府建设中的应用方案，一方面将推动政府自身组织内部运作更加规范和高效；另一方面，数字政府可作为政府数字治理的主要平台，为区块链技术在政府改善传统领域履职现状和治理好重大新兴问题等公共治理领域的深度应用奠定坚实基础。其次，随着数字政府建设的纵深推进，进一步研究区块链技术对于政府传统公共治理领域的改进，以充分改善长期以来公共治理领域遗留的一系列问题，有助于改善政府履职能力、促进公共治理提质增效。最后，面对公共治理领域不断涌现的新兴治理问题，拓展区块链技术在新兴公共治理领域应用的可能，并提供相应的解决方案，全面有效提升政府治理能力和治理绩效。

具体而言，本书严格遵循学理阐释—经验总结—政府转型—治理改进—领域拓展—未来展望的行文逻辑，主要包括以下 6 个方面的内容。

① **区块链技术概览及其治理价值初探**。在梳理区块链技术的起源和发展、介绍区块链的技术特征和运行原理的基础上，提炼区块链作为一种治理方法的核心属性和机制，明确区块链在公共治理中的主要价值。

② **区块链在国内外公共治理领域的应用**。分析区块链在国内外公共治理领域的应用。通过整理区块链在不同国家、不同公共治理领域的应用状况，运用具体场景分析其应用过程、存在的问题和面临的争议，为我国在公共治理领域采纳和应用区块链技术提供参考和借鉴。

③ **基于区块链技术的数字政府建设分析**。推动区块链技术在新时期数字政府建设过程中的应用，强调区块链对于政府自组织形态和自组织运作模式的变革性作用。先明确新时期数字政府的基本职能与发展目标，并梳理现阶段我国数字政府建设的问题与挑战，在此基础上分析区块链在数字政府建设方面的技术优势。与此同时，展开"区块链＋数字政府"整体系统设计与架构，特别是针对跨部门信息共享、政务信息公开、跨部门业务协作和线上线下业务协同四大具体应用场景进行系统模型构建与流程设计。

④ **区块链在我国公共治理领域的典型应用和系统架构**。立足数字时代我国政府职能转型的基本要求，探索区块链技术对于当前政府履行基本职能、治理传统公共领域的优化改进方法。具体分析区块链在建设服务型政府、助力经济发展、促进文化产业发展、优化公共服务、加速建设生态文明 5 个职能领域的部分典型场景中的应用，并尝试对其进行系统架构和整体优化。

⑤ **区块链服务于我国新兴重大战略和重要任务治理的前景分析**。区块链技术在我国的发展必须始终坚持服务于国家重大战略和重要任务的基本原则，这是我国应用区块链的出发点和落脚点。本书列举了区块链在实现乡村振兴、国有资产监管、"双碳"目标、粮食安全、公共数据交易等方面具有潜在应用价值的应用场景，结合国家部署和治理需求对相关领域的应用前景进行展望，并尝试搭建区块链化的系统架构。

⑥ **区块链发展趋势及我国公共治理领域区块链应用面临的挑战和应对举措**。首先通过对区块链相关研究的整理，挖掘和分析区块链未来的发展趋势。然后对我国在公共治理领域应用区块链面临的技术、法律和组织层面的阻碍进行深入讨论，进而提出系统性的应对之策，以推动区块链的应用拓展和安全有序发展。

目录
CONTENTS

第一章

区块链：
从"虚拟货币"到治理技术

随着信息科技的不断发展，以区块链为代表的智能技术正逐步渗透社会生活的方方面面，在金融交易、信息溯源、社会治理等诸多领域产生影响。从最初作为比特币等"虚拟货币"的底层支撑技术，到如今成为广泛应用于社会各领域的重要技术，区块链的价值亟待进一步挖掘和应用。

作为一种强大的技术手段，区块链已经较广泛地应用于公共治理领域，其技术功能属性和公共治理问题属性之间的高度契合，凸显了其公共治理的价值。本章将通过区块链的源起与概述、区块链的发展与类型、区块链的公共治理属性、区块链的公共治理价值4个方面的内容，追溯区块链技术的源起，展示区块链的结构和运作流程，梳理区块链的技术原理和工作流程，结合当前公共治理的发展趋势讨论区块链技术的公共治理属性，总结区块链技术对于公共治理的价值，以期读者掌握区块链技术的核心内容，把握区块链技术与公共治理的紧密联系。

一、区块链的源起与概述

（一）区块链的源起

区块链起源于比特币，2008年11月1日，中本聪发表了《区块链：一种点对点的电子现金系统》一文，阐述了基于对等网络、数字加密、时间戳、区块链等技术的电子现金系统架构理念，标志着比特币的诞生。2009年1月3日（协调世界时），序号为0的创世区块诞生。2009年1月9日，序号为1的区块诞生，并与序号为0的创世区块相连接形成链，标志着区块链的诞生。在中本聪的文章中，区块链技术是构建比特币数据结构与交易信息加密传输的基础技术，该技术实现了比特币的"挖矿"与交易。

在区块链技术诞生之前，中心化的组织架构主导着社会和商业运作逻辑，以政府组织、商业机构、企业为代表的权威中心支配着社会和市场的运转。进入数字化时代，这种中心化机制依然延续，国家、政府、互联网银行、互联网企业等主体共同维护数字世界的信任关系。

区块链技术是互联网技术发展到一定时期的必然产物，在区块链概念被明确提出来之前，共识算法、分布式系统、数据存储等技术基础研究共同推动了区块链技术的诞生。要追溯区块链技术的起源，就不得不从与区块链技术密切联系的互联网技术发展简史中，挖掘区块链技术产生的动因。在互联网诞生后，有5项技术对区块链的发展有重大影响，具体如下。

1. TCP/IP：决定区块链在互联网技术生态的位置

1974年，由温顿·瑟夫和罗伯特·卡恩共同开发的传输控制协议/互联网协议（TCP/IP）正式发布，这项互联网核心通信技术实现了在不同计算机、不同类型网络间传送信息，所有连接在网络上的计算机，只要遵照TCP/IP，都能够进行通信和交互。TCP/IP为互联网世界创建了统一的信息传播机制，使互联网数据能够跨越空间距离精准地传送到计算机用户。在TCP/IP出现之后，整个互联网的底层硬件设备、中间的网络协议和网络地址之间一直比较稳定，但在顶层应用层不断涌现创新应用，包括社交网络、电子商务平台、新闻客户端等应用，也包括区块链技术。在互联网技术生态中，区块链是互联网顶层应用层的一种新技术，以互联网底层的基础设施和通信协议为运作基础，是按TCP/IP运转的众多软件技术之一。

2. 思科路由器：区块链技术模仿的对象

思科路由器是思科公司在1984年设计的一种名为"多协议路由器"的联网设备，把它放到互联网的通信线路中，帮助数据准确快速地借助互联网从一端到达距离几百万米的另一端。在整个互联网硬件层中，有几千万台路由器繁忙工作，指挥互联网信息的传递。思科路由器的一个重要功能是每台路由器都保存了完整的互联网设备地址表，该地址表一旦发生变化，会同步到其他路由器上，确保每台路由器都能计算出最短、最快的路径。路由器的运转过程是区块链的重要特征，对于路由器来说，即使有节点设备损坏或者被黑客攻击，也不会影响整个互联网信息的传送。

3. 万维网 B/S 架构：区块链技术颠覆的对象

万维网（WWW），简称 Web，分为 Web 客户端和服务器。Web 上所有更新的信息只在 Web 服务器上修改，其他成千上万台客户端计算机不保留信息，它们只在访问服务器时才获得信息，这种结构也被称为互联网的浏览器 / 服务器（B/S）架构，即中心型架构。该架构是目前互联网最主要的架构之一，谷歌、Facebook、腾讯等互联网头部企业采用了该架构。与 B/S 架构相反，在区块链技术中，没有中心服务器，数据被同步到计算机中，这也正是区块链技术"去中心化"理念的体现。

4.P2P：区块链的技术基础

P2P 是与 B/S 架构对应的另一种互联网基础架构，在 P2P 中，彼此连接的多台计算机之间处于对等的地位，无主从之分，一台计算机既可以作为服务器，设定共享资源供网络中的其他计算机使用，又可以作为工作站。Napster是最早出现的 P2P 系统之一，主要用于音乐资源分享。互联网的一些科技头部企业（例如，微软、IBM、谷歌等）不断推动 P2P 的发展，区块链就是一种 P2P 架构的软件应用，是 P2P 的标志性应用。

5. 哈希算法：产生比特币的关键

哈希算法是将任意长度的数字用哈希函数转变成固定长度数值的算法，知名的哈希函数包括 MD4、MD5、SHS 等，这一算法对整个互联网世界的运作至关重要。从互联网应用商店、邮件、杀毒软件到浏览器等，都在使用哈希算法，哈希算法能判断互联网用户是否下载了自己想要的东西，也能判断互联网用户是不是中间人攻击或"网络钓鱼"攻击的受害者。比特币或"代币"的"挖矿"，其实就是一个用哈希算法构建的数学游戏。

（二）区块链的概念

目前，学术界和业界还未形成统一的区块链概念，但从不同的视角看，区块链技术有不同的内容侧重点。

1. 加密的分布式账本

从记账角度看，区块链是一种分布式记账技术或账本系统。持这一观点的学者认为，区块链是一个链式账本，链上的每个区块对应账本的每页，区块上的节点就是"记账人"。区块链上的每笔交易都加上了时间戳，且分布式的网络结构使各个记账节点都能够检验交易数据的正确性，具有不易篡改的技术属性。因此，区块链不仅是一种基于非对称加密算法的分布式账本技术，还是一个由信用记录及信用记录的清算构成的记账系统。

2. 可靠的分布式数据库

从数据角度看，区块链是一种链式数据结构或分布式数据库。持这一观点的学者认为，区块链是由区块组成的链式结构，区块则是构成这一结构的数据单元，把数据区块按时间顺序连接，组成区块链的链式数据结构。

从数据存储角度看，区块链是一种公开透明的、"去中心化"的数据库，区块链去掉了删除和更新操作，只要发生过的交易在节点之间达成共识并被记录在链上，就不易再被修改或删除。因此，区块链能够完整准确地记录、存储交易数据，是兼具"去中心化"、安全、可信等特点的分布式数据库。

3. 新兴的互联网协议

从协议视角看，区块链是一种规范价值交换活动的互联网协议。区块链可以为交易者在无第三方监督的状态下建立信任关系提供技术支持，从而作为第二代互联网"价值互联网"的基础协议。第一代互联网成功实现了信息"去中心化"，TCP/IP 成为互联网用户之间的"握手协议"，然而人们无法在互联网上通过"去中心化"的方式参与价值交换活动。区块链重新定义了网络中信用的生成方式，从而做到真正的"去中心化"、去第三方中介机构，实现从信息互联网到价值互联网的转变。

4. 集成的技术方案

从技术视角看，区块链是一个由多种技术集成的技术方案。区块链是一种融合数学、密码学、计算机科学等学科知识的新技术，能够不依赖第三方，通过自身分布式节点进行网络数据的存储、验证、传递和交流。相关的基础技术主要包括时间戳、P2P、共识机制、非对称加密、智能合约等。

（1）时间戳

时间戳是一个合法的数据区块应当具备的要素之一，可用于标记数据区块的写入时间。各数据区块根据时间先后顺序依次排列形成主链式结构，时间戳是数据的存在性证明（PoE）凭据，可以证明一个活动的最先发起者是谁，只要该活动在区块链中加入时间戳后再发布，所有在其后发起的相同事件均为转载，为构造不易篡改和不可伪造的区块链数据库提供了有力支撑。

（2）P2P

区别于由服务器和客户端组成的网络结构，P2P中的每个节点平等，客户端之间直接通信。P2P分为有结构和无结构两种，有结构的P2P采用一致性哈希表构建每个节点的路由表，无结构的P2P中节点之间路由的方式为广播式，每个节点都向其邻居节点读取和发送数据，以此在网络中进行数据的传递和广播。区块链平台通常选择完全分布式且可容忍单点故障的P2P协议作为网络传输协议，每个节点均拥有路由发现、广播交易、广播区块、发现新节点等功能。

（3）共识机制

共识机制本质上是一种评判交易有效性的决策算法，可用于解决在高度分散的"去中心化"系统中各节点针对区块数据有效性的评价。如果少数人违反共识协议，故意生成错误的数据，其他人可以立即发现，拒绝接受这些错误数据进入区块链。最知名的共识算法是比特币采用的工作量证明（PoW）算法，可以在数学上证明，当超过一半的参与者遵守共识机制时，区块链是安全可靠的。

（4）非对称加密

非对称加密是一种不需要密钥交接的加密技术，它使用两个密钥对数据进行加密和解密，分别称为公钥和私钥。公钥和私钥是成对存在的，一个公钥（或私钥）对应唯一的私钥（或公钥）。其中，私钥仅可被服务提供者保存，而公钥则可被所有参与者保存，当使用其中一个密钥对数据加密后，只能通过另一个密钥进行解密。在区块链应用中，先按某种密钥生成算法，输入后计算得出私钥，再采用另一个算法根据私钥生成公钥，公钥的生成过程不可逆。在现有的计算能力条件下难以通过公钥算法穷举出私钥，因此可以认为区块链数据是安全的。

（5）智能合约

智能合约是一段代码，代码事先规定好了两个或多个参与者之间的权利和义务，这样的权利和义务往往不是立即执行，而是在将来满足一系列条件时才执行，具有可编程、"去中心化"等特点。比特币转账实际上就执行了一个非常简单的智能合约，转账不是立即执行的，需要由"矿工"在一定时间（平均10min）内执行这个合约，执行成功后，转账才会被记录进区块链，在这之前转账是不可撤销的。

区块链的技术集成及原理见表1-1。

表1-1　区块链的技术集成及原理

技术集成	技术原理
时间戳	区块链中数据的PoE凭据，为区块链的可追溯性和不易篡改性提供技术基础
P2P	P2P中每个对等节点之间可以互相传送和接收数据，使所有区块链节点都可以不依靠中央机构，具有"去中心化"的特征
共识机制	在分布式网络中，由特殊节点展开投票环节，来产生存放数据的新区块，通过对新区块的选择达成一致共识而实现"去中心化"，同时达到数据不易被篡改的效果
非对称加密	区块链技术采用非对称加密算法，使用公钥和私钥对数据进行加密和解密，公私密钥之间唯一对应，公钥公开，私钥保密，当使用其中一个密钥对数据加密后，只能通过另一个密钥进行解密，因而具有高度的安全性
智能合约	具有代码强制执行的逻辑，可自动执行事先约定好的条款

基于学术界和业界对区块链的主要技术、核心功能和典型特征达成的共识，区块链概念有广义和狭义之分：狭义的区块链是一种块链式的数据结构，按照时间顺序将数据区块先后连接起来，以密码学算法保证以这种方式存储的数据不易被篡改和伪造；广义的区块链则是指由这种数据结构，以及 P2P、共识机制、智能合约等技术所构成的技术体系的总称，有时也被称为分布式账本。通常我们所说的区块链指的是广义的区块链。

（三）区块链的结构与工作流程

区块链以区块为单位组织数据。在区块链中，分布在每个区域的节点都可以通过特定的算法（如哈希算法）和数据结构（如梅克尔树）将一段时间内发生的交易数据封装到一个带有唯一时间戳标记的数据集合中，形成数据区块。

1. 区块链结构

区块包含区块头和区块体两个部分，区块头封装了当前区块的版本号、前一区块的地址、当前区块的目标哈希值、时间戳、共识机制的随机数，记录了当前区块所有交易梅克尔树的根节点的哈希值。区块体记录了一段时间内区块的交易及经过验证的、区块创建过程中生成的所有交易记录，这些交易记录将构成梅克尔二叉树结构，二叉树的两个交易记录的哈希值串联作为下一个二叉树的输入，最终生成唯一的梅克尔树的根节点并写入区块头。根据哈希算法的随机性，如果交易记录被篡改，则梅克尔树的根节点的哈希值将千差万别，其他节点很快就会发现问题。

区块之间按时间顺序前后相连形成链式结构。前一个区块存储后一个区块的哈希值，并按生成的时间顺序进行连接，物理上是区块与区块之间的连接，逻辑上是链上信息的关联，构成一个外表为链、内在是数据关联的账本。当两个数据区块同时请求记账时，主链将出现分叉连接情况，此时共识机制开始工作，下一区块将根据约定的共识算法连接到满足合约的当前区块上，形成新的区块主链，链式结构记录了区块链数据形成的完整过程，任意数据都可以通过链式结构被溯源和定位。区块链的链式结构如图 1-1 所示。

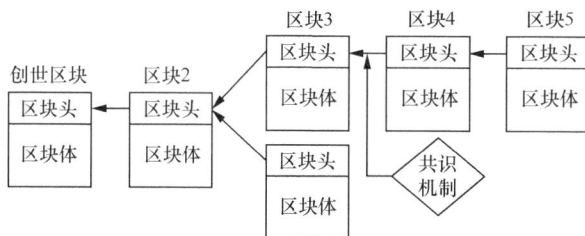

图 1-1 区块链的链式结构

2. 区块链工作流程

区块链的工作流程如图 1-2 所示，主要有以下 4 个步骤。

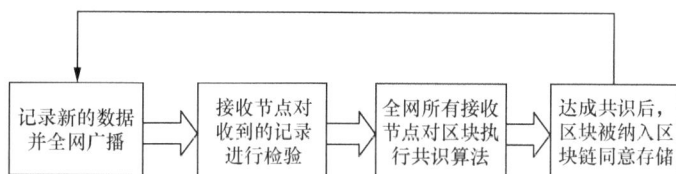

图 1-2 区块链的工作流程

① 发送节点对新的数据进行记录并向全网广播。

② 其余节点收到记录后进行验证，检查记录的合法性等。

③ 全网的接收节点对区块都执行共识算法。

④ 区块链中的信息通过共识算法被成功存储，并且整个网络中的节点都会接收该区块。

二、区块链的发展与类型

（一）区块链的发展阶段

自比特币问世以来，区块链经历了从技术实验到小众应用，再到产业落地、市场推广的发展历程，发生了数次技术迭代。虽然划分区块链技术发展阶段的标准尚未统一，但根据区块链已实现的应用功能及核心技术特征，目前普遍认为区块链的发展可分为 3 个阶段。

1. 区块链 1.0 阶段

区块链 1.0 阶段也称"可编程货币"阶段。区块链技术在没有第三方权威机构介入的情况下，为人们使用"虚拟货币"进行支付提供了技术基础。以比特币、莱特币、瑞波币为代表的"虚拟货币"以高效率、强匿名、"去监管"的特性日益得到广泛应用。

比特币作为最早实现"去中心化"的"虚拟货币"，运用分布式记账技术，使整个交易过程实现了"去中心化"的效果。交易不需要通过任何第三方的机构或者组织进行监督或验证，而是由区块链中的各个节点来验证交易的合理性。比特币平台不仅可用于创建比特币，还可用于创建其他"虚拟货币"。莱特币于 2011 年面世，是比特币的替代币之一。在技术原理上，莱特币与比特币基本类似，却是一种更为轻量的数字资产，莱特币能够降低"挖矿"成本。瑞波币是瑞波系统中货币流通的工具，可用于不同类别"虚拟货币"的中间兑换。瑞波币具有在不同网关间自由流通的特性，因此在瑞波系统内，其他类别的"虚拟货币"在不兑换成瑞波币的情况下很难实现跨行跨境转账。

以"虚拟货币"应用为主要特征的区块链 1.0 阶段，实际上是运用分布式共享账本及点对点价值传输技术实现了交易的"去中心化"、去中介化，突破了传统交易模式，给金融行业带来了巨大的影响。

在这一阶段，我国针对区块链"虚拟货币"的认可度不高，2017 年 9 月，中国人民银行和中国银行业监督管理委员会（2018 年已撤销）等多个官方部门发布了文件，禁止"虚拟货币"在中国的发行、交易和法定货币兑换，明确了"虚拟货币"相关活动在我国属于违规行为。但是，区块链技术却是我国承认的战略性前沿技术，我国也尝试将"虚拟货币"和区块链区分开来，期待区块链提高社会生产的效率。

2. 区块链2.0阶段

区块链2.0阶段也被称为"可编程金融"阶段。受比特币交易的启发，人们开始尝试将区块链应用到股票、清算等其他金融领域，拓展了区块链技术的应用范围。

比特币区块链系统的区块发布时间较长、脚本实现功能简单、账户管理模式不便等问题限制了其功能，使其只能进行简单的转账交易。在区块链2.0阶段，以以太坊为代表的区块链系统致力于创建一个新的公有区块链，方便用户在这个平台上进行应用开发，并实现更复杂的分布式合约记录——智能合约。理想状态下，智能合约可被看成一台图灵机，是能按预先设定的规则自动执行的一段代码，但由于缺乏可信的运行环境，智能合约并未广泛地投入应用。区块链的运行环境高度可信，使智能合约的概念得以运行实施。智能合约记录均寄存在区块链中，当触发智能合约中的某些条件后，定义在智能合约中的代码将自主执行，且执行结果可追溯、不易篡改。目前，以太坊是一个较为成熟、具有高度"去中心化"的智能合约的平台，通过时间戳、分布式共识机制等区块链技术，实现信息的交易共享。支持智能合约运行的以太坊为区块链提供了广泛的使用场景，目前已有超过200多个应用在以太坊上开发。

随着市场应用的推广，以太坊存在安全威胁及交易检验时间较长的问题，使该平台无法满足商业化应用的需求，在此情况下，Linux基金会于2015年主导研发了Hyperledger（超级账本）平台，旨在创建跨行业的基于区块链技术的开源规范和标准，为联盟链中相互合作的企业构建一个"去中心化"、公开透明的开发平台，其中最典型的平台是Hyperledger Fabric联盟链。区别于公链中各个节点完全匿名平等的特点，联盟链中的成员经注册获得交易身份，进一步减少了链上交易的成本和时间，成为区块链发展的重要趋势。

区块链2.0阶段更加注重价值存储和智能合约。鉴于区块链的技术特征，我国对区块链技术持审慎态度，鼓励在国内逐渐推广和应用区块链技术。虽然区块链在应用方面具有非常大的潜力和发展空间，但也面临多方面的风险和挑战，例如可信性、隐私保护等问题，需要通过风险评估和技术改进来弥补缺陷。于是，一方面，《"十三五"国家信息化规划》中明确支持区块链技术发展；另一方面，我国对于区块链技术的监管也从未松懈。总体而言，在政策的支持和倡导之下，我国各地方政府以及大量企业开始逐渐探索和应用区块链技术。

3. 区块链 3.0 阶段

区块链 3.0 阶段也被称为可编程社会阶段。区块链技术的应用范围已经从金融领域扩展到物流、医疗、司法、政务服务、城市治理等社会领域，将区块链的技术属性和各个行业中亟待解决的问题相匹配，生成解决方案。例如，应用区块链匿名特点的匿名投票，利用区块链溯源特点的供应链、物流等，以及物联网、智慧医疗、智慧城市、5G、AI 等领域。

目前，区块链行业进入了由 2.0 向 3.0 过渡的阶段，区块链 1.0 阶段和区块链 2.0 阶段的典型特点分别是"虚拟货币"和智能合约，区块链 3.0 阶段的特点则是基于规则的可信智能社会治理体系，核心是区块链应用落地。迅雷"链克"是区块链 3.0 阶段的典型应用，也是区块链技术与云计算的成功结合。共享计算是迅雷自主研发的技术，已成为迅雷的主营业务，其基本原理是运用智能硬件"玩客云"对网络中用户的空闲宽带、流量等计算资源进行集中搜集后，借助迅雷独特的技术手段，将物理位置相对分散的计算资源打包转换为云计算服务，并销售给其他用户，最后可通过迅雷"链克"对分享空闲计算资源的用户给予相应的奖励。基于云计算的空闲资源利用的方式，颠覆了目前在云计算行业中普遍依赖数据中心来生产算力的模式，该方式能精准反映出用户分享资源的数量和质量，使共享资源的分配使用更具公开性和透明性。

区块链采用了 P2P 架构，实现了"去中心化"。参与区块链网络的各节点既是客户端又是服务器，当链上的某个节点发起交易时，区块链网络中的其他节点会对其准确性和有效性进行一致性验证，达成共识后的交易会加入区块链。在区块链 1.0 和 2.0 阶段，常用的共识机制有工作量证明机制、权益证明

（PoS）机制、拜占庭容错（BFT）机制等。在区块链 3.0 阶段，区块链底层结构中采取的共识机制并不是不可更改，而是可以根据实际需要进行相应的组合。此外，区块链 3.0 的技术架构完全支持智能合约的定制开发，编写好的智能合约可以被方便地部署在区块链网络中，进一步拓展了应用范围。

区块链升级至 3.0 阶段，价值传递、信息存储、智能合约拓展应用成为该阶段的发展重点。2021 年 5 月，工业和信息化部、中央网络安全和信息化委员会办公室联合发布《关于加快推动区块链技术应用和产业发展的指导意见》，部署了两项重点任务：一是发挥区块链在优化业务流程、降低运营成本、建设可信体系等方面的作用，聚焦供应链管理、产品溯源、数据共享等实体经济领域，推动区块链融合应用，支撑行业数字化转型和产业高质量发展；二是推动区块链技术应用于政务服务、存证取证、智慧城市等公共服务领域，加快应用创新，支撑公共服务透明化、平等化、精准化。"十四五"规划中也将区块链作为新兴数字产业之一，提出"以联盟链为重点发展区块链服务平台和金融科技、供应链金融、政务服务等领域应用方案"等要求，区块链应用迎来了重大的历史发展机遇。

（二）区块链的类型

本节将学术界主流的区块链分类方式和区块链技术应用发展趋势相结合，将现有区块链划分为 3 类：非许可链（公有链）、许可链（私有链、联盟链），以及融合了公有链和许可链特征的混合链。

1. 非许可链

所有人都可以作为网络中的一个节点加入，而不需要任何人授权的区块链就是非许可链。公有链属于非许可链，在公有链中，任何节点可以自由地访问区块链，且加入区块链的节点可以获取链中所有区块的数据，全部节点通过共识机制对新区块的产生及区块上记录的交易达成一致，共同维护区块链的稳定。公有链具有 3 个显著特点，即访问门槛低、所有数据普遍公开、用户不受开发者影响。公有链以比特币和以太坊为代表，其中，比特币的工作流程代表了绝大多数公有链的工作流程。比特币的工作流程如图 1-3 所示。

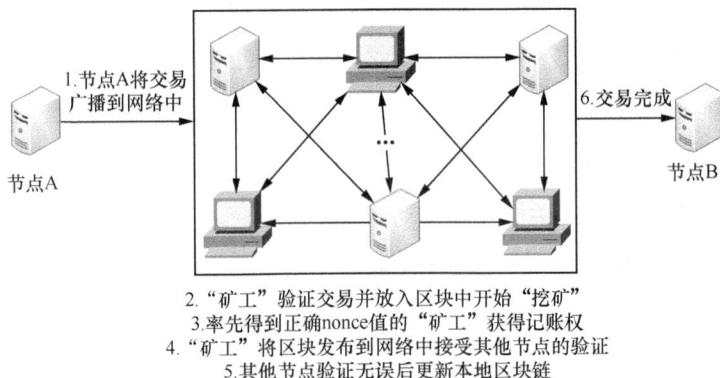

1.节点A将交易广播到网络中

6.交易完成

节点A

节点B

2."矿工"验证交易并放入区块中开始"挖矿"
3.率先得到正确nonce值的"矿工"获得记账权
4."矿工"将区块发布到网络中接受其他节点的验证
5.其他节点验证无误后更新本地区块链

图 1-3　比特币的工作流程

节点 A 与节点 B 之间发生转账交易，节点 A 首先将自己的交易广播到网络中，其他节点在收到交易请求后验证节点 A 的签名，验证通过后，一段时间内接收到的交易会组成新的区块，各节点（"矿工"）通过 PoW 机制竞争算力来获得新区块的记账权，某节点取得记账权后将该区块发布到网络中，其他节点在监听到新区块后检查区块及交易的正确性，若新区块符合要求，则将新区块保存到本地并与之前的区块连接，此时交易完成。

公有链中典型的共识机制有 PoW、PoS 和权威证明（PoA）3 类。PoW 是比特币区块链系统采用的常见共识机制，要求区块链上的各节点基于自身的算力求解一个难度适中且易于验证的数学问题（"挖矿"），最快解出该问题的节点拥有区块的记账权，且获得一定数目的比特币作为"挖矿"的工作奖励。PoW 共识机制能够对比特币系统中的"代币"发行、流通、回笼和市场交换等流程进行有机整合，从而构建一个安全可靠的系统。但是，PoW 共识机制仍存在很多不足，例如，算力竞争所带来的高昂的电力和设备成本等问题。为减少 PoW 共识机制所带来的算力资源浪费，PoS 共识机制中规定：具备最高权益的区块链节点将拥有区块的记账权，而不是具备最大算力的区块链节点拥有区块的记账权。PoS 共识机制中的权益一般指的是用户在区块链上所持有的通证[1]数量或通证时间等虚拟资源。根据"矿工"所持有的权益来设置其"挖矿"的难度，权益越大，"挖矿"的难度就越小，通过所持权益来决定区块链系统中的记账权，可有效避免资源的浪费。因此，随着"挖矿"难度的日益增加，比特币系统由初期的 PoW 共识机制来维护转变为由 PoS 共识机制来维护，PoS 共识机制能够从一定程度上减少算力资源的浪费及缩短区块链中各节点达成共识所需要的时间。PoA 共识机制结合了 PoW 共识机制和 PoS 共识机制的特点开展工作，依靠预设好的授权节点产生区块，由已授权的节点选举出权威节点，获得投票超过 50% 的节点获得新区块的记账权，能够有效避免恶意攻击。

2. 许可链

许可链是指参与到区块链系统中的每个节点都是经过许可的，未经许可的节点不可以接入系统。私有链和联盟链都属于许可链的范畴。

私有链由私有组织或单位创建，写入权限仅局限于组织内部，读取权限有限，多用于本地区块链的搭建及对智能合约进行发布前的调试。私有链的主要特点有产品项目的保密性高、交易速度快、交易成本低。私有链为企业和组织构建了一个低成本甚至免费的交易环境，由单一实体机构控制的私有链省去了"矿工费"，机构不用为私有链上的交易支付费用。即使交易的处理是由多个实体机构完成的，节点也不需要为一个交易重复工作，在私有链上可以快速地处理交易，费用仍然非常低。正是这一点使银行等金融机构能够接受私有链。私有链一般应用于企业和组织内部，例如，数据库管理、财务审计、供应链管理等，也可应用于政府机构，例如，政府的预算和执行、行业统计数据等。私有链通常采用具有可信中心的部分"去中心化"结构、容错性低、性能效率低的 Paxos 和 Raft 等共识机制，因此记账效率要远高于联盟链和公有链。其中，Paxos 共识机制是基于消息传递的一致性算法，主要用于解决如何调整分布式系统中的某个

---

1 通证是指一种数字资产，可以代表区块链中流通的"货币"，是一种权益证明。

值，使其达成一致的问题。Raft 共识机制能够实现秒级共识的效果，确保了结果的可靠性和准确性。

联盟链的开放程度介于公有链和私有链之间，在结构上采用部分"去中心化"的方式，只针对某个群体的成员和有限的第三方，内部指定多个预设的节点为记账人，每个区块的生成由所有的预设节点共同决定，某个节点的加入需要获得联盟其他成员的许可，数据读取权限和记账规则等需要根据联盟中的相关规则来定制。联盟链内部设置记账节点，负责打包交易及产生新区块，普通节点只负责产生交易和查询交易，没有记账权，避免了 PoW 共识机制所带来的计算资源、电力资源、存储资源的浪费。联盟链中典型的共识机制有 BFT 机制和实用拜占庭容错（PBFT）机制。在 BFT 机制中，拜占庭问题能够解决的前提条件是拜占庭节点数量不超过节点总数量的 1/3。PBFT 机制是对 BFT 机制的升级，PBFT 机制解决了原始 BFT 机制中数据的传输复杂度较高的难题。另外，PBFT 机制对 BFT 机制中存在的算法效率较低的情况进行了改善，算法复杂度由指数级降至多项式级，这促使 PBFT 机制在实际应用场景中得到了普及。目前，国外主要的联盟链平台有超级账本、企业以太坊联盟、R3 区块链联盟等，其应用可覆盖金融、银行、物联网、供应链、制造和科技等多个行业领域。

总体来看，在分布式结构上，不同类型的区块链系统具有一定的差异。由于具备不同的区块链共识机制，所以应用场景也有较大的差别。公有链是完全的"去中心化"架构，各参与节点拥有平等的数据读写等权利，通常用于搭建开放式的共享记账系统。联盟链是部分"去中心化"的分布式结构，由参与联盟的多个组织形成多中心的分布式系统，通常用于在各行业创建权利相对平等的组织团体以共享数据。私有链在企业或组织内部形成小范围的可信中心化结构，省略激励层以提高性能效率，用于企业或组织内容的数据共享管理。在区块链的实际应用中，行业组织的差异和公共部门的介入管理，使非许可的公有链和权限范围较小的私有链的应用规模较小。目前，在区块链领域中衍生两种发展方向：一种是以比特币、以太坊为代表的公有链的发展方向；另一种是以超级账本为代表的私有链/联盟链的发展方向。比特币、以太坊等具有全球化、不受特定机构或组织约束的特点，但完全"去中心化"的技术构想和现实存在很大的冲突，难以快速落地。超级账本则致力于构建一个既能满足不同领域需求又能满足各类监管架构要求的开放平台，是区块链发展的重要趋势。

3. 混合链

混合链是公有链和私有链的结合，这意味着某些过程是私有的，而某些过程是公开的。混合链尝试结合两种区块链的优点，同时限制其缺点，是兼具许可访问和自由性的系统。

对于混合链来说，许可公有链是技术的发展方向之一。将"许可"和"公有"相结合，构成许可公有链，既兼容了公有链的开放灵活、可扩展性，又有机结合了许可链的易于监管、高性能、安全可控的特性。许可公有链形态可以是在公有链上增加一个许可层或身份认证层，也可以是完全重新构造一个独立的许可公有链。

以产业数字化转型的工业互联网为主要应用场景的"星火·链网"是我国许可公有链的典型应用。2020 年 8 月，中国信息通信研究院推出链网协同新型基础设施，基于标识这一关键数字化资源，在为产业数字化转型提供支撑的同时，进一步推动国家级区块链与工业互联网协同的新型基础设施建设布局，"星火·链网"是采用许可公有链技术打造的区块链标识基础设施（BIF）。"星火·链网"内置了标识（以下简称星火标识），为人、企业、设备和数字对象等提供标识注册解析、数字身份、数字资产管理、公共数据服务、监测监管等基础服务，提升了区块链应用成效与规模发展。"星火·链网"采用"主链 + 子链"的链群架构，以及节点构成的服务网络，包含超级节点、骨干节点、业务节点。设计架构分为两层：上层是由超级节点构成的主链，可用于管理标识、公共数据或者国家未来提供的其他法定资产；下层是通过骨干节点连接的各类型的区块链应用，包括行业性或者区域性的各类应用。各类区块链应用通过骨干节点接入"星火·链网"体系，超级节点通过骨干节点实现对于各类应用的监管和治理。"星火·链网"的链群架构如图1-4所示。

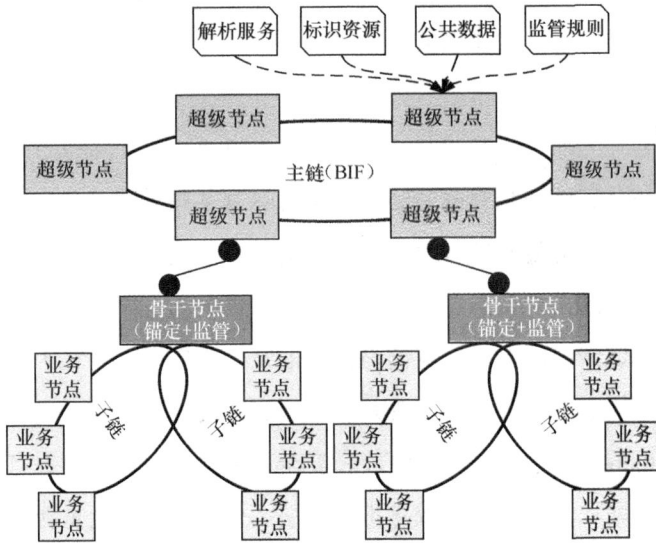

图1-4　"星火·链网"的链群架构

在"星火·链网"的应用生态与治理体系中，链网协同新型基础设施提供基础服务组件，为开发者和用户提供服务和支持，基础服务组件主要包括标识解析、数字身份、信任框架、跨链操作和公共数据等。链网协同新型基础设施将为应用开发者和区块链开发者开放分布式应用、星火标识、区块链即服务（BaaS）和跨链操作等标准协议文档和接口，组建开放社区，打造开放应用和子链生态。

总之，随着互联网基础设施的完善，区块链塑造并发展出不同形态，并衍生出多元化应用，进一步推动人类社会数字化进程。而面向现阶段产业数字化转型、工业互联网深度融合的现实需求，具有平等、共治、开放、可控等优势的混合链逐渐成为当下及未来区块链应用的主流选择。

区块链类型比较见表1-2。

表 1-2 区块链类型比较

	非许可链	许可链		混合链
	公有链	私有链	联盟链	许可公有链
中心化程度	"去中心化"	（多）中心化	多中心化	部分"去中心化"
参与者	所有人	公司内部或个人	联盟成员	许可成员
共识机制	PoW/PoS/PoA	Paxos/Raft	BFT/PBFT	DPoS[1]+BFT
记账者	所有人	自定义	联盟成员协商	得到授权的部分节点

（三）区块链的架构

虽然基于不同目的的区块链的体系结构并不完全相同，但在技术架构上有诸多共性。区块链的架构通常分为 6 层，即数据层、网络层、共识层、激励层、合约层和应用层，如图 1-5 所示。

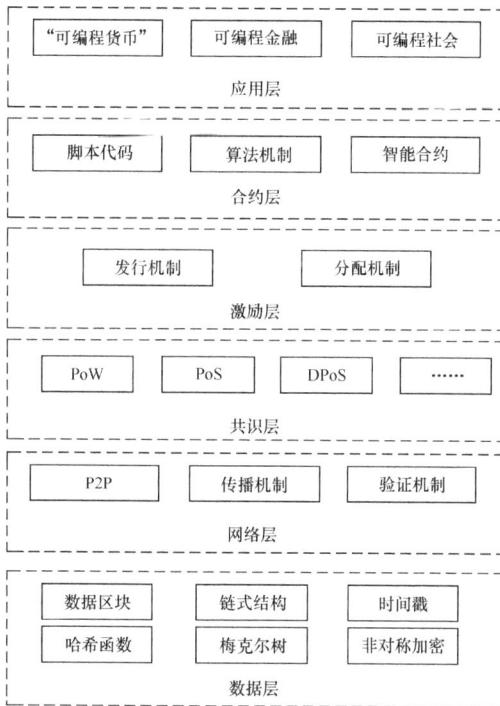

图 1-5 区块链的架构

---

1 DPoS：Delegated Proof of Stake，代理权益证明。

1. 数据层

数据层处于区块链架构中的最底层，实现数据存储、账户交易与安全保障等功能。数据层中主要包括数据区块、链式结构、时间戳、哈希函数、梅克尔树和非对称加密等技术应用，通过哈希指针来完成区块之间的连接——每个区块头中包含的前块哈希值，将一个个孤立的区块在逻辑上连接起来，形成链状结构。

区块链账户交易和安全保障基于多种密码学算法和技术，凭借标注时间戳的链式区块存储方式，实现不易篡改的分布式记录。目前，区块链的数据存储模型主要有基于交易的模型和基于账户的模型。比特币采用基于交易的模型，在每笔交易中都可以有多项输入和多项输出，通过输入可以一直向前追溯到最初的"挖矿"奖励，通过输出可以向后追溯该笔交易金额是否被花费，通过获取所有关联比特币地址的未花费输出形成一个集合，可以快速地验证交易中的比特币是否被花费，以防止针对"虚拟货币"的双花攻击（即双重消费攻击）。以太坊、Hyperledger Fabric 则采用基于账户的模型。

2. 网络层

区块链的网络层是基于 TCP/IP 和 P2P 的分布式系统，不依赖中心化的服务节点转发信息，所有的节点都参与信息的转发，并具有对数据校验和记账的功能。区块链通过对等节点完成组网，消息和数据的传输直接在节点之间完成，节点可以选择在任意时刻加入或退出网络，而不需要中间环节或中心服务器的参与。若某一节点发布了一个新交易到区块链网络中，时刻监听网络的其余节点在监听到新的交易后验证交易的签名，验证通过后将交易放入新区块，获得记账权的节点将新区块发布到网络中，其余节点在监听到新区块并验证通过后，将新区块存入本地区块链，并且以新区块的哈希值作为前一区块的哈希值继续运行 PoW 机制来争取下一区块的记账权。以比特币为例，比特币的传播机制如图 1-6 所示。

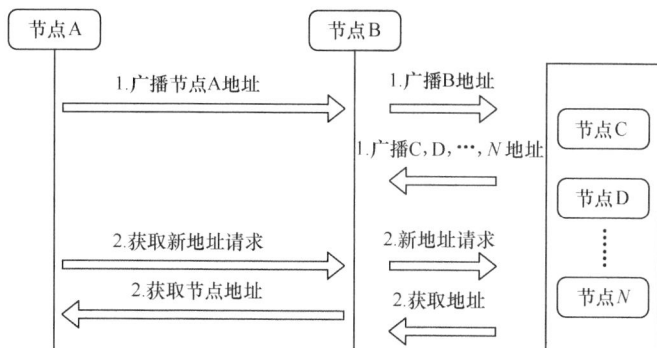

图 1-6 比特币的传播机制

① 节点 A 给节点 B 转比特币，然后向全网广播交易信息。

② 邻近节点 C 收到交易信息后，将交易信息暂存到存储池中，验证有效后再向附近节点传播交易信息。

③ 收到交易信息的其他节点，基于自身算力在区块中找到一个具有足够难度的 PoW。节点通过试错碰撞去求解，每秒钟做多少次哈希碰撞（单位为 hash/s），就是其"算力"。

④ 当某一节点最先找到区块的 PoW 后，就向全网广播该区块，并产生一个新的区块，寻找到 PoW 的节点也称为区块生产者。

⑤ 其他节点接受该区块。

3. 共识层

在一个区块链的分布式系统中，互不信任的节点通过某一机制在短时间内排除恶意节点的干扰，对正确结果达成一致，即各节点之间达成共识。比特币采用的共识机制是 PoW，通过计算哈希的方式作为证明。但是采用 PoW 机制的方式会消耗硬件算力资源和电力资源，导致资源的浪费。随着区块链技术的发展和共识机制的进步，越来越多的共识机制开始被提出并使用。区块链中常见的共识机制有 PoW、PoS、DPoS、PBFT、重要性证明（PoI）等。

4. 激励层

激励层提供了一些激励方法，激励节点参与记账并确保整个网络的安全运行。通过共识机制，赢得记账权的节点可以获得一定的奖励。目前，比特币主要有两个激励因素，一是产生新区块的系统奖励，二是每次交易的手续费。

（1）发行机制

不同区块链系统的发行机制各不相同。比特币规定发行总量约为 2100 万个，大约每 10 分钟选出一个区块生产者。最开始的区块生产者奖励 50 个比特币；每过约 21 万个区块后奖励会减半，变成 25 个比特币；再过大约 21 万个区块，奖励变成 12.5 个比特币。为了维护区块链系统的稳定和激励更多的节点参与，区块链的另一个奖励是交易方所支付的手续费，区块生产者会优先处理支付高手续费的交易，为了快速完成交易，交易方可能会支付高昂的手续费。

（2）分配机制

结合共识机制来理解分配机制，所有节点都需要依靠自身算力，竞争完成 PoW，这就考验了节点的算力强弱。假设有些节点的算力十分强大，而有些节点的算力十分弱小，那么就会导致收益不稳，贫富差距过大，造成两极分化。因此，弱小节点可联合自身算力共同竞争，所获取的奖励也按一定的规则进行分配，节点联合起来"挖矿"，形成"矿池"或"矿场"。

5. 合约层

区块链 2.0 在区块链 1.0 的基础上引入了智能合约，智能合约从本质上看是将传统合约内容编码成一段可以在区块链上自动执行的程序，使区块链在保留"去中心化"、不易篡改等特性的基础上增加了可编程的特点，通过智能合约的调用和事件的触发来完成预先设定的步骤，适用于包括众筹在内的金融领域，而其因为自动按照合约规则执行的特点也逐渐适用于互联网、管理等领域。

6. 应用层

区块链目前的应用场景大致可分为 3 类："虚拟货币"、通证、区块链＋行业（溯源链、供应链金融、存证链等）。在这些特定领域内，应用层根据实际需求，利用底层区块链的分布式账本、"去中心化"特性和智能合约功能，开发出各种应用程序和业务，搭建可信、透明和安全的应用场景，例如微软的Azure BaaS 及 IBM 的超级账本。这些区块链应用场景都是基于区块链架构，由底层技术开发到应用层，进行层层嵌套、封装实现的。

三、区块链的公共治理属性

（一）公共治理

1. 治理的背景及内涵

区块链作为一种技术工具，早期广泛应用于"虚拟货币"、金融等领域，逐步在公共治理领域发挥治理工具的作用。区块链技术在公共治理领域广泛应用的底层逻辑，反映了区块链技术与公共治理内涵及发展趋势契合的特点。理解区块链技术的公共治理属性，必须从公共治理的内涵及发展趋势切入，将区块链技术融入公共治理讨论的背景，找到区块链技术应用于公共治理领域的基础和发展方向。

基于对治理内涵及公共领域范围的不同认知，学术界对公共治理的内涵有多种阐释。20 世纪以来，治理研究的兴起遵循两条路径：一是国际援助机构的发展研究；二是福利国家危机引发的公共行政变革。在第一条路径中，国际援助机构在对发展中国家援助的过程中发现，很多援助项目无法真正发挥作用，主要原因在于受援助国的政府和公共部门的治理出现了危机。1989 年，世界银行首先使用了"治理危机"一词来描绘非洲国家所面临的问题，之后"治理"便被广泛用于政治发展研究中。在第二条路径中，20 世纪 60 ～ 70 年代，各国政府财政赤字问题突出，社会问题也日益增多，许多新问题、新情况是政府无力解决的。社会分裂加剧、价值观念分化、感情纽带断裂、小众群体兴起等现实压力，迫使政府当局做出回应。缩小政府规模，减少对经济的干预，"管理主义""企业型政府""以市场为基础的公共行政"等理念开始流行，签约外包、合同采购、公私合营、国有企业私有化等新的公共行政方式开始广泛应用，一场名为"新公共管理运动"的改革运动蓬勃发展。20世纪90年代后，"新公共管理运动"中开始渗透治理理论的要素，接受其理论指导。"新公共管理运动"催生的治理研究并非全新的事物，治理机制一直存在于西方社会运行的实践中，但在20世纪后期，公共行政领域的"国家空心化"预示着传统公共行政模式的衰退，全面市场化的失败也促使人们反思政府的边界，渴求一种合适的"国家—社会""政府—市场"关系模式。治理理论的提出和阐述被认为是对实际运行中的治理机制的"重新发现"，采用治理机制对西方国家公共行政进行的改革，实质上是去完善和运用现存的治理机制。

上述关于治理研究的两条路径反映了20世纪后期治理研究兴起的背景。回到治理概念本身，随着全球对治理的关注更为广泛，这一概念的界定出现了多种说法，但它仍是一个相对模糊和复杂的概念。罗茨认为，治理至少有6种不同的定义：一是作为最小国家的管理活动的治理，指国家削减公共开支，以最少的成本取得最大的效益；二是作为企业管理的治理，即指导、控制和监督企业运行的组织体制；三是作为新公共管理的治理，指的是将市场的激励机制引入政府的公共服务；四是作为善治的治理，指强调效率、法治和责任的公共服务体系；五是作为社会控制体系的治理，指政府与社会、公私部门之间的合作与互动，强调不再有单一的主体权威；六是作为自组织网络的治理，指建立在信任和互利基础上的社会协调网络，强调声誉、信任、互惠和相互依存。以上6种定义较为全面地概括了治理概念的内涵，即政府治理、企业治理、狭义的公共治理。

随着治理实践的深入，治理不仅包含个人和集体共同参与事务管理的方式，还意味着一种经济发展手段，以及公民社会和自组织网络的兴起。总结众多关于治理的定义，人们一般在以下4个层面使用这一概念：一是把治理看作一种管理方法和手段；二是把治理看作权力的使用；三是把治理看作一个管理过程；四是把治理看作某种关系、结构或制度框架。作为一种管理方法和手段的治理概念，强调治理中的利益相关者使用权力或非权力方式和手段以影响公共事务的决策和实施，从而参与治理过程。作为权力的使用的治理概念，是构建权力体系的因素集合，它决定权力如何行使，影响社会重要决策的制定，影响决策过程中不同利益相关者地位的确定。作为一个管理过程的治理概念，强调在共同治理的目标下，多元治理主体对社会公共事务协作管理，是政府与公民社会对公共生活的一种合作管理。作为某种关系的治理概念，突出的是治理主体间的结构关系，特别是政府与公民、第三方机构等治理主体间的关系。总之，治理倡导政府、市场和社会三位一体的方式，反映了当前公共治理实践的本质特征，是公共治理发展的重要趋势。

2. 公共治理范畴

当前，学术界对于公共治理的概念尚未做出统一且明确的界定。从普遍意义上说，公共治理即公域之治，强调的是对国家和社会公共事务的治理。本部分进一步明晰公共治理的内涵和外延，从公共治理的主体维度、问题维度及模式维度进行细分，以全面、深入地刻画公共治理全貌。

首先，从公共治理的主体维度来看，公共治理注重治理主体的多元性，特别是政府、企业、社会组织和公民的协同共治与良性互动。长期以来，政府作为公共治理的关键主体，对内充当着公共事务的管理者、公共服务的供给者、公共政策的制定者，进而在公共治理过程中发挥着主导作用；对外作为公共治理的组织者，在治理公共事务时将其他利益相关主体有效组织起来，使多元主体能够各展其长、各得其所。例如，公民参与公共治理，一方面可以充分表达治理诉求，促使政府治理决策符合实际；另一方面，公民参与是一种重要的监督机制，能够及时揭露存在的社会问题，促进社会和谐稳定发展。社会组织是个人、群体或其他实体为了有效地达到特定目标，按照一定的宗旨、制度、系统所建立的共同活动集体，它可以为组织成员提供公共服务。更重要的是，社会组织能够集中不同利益相关者的观点表达，产生公共意见，将社会问题转化为公共政策问题。企业在公共治理中往往以合作伙伴的角色出现，特别是在政府和企业合作提供某种公共服务或从事公共设施建设时。因此，基于公共治理的主体维度对公共治理范畴进行剖析，强调的是政府、公民、社会组织和企业4种治理主体通过不同的方式形成的协调的合作关系。

其次，从公共治理的问题维度来看，公共治理问题可以分为3类——公共政策问题、公共管理问题和公共服务问题。其中，公共政策问题是指如何将现实的社会问题转化为政策问题，并通过一种方式制定出公共政策。在公共政策领域，如何将公民的需求向上反映形成一个公共议题，并整合各个群体的利益诉求制定一项公共政策，既是公共部门行使公共权力的政治过程，又是其他治理主体参与政治生活、作用于公共治理的过程。公共管理问题是指采取何种方式执行公共政策和落实规章制度，核心强调公共政策的执行过程。公共管理领域是公共治理事务最集中的领域，这是因为公共管理的及时、精准和高效是解决公共治理问题的关键路径和必要流程。公共服务问题强调通过何种方式更好地提供公共服务。"新公共管理运动"和"新公共服务运动"针对公共服务问题提出颠覆式变革，即发展由政府和企业或社会组织合作提供多样化公共服务的模式。从公共治理维度探讨公共治理范畴，可以发现这些公共治理问题之间并不是界限分明、完全割裂的，不同治理问题的核心治理内容和机制存在差异，并由此共同构成较为完整的公共治理领域。

最后，从公共治理的模式维度来看，当前社会的主要治理模式包括四种：参与式治理模式、伙伴关系治理模式、自发式治理模式和统筹治理模式。参与式治理模式主要反映了政府和公民两种治理主体间的互动关系，是公民参与公共管理和公共政策决策的过程。在参与式治理模式中，政府占据了主导的治理地位，但赋予了利益相关公民表达诉求、依法监督等权利，公民凭借这些权利来维护自己的利益，其背后体现的是协商民主精神。伙伴关系治理模式是合作各方基于共同的利益，在信任和契约的基础上展开动态的、互动的、持续的合作。其中，各个主体的伙伴关系可以有主导的一方，也可以是完全平等的。自发式治理模式（自主性治理）是一种公民与社会组织内部的治理模式，即公民通过自愿和平等的方式自发地形成公民社会组织，并通过这种组织内部的协调与合作，为自己或者为更多的人提供公共服务，或者对公共事务进行管理。统筹治理模式是治理主体内部或各治理主体间围绕治理问题展开的跨层次、跨部门、跨功能的协调与合作，突出表现为政府内部各部门间的协调、跨层次的中央和地方之间的统筹治理、跨部门的政府和企业的协作、跨功能的市场、科层和网络的协调机制，是一种整体式治理。由此看来，虽然公共治理领域存在多样化的治理模式，但均主张依照公域之治的实际需要，用协商、自治、平等的方式实现对公共事务的治理。

围绕以上三大维度对"公共治理"这一概念进行拆解，可进一步归纳出公共治理这一概念范畴的核心特征：一是公共治理的主体多元，既可以是政府这一单一主体，又可以是政府和企业、社会组织、公民等其他治理主体共同构成的复合主体；二是公共治理的问题（即公共治理的内容）复杂多样，且在不同时期治理的具体内容和对象会发生变化；三是公共治理强调政府通过改进治理理念、改善治理手段或方法，与其他治理主体合作、协商治理公共事务。

基于此，本书认为公共治理是政府单独或者与企业、社会组织和公民等主体合作采用多样化治理技术以有效治理国家或社会公共事务的一种活动。这类活动的主要内容不仅包含政府自身对于组织内部的治理，还囊括政府外部由企业、社会组织和公民引发和产生的一系列公共事务治理。公共治理范畴如图1-7所示。

具体来看，一方面，作为具体公共事务的核心载体，政府自身内部的高效有序运转既是公共治理的重要内容，又是其治理外部公共事务的前提；另一方面，政府作为公共事务的主要承担者，在公共治理过程中始终发挥着至关重要的作用。无论是公民、企业，还是社会组织，出现治理诉求以后，政府首先会识别治理情境中的诉求。若该需求属于传统公共治理领域，例如，政务服务、经济发展、文化建设、公共服务、生态环境改善等，政府需要充分履职尽责，并借助多样化的治理手段或治理方式，采取单独行动或合作来积极应对和满足治理诉求。此外，在国家不同的治理和发展时期，受到国内外等多方面因素的影响，从上述这些传统领域中可能会不断涌现和衍生新的具有跨域性、重要性和艰巨性的公共治理问题，对公共治理提出新的挑战。政府面临公民、企业和社会组织提出的重大新兴问题治理诉求时，仍然需要勇于承担治理责任、努力探索新问题应对办法并输出治理反馈行为，以有效解决当下面临的治理问题。

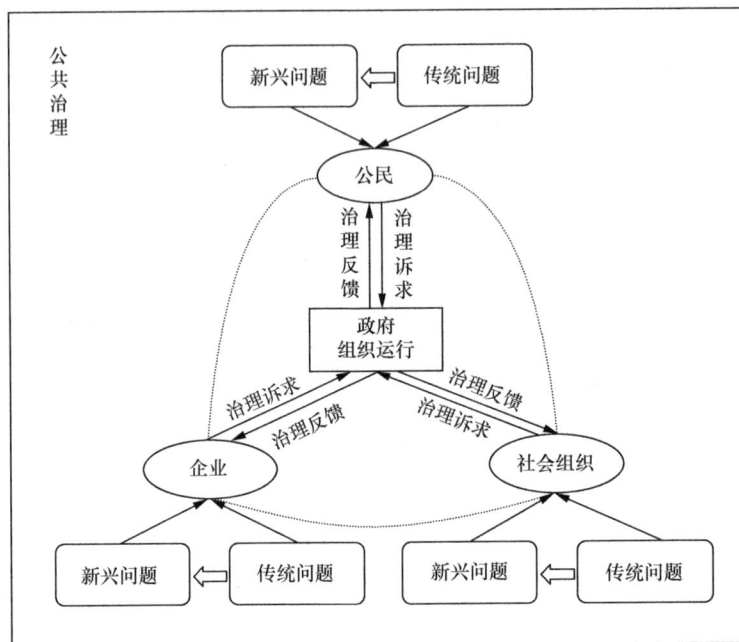

图 1-7　公共治理范畴

（二）区块链的功能

作为一种技术工具，区块链的技术理念和功能属性契合当前公共治理的发展趋势，下面将以区块链的技术原理为基础，结合公共治理的内涵，讨论区块链的功能属性和治理属性，挖掘区块链技术应用于公共治理的潜力。自比特币诞生至今，区块链不断地演化、发展，在此过程中形成记录、交易和组织这 3 种基本的功能形态。

1. 记录

区块链本质上是一个"去中心化"的数据库，数据记录是它的基本功能。

与传统数据库不同的是，区块链特殊的链式时间戳设计使任何记录在链上的数据都很难被篡改。实现这一功能需要通过哈希算法对前一个区块进行压缩与加密、在当前区块加入时间戳、将所需记录的数据及前两个步骤的结果数据一起加入当前区块以完成记录过程。整个记录过程的时间戳形成一条连续链条，试图修改当前区块数据需要同时替换在此之后的所有区块，这为篡改者设置了巨大的修改障碍，并可以使用户在第一时间发现被篡改的节点。正因为如此，区块链才实现了"去信任"属性，即在不需要任何第三方背书的情况下，区块链实现了人们对于所记录数据的"信任"，让人们相信数据不会遭到任何恶意篡改。

2. 交易

以比特币、瑞波币、莱特币为代表的"虚拟货币"是交易的重要媒介，区块链实现"交易"功能的关键在于解决交易共识问题。区块链采用了 P2P 通信技术及基于不同原则的共识机制来实现这一功能。前者旨在通过节点之间的直接传播，无须中间环节和服务器介入；共识机制是在缺少权威的信息发布中心和节点间记录信息不同步的情况下，为确保不同网络节点所记录信息的同步性和正确性而采取的一种决策算法。比特币的共识机制是通过工作量证明（PoW）来实现的。但随着区块链技术的发展，根据实际应用场景设计的权益证明（PoS）、代理权益证明（DPoS）和验证池（Pool）等典型的共识机制也得到了普遍应用。正因为如此，区块链才实现了"去中心化"的分布式特点，即不通过任何中心化主体，运行区块链的所有网络节点同样能达成共识，提高区块链的运行效率，同时也增强了区块链的抗攻击能力和防篡改能力。

3. 组织

随着区块链的应用日益广泛，比特币区块链系统中区块发布时间长、交易管理模式不便、脚本语言实现简单等局限性日益凸显，以以太坊为代表的新技术的出现，扩展了区块链技术的应用场景，也演进出区块链的第 3 个功能——组织。"记录"侧重单个主体的数据记录行为，"交易"是两个主体间的数据互换行为，而"组织"则是多个主体间围绕某一目标而形成的数据流动现象。在技术层面，以太坊对于智能合约的设计和实现，是区块链组织功能的集中体现。以太坊区块链致力于为开发者提供一个紧密整合的端到端系统，在系统中，为了抵抗"挖矿"设备的不断专业化，其在设计共识机制时对内存有一定的要求。另外，新增的对智能合约的支持为以太坊区块链从 PoW 转向 PoS 奠定了基础。智能合约是当预先设置的条件被触发时，能自动执行相应合同条款的软件设计。以太坊利用完善的脚本语言为用户提供了任意精准定义的智能合约，实现了数据信息在多个互不信任对象之间的可信共享智能合约等。

（三）区块链的治理属性

通过对时间戳、P2P、哈希算法、数字签名、智能合约等技术进行集成，区块链具有五大鲜明特征——"去中心化"、公开透明、不易篡改、加密安全、可追溯性，它们为区块链技术在各个领域的应用奠定了基础。

1. "去中心化"

区块链的"去中心化"特点是其核心优势之一，也是最本质的特征。"去中心化"意味着信息不是集中在一个中心实体，而是存储于分布式网络的每个节点，所有的节点都参与到网络的运行和维护之中，共同存储和验证整个账本。区块链不依赖于单一的中心化组织或者服务器进行控制和管理，而是采用了P2P 通信技术，将交易数据进行记账的过程分布于多个节点中，允许每个节点都可以存储一份完整的区块链数据，共享控制权，且每个节点均可监督交易合法性，账本里的任何改动都会在所有副本中进行甄别确认，确保了账目数据的安全性。不同于容易受到单点故障影响的中心化系统，区块链网络可以抵抗攻击和单点失败，因为它依赖多个节点来处理问题。这种"去中心化"和分布式的特点，使得区块链在无中介的情况下实现点对点的交易和互动，适用于各种需要安全、信任和透明的应用场景。

2. 公开透明

在区块链网络中，任意节点可自由加入且拥有一份完整的复制数据库。在典型的区块链网络中，每一笔交易都被所有节点记录并验证，这意味着，区块链上的所有用户都可以随时查验所有的交易记录。随着区块链技术的进一步发展，通过多通道、非对称加密、数据摘要与签名等技术的运用，如今区块链中存储的信息被加密为不同形式的数据密文，从而在保证数据内容隐私性的前提下，数据在约定实体之间可以安全共享，使区块链上的交易过程完全公平和安全。

3. 不易篡改

区块中的信息是不易被篡改的，一旦数据被验证通过写入区块，并且新区块被加入区块链，就不易被篡改。区块链是一个分布式数据注册网络，每一笔交易都由所有网络中的节点进行验证和记录，如果要篡改区块链中的数据，则公链一般需要改变网络中超过51%的节点上的数据，而在实践中基本不可能实现。同时，区块链使用了复杂的加密算法来保护数据，例如SHA-256，这种加密算法将交易数据转化为专有的密语，一旦输入的数据被修改，相应的密语也会发生变化，同时区块链系统以链式结构存储所有的交易数据，每一个新生成的区块都包含了对应该区块之前区块的密码，形成一个不易被篡改的链接，破解所需要的计算量远超当前的计算能力。这种信息的不易篡改性保证了区块链数据的稳定性与可靠性。

4. 加密安全

区块链技术解决了节点之间的信任问题，因此，数据的交换和交易都可以在匿名的情况下完成。

区块链使用复杂的算法使得数据安全得到了极大提升，因此区块链用户可以在加密的前提下进行安全的匿名交易。首先，区块链网络交易的地址是被加密的，只要节点公开自己的公钥，任何人都可以向这个地址发起交易，发起者可以通过信息接收者的公钥对信息进行加密，只有接收方才能使用其密钥进行解密，而且只有使用与公钥配对的私钥签字的交易才被视为有效，这使用户无须透露具体的个人信息便可完成交易。

5. 可追溯性

在区块链系统中，每个区块都可溯源且可验证。这是因为区块链是一个分散的分布式数据注册网络，通过独特的数据结构和共识机制，在网络中同步记录交易产生的所有数据，而且这些交易数据都经过了网络中多个节点的验证，确认无误后才被打包进入区块，保证了数据的准确性和唯一性。由于区块链运用带有时间戳信息的链式结构来存储数据信息，交易数据按照时间顺序在每一节点冗余保存，当需要追溯某个区块时，只需要通过计算其哈希值或者使用提供的区块头，就能找到与其连接的所有区块，直至找到需要的交易记录，从而确保数据可以被重复验证和审计跟踪。

四、区块链的公共治理价值

在政府治理领域，智能技术催生出众多应用场景，为解决公共问题、公共管理事务、供给公共服务提供了技术路径和智慧方案。区块链技术的公共治理属性赋予了区块链应用于公共治理场景的能力，随着区块链 3.0 阶段的深入发展，区块链已经广泛应用于公共治理场景中，其公共治理价值日益凸显。作为一种技术工具，区块链突破了传统治理环境的局限，构建了安全可信的治理平台，在市场监管、社会管理、公共服务、政务公开等治理领域中发挥降本增效的重要作用。同样，凭借区块链这一工具，政府、社会组织、企业、公民等治理主体参与治理的途径和范围不断拓展，推动治理理念更新、治理主体之间合作。区块链并非一项独立技术，其技术集成的特点使它能够根据实际的治理需求，灵活地调试核心技术功能或是与其他技术进行组合，能够为跨领域、跨区域、跨部门的治理机制和治理模式创新提供技术支持。

（一）区块链赋能公共治理场景

2022 年 6 月 23 日，《国务院关于加强数字政府建设的指导意见》发布，指明构建协同高效的政府数字化履职能力体系，具体围绕提升经济调节能力、市场监管能力、社会管理能力、公共服务能力、生态环境保护能力、政务运行效能、政务公开水平七大治理目标展开数字政府建设工作。在公共治理实践中，围绕上述治理场景，区块链技术在以政务服务、社会治理、市场监管和政府建设为主的治理领域应用广泛，治理效果显著。

1. 政务服务

从"最多跑一次"到"就近跑一次"，围绕提升政府治理和服务水平，改善营商环境，为人民提供更高质量服务的目标，以"互联网＋政务服务"为主要特征的政务服务改革成为当前各地政府不断推进的重点工作之一。从地方经验到全国推广，以线上办理、数据共享、流程简化、数据公开为主要特征的政务服务改革成效显著，但仍存在数据安全隐患、数据共享壁垒、服务个性化不足等问题，区块链凭借其技术属性优势，能够在很大程度上解决上述问题。

① 区块链促进政务数据共享，明晰主体责任。对于提供政务服务的主体政府和相关部门来说，实现跨部门一体化办公的基础是政务数据的高度共享化。政务数据上网在一定程度上破除了数据壁垒，但仍存在数据被篡改、数据主体不明、数据追溯困难等问题。区块链通过在政府内部搭建联盟链，能够促进政务服务数据在政府内部跨部门、跨层级共享，因其具有公开透明、不易篡改、可追溯的特点，有助于解决数据安全、数据权责、数据交易问题，为进一步明确部门权责、简化办理流程、提升环节效率提供了解决方案。

② 区块链推动政务服务社会化，促进多元主体治理。随着"放管服"改革的推进，政务服务的供给主体已经不限于政府等公共权力部门，还包括公民、企业、社会组织在内的政务服务相关主体，同样能够在数据采集、处理、监督等方面发挥作用。区块链"去中心化"的数据架构，可以打破以政府为中心的

单向数据流，扩大数据共享范围，构建"政府—社会—个人"的一体化数据共享体系。区块链点对点式的交流网络，使以公民、媒体为代表的外部监督主体能够顺畅地与政府各部门进行信息交互，透明化的信息传输机制使政府与社会组织、公民间的互动呈现实时、透明的特点，推动多主体参与政务公开。

③ 区块链聚焦公共服务精准化，提升政务服务质量。精准化的公共服务供给是提升服务受众满意度、减少冗杂服务项目、降低服务供给成本的重要手段。由条块分割和沟通不畅导致的信息不对称是制约公共服务供需匹配精准度的原因，区块链推动多元社会主体参与服务供给过程，能够实时、准确、公开地记录公民需求，使公民由被动的服务接受者转变为服务设计者，促使公共服务产品供给的多元化，实现公共服务精准化。

2. 社会治理

社会治理是国家治理的重要内容。在推进社会治理新格局建设过程中，"加强科技支撑"成为重要战略举措，新一代信息技术正成为社会治理结构发生变化的重要推动力，以区块链为代表的信息技术将在公共信任、公平效率、应急管理为主的治理场景中发挥作用。

（1）区块链加强公共信任，破解信任危机

社会治理是多元治理主体参与的治理领域，实质上是以政府为主导的公共部门对社会的服务和管理，政府代表公民意志运用公共权力消除社会弊病、保障公民生活，从而获得公民的信任，建立政府威望。因此，社会公共信任是进行社会治理的重要前提，也是促进社会发展的重要推力。在技术治理的背景下，区块链技术公开透明的特征能够在保障信息安全的前提下，增强公共部门的信息透明度，打破以往公共部门和社会公众之间的信息屏障。区块链"去中心化"和不易篡改的技术特征为公众参与并监督公共部门行为提供了技术支持，有利于公共部门摆脱公共信任危机的困境。

（2）区块链促进社会公平和效率效益，强化价值引领

公平正义、效率效益是社会治理价值目标的重要内容，依靠制度设计和机制建

设的人为运作体制，存在主观谋利的隐患，而区块链作为一种技术手段，能够客观公正地在以司法审判、身份认证、档案记录为主的管理领域发挥记录无误、过程可追溯的作用。同样，区块链技术点对点的交易机制节省了大量中间环节，减少了中间环节谋利的空间，也大幅缩减了中间环节的成本，提升了社会运行效率和效益。

（3）区块链赋能应急管理，有效抵御社会风险

区块链主要在信息流通和协同管理两个方面赋能应急管理。一方面，基于联盟链的应急物资流转机制，通过链下物资信息和链上数据之间的关联，保障应急物资信息公开透明、真实和可追溯，避免物资丢失、供需不匹配等问题；另一方面，区块链为灾疫治理的资源高效精准配置、灾疫治理的多主体的多方力量有效协调赋能，确保在不同时空条件下，各主体对应急治理的流程、进度、问题等信息达成共识，从而提升治理效果。

3. 市场监管

市场是一个涵盖包括商品和服务交易在内的经济联系体系，市场的不断完善为社会经济的正常运行提供环境，随着市场在资源配置中所起的决定性作用日益明显，市场成为社会治理的重要领域，以市场监管为主要内容的社会治理对于规范市场运行秩序，促进市场经济平稳运行有着重要作用。

（1）区块链创新监管机制，构建社会信用体系

基于分布式结构的共识机制，区块链将用"去中心化"的系统信任取代第三方信用机构背书的传统信任结构，借助其不可篡改、高度透明和智能合约等特点，区块链可以减少信息不对称，以增强点对点的信任，进而建立一个公正、高效、合规的新型信用体系。

（2）区块链改善营商环境，助力经济发展

区块链可以改善实体经济和外部环境，区块链的"去中心化"和共识机制降低了交易成本，智能合约使交易双方在没有第三方介入的情况下自动执行合约条款，提高了协作效率。在传统经济领域，区块链通过创新交易方式、减少中间环节、高效达成共识等方式，助力企业发展。针对生产性企业激励不足的

问题，借助区块链中智能合约的自动化执行激励条款，激励企业生产；在新兴产业领域，区块链能够使技术目标与碳减排、新基建等经济目标达成一致，通过创新绿色融资等方式，促进绿色经济发展，减轻气候变化带来的不利影响。

（3）区块链提升市场监管能力

一是通过区块链的可追溯性提升产品质量安全监管能力。食品的每个生产环节都上链记录，并通过密钥验证规避假冒伪劣产品，通过这种追溯食品全生命周期的机制来确保食品的质量安全。在房地产产业链中，通过对房地产项目进行数据上链，形成全覆盖的链式结构，从而清晰把控整个产业链的运行，进行点对点精准监管。在税务征管场景中，区块链技术的公开透明性架构、共识机制和智能合约分别在税收共治中的多元主体参与、多元主体协同互动、主体的激励考核进行应用，推动税收治理现代化。

4. 政府建设

法治型、服务型政府的建设，不仅要求政府履行好对外职能，还需要政府做好内部建设，从内到外转变治理理念和方式，提升社会治理效能。对于政府内部管理而言，区块链主要从权力监督、绩效管理、审计监督3个应用场景推动政府自身的履职监督。

（1）区块链创新权力监督方式，规范权力运行

权力监督是指对政府公职人员在履职过程中行为的监督，信息化时代的行为监督实质上是对行为数据的监督，通过建立联盟链让数据上链，让高度透明的不易被篡改数据为行为监管提供依据，从而"将权力关进笼子里"。

（2）区块链助力绩效管理，提升管理效能

绩效管理是政府管理的重要内容之一，在公共治理中，政府部门可引入私营部门的管理技术和激励手段，强调公共服务中的用户导向，由此实现政府在公共服务方面的"角色"转变，强调以较低的成本打造高效的回应型政府。通过构建绩效管理数据库，对公职人员、部门工作进行追踪记录，破解新时代公职人员绩效管理存在的重结果、轻过程，重短期、轻长期，重传达、轻反馈等

问题。

（3）区块链加强审计监督，创建廉洁政府

区块链通过数字签名和哈希函数的应用，让上链数据具有可追溯和不易被篡改的特征，有助于政府内部在审计监督时追溯资金流向，开展廉政管理。

（二）区块链的公共治理价值

1. 提升效率

区块链通过时间戳、链式结构、非对称加密等技术建立了一种基于技术和社区共识的信任机制，这种信任机制使区块链系统在很多场景下，能够降低信任成本，提高协同效率，在全球区块链应用案例中，"提高""加快""缩短""降低""减少""节约""节省"等词汇频频出现。这些词汇表明，提升效率是区块链应用各方的共同追求，也是区块链替代效应的最直接成果。

肯尼亚公司 Shamba Records 为该国农民提供区块链溯源、交易与融资服务，目前已经覆盖 6000 多家小型农户，并帮助他们将收入提高了至少 40%；NTT DATA、三菱等公司参与投资的区块链贸易平台 TradeWaltz 完成试运行，结果显示该平台最多能够削减传统贸易流程 50% 的工作量；沃尔玛加拿大公司通过 DL Freight 区块链平台的应用，将其与承运人之间的发票纠纷降低了97%；国网公司电力交易存证溯源查询平台投入运行，实现了注册用户的真实性审核全流程自动化，节省了 99% 的可信人工审核时间；中远海运集运与山东港口集团青岛港合作推出区块链无纸化进口放货模式，平均每个集装箱可为客户节省提货时间近 24 小时；浙江台州利用"物联网＋区块链"回收系统解决海洋污染治理难题，相比传统处理方法，该回收系统可以节约 94% 的人力成本和 84% 的运营成本。

2. 保障数据安全

区块链具有安全保密性能。一方面，区块链运用带有时间戳信息的链式结构来存储数据信息，在时间维度上将"区块"按照顺序链接起来，以确保数据的完整性和可追溯性；另一方面，区块链采用非对称加密算法对数据进行加密，在这个过程中，公钥被用来加密，只有对应的私钥才能解密数据，这保证了区块链中的数据在交易中不易泄露。

区块链保证了上链数据的篡改变得更加困难，使信用记录可以在没有中心化机构管理的情况下自治、自治、自发地进行，从而实现真正的"去中心化"信用系统。在传统的中心化系统中，用户的数据通常由第三方机构控制，存在个人信息泄露等风险。区块链技术消除了对中心化数据库的依赖，用户可以清楚地了解自己的数据是如何被使用的，任何对区块链的修改都会导致整个链上的数据不一致，这使区块链成为一个自我证明的信用系统。而且区块链技术公司以高级算法将数据进行加密存储和传输，只有通过与公钥对应的私钥才能进行解密，这保护了用户个人数据免受未经授权的访问和泄露。举例来说，个人的身份信息在区块链上是加密存储的，其他人不能直接获取原始的身份证号码信息，酒店只需要通过密文数据比对进行身份验证，比对结果相符即可。

3. 数据共享合作

如果说"信任"是区块链应用的基础，那么数据共享就是区块链应用的核心。没有数据共享，就产生不了合作，区块链的落地应用便无从谈起。

在金融行业，数据共享的价值已经得到充分体现。国家外汇管理局"跨境金融区块链服务平台"试点已全面铺开，外汇管理局、税务局、银行及企业相关市场主体之间的信息交换推动了外贸出口业务的发展；Contour、TradeLens 等区块链平台与金融机构、航运公司、码头、海关等机构进行数据协同，从而重塑全球供应链，并为国际贸易的数字化变革提供动力。在政务与司法领域，数据共享提升了整个社会治理体系的运行效率。在我国，政府各部门间通过数据协同，实现了"一数一源、一源多用、一网通办、全程网办"；通过司法链平台，各类电子证据与公证、仲裁、司法鉴定、法院等司法机构无缝对接，在提高司法体系效率的同时降低了成本；面向全国基层法院的"审判辅助性事务跨域协作机制"可实现不同地域法院之间的跨域送达、跨域取证，有效提升了审判辅助性事务效率和审判质效，降低了司法的运行成本。更多的行业开展了基于数据共享的新型合作模式。我国的粤港澳大湾区组合港项目服务平台依托区块链技术建立了贯通港口、海关、物流等贸易全流程的共享网络，可支持深圳、广州等五大直属海关辖区之间的贸易往来；日本 KDDI 电信、日立公司、关西电力、积水建房等大型企业组建区块链联盟 NEXCHAIN，以形成跨行业的房地产信息共享与管理模式，并推动跨行业创新；法国雷诺集团完成其区块链项目"XCEED"的测试，在零部件供应商和汽车制造商之间共享合规信息，并简化合规认证。

上述金融、政务、司法及各行业的应用案例足以说明：一方面，数据共享是区块链应用的内在要求；另一方面，区块链的应用实践反过来推动了跨层级、跨部门、跨行业、跨区域、跨国界的数据共享和合作。

4. 创新治理模式

在信任与共享的基础上，交易是区块链应用价值最直观、最深层次的体现。交易的创新为治理模式的创新提供了契机。从应用场景来看，基于区块链的交易涉及实体产业的升级、金融行业的数字化进阶，以及通证经济的创新应用。

在实体产业方面，全球实体产业的新型交易平台不断涌现。印度政府使用区块链平台帮助偏远地区的农民销售农产品，在减少中间费用的同时，获得了更高的收入；瑞士公司 Cerealia 搭建基于区块链的农产品贸易和融资平台，以推动全球新兴市场国家的农产品出口；江西赣州上线基于区块链的国际木材电子交易平台，对木材交易进行全流程上链管理，并将为木材市场提供监管云仓、物流、金融、保险等全产业链服务；山东利用区块链等技术打造互联网药材交易平台，以数字化提供中药材的质检、交易等线上交易服务；苏州相城区渭塘镇发布基于区块链的珍珠在线交易平台，对珍珠核心参数及检测报告上链存证，还将增加供应链管理、贸易金融、智能合约、支付结算、激励机制等功能。在金融行业，区块链正在从证券交易、贸易融资、跨境结算等方面推动金融交易业务的数字化进阶。基于分布式账本技术，澳大利亚国家证券交易所与金融机构合作推出数字证券交易平台 ClearPay，可提供当日多币种、实时 DVP 结算，并将取代原有的清算所电子登记系统（CHESS）平台；瑞士公司 Finka 以玻利维亚有机牧场的牲畜为标的推出了相关的证券化"代币"投资平台，以促进当地畜牧业的发展；美国公司 Securitize 建立了基于数字证券的日本房地产投资平台，旨在盘活日本农村的闲置不动产，并提升农村经济活力；中国邮储银行与中国建设银行基于超级账本 Fabric 1.4 账本实现区块链福费廷平台交易，华夏银行昆明分行首次实现二级市场福费廷转售业务；南京钢铁分别与澳大利亚力拓公司、巴西淡水河谷公司完成基于区块链的铁矿石交易；宝钢股份与澳大利亚力拓公司完成首单基于区块链的人民币跨境结算交易……

实体产业、金融行业借助区块链实现的交易变革只是区块链改变传统交易方式的初级阶段，通证经济才是区块链交易功能的更高层级。在通证经济的框架下，从电子证照到技能证明，从信用记录到公益活动参与记录，从社交媒体轨迹到碳减排行动，当各种数据成为被加密的数字权益证明，并且可流通、可交换的时候，其就被赋予了通证功能。我们可以看到全球为数不少的通证经济早期应用。由奥地利政府支持的 HotCity 项目通过众包模式与区块链、游戏化"代币"结合，鼓励民众提交供暖余热热点，更高效地满足城市供热需求；福特公司为采用混合动力汽车的商业模式和市政车队建立"绿色里程"，以帮助改善城市空气质量；河南省新乡市卫滨区在其区块链产业园项目中基于商家和企业积分体系发行通证，以建立新型商业服务平台；四川省成都市发布基于区块链的社区治理产品"链动社区"，居民可通过志愿者服务等活动获得该平台的"时间银行"积分，并兑换成社区商户提供的福利和优惠；全球非营利组织"移动开放区块链计划"的电动汽车充电网络工作组（EVGI）启动"去中心化"汽车充电技术的全球标准系统，涵盖了通证化碳信用（TCC）场景；区块链奖励平台 MiL.k 与韩国零售商合作，为其会员提供基于区块链的积分管理服务。会员可以通过 MiL.k 平台将现有积分转换为本地 MLK 通证（MiL.k Coin），也可以兑换成第三方积分。

五、本章小结

在技术治理的背景下，将新兴信息技术应用于公共治理场景，是建设数字政府、推进国家治理体系和治理能力现代化的重要举措。区块链技术凭借其"去中心化"、公开透明、不易篡改、加密安全、可追溯性的技术特征，扩展了信息技术的应用领域，为公共治理实践注入了新力量。本章从技术探析和治理分析两个维度，分 4 个部分对区块链技术原理和治理属性做出概述。

第一，对区块链技术的源起做简单介绍。中本聪最早提出了区块链的概念，目的在于突破传统的中心化权威，构建不基于第三方机构的、"去信任化"的平台，减少交易成本和中间环节，为更自由、便利的市场化行为创造条件。在区块链概念被正式提出来之前，以 TCP/IP、B/S 架构、P2P、哈希算法等为代表的互联网技术早已为区块链技术的诞生奠定了基础，构成区块链技术的底层技术基础。

第二，区块链技术并无明确的概念定义，从数据、记账、协议、技术、经济学等视角来看，区块链有不同的定义。但无论是广义上的区块链概念，还是狭义上的区块链概念，从技术集成角度来看，区块链是对时间戳、P2P、共识机制、数字签名、智能合约等技术的集成体系。经过十多年的发展，区块链已经发展到社会可编程应用的 3.0 阶段，广泛应用于社会各领域。

第三，区块链技术集成的特点使其具有"去中心化"、公开透明、不易篡改、加密安全、可溯源的治理属性，实现记录、交易、组织三大功能，契合了当前数字政府建设的技术治理理念，在公共治理领域逐步显露治理效能。

第四，区块链技术的公共治理属性为其在公共治理场景中发挥治理作用提供基础，在政务服务、社会治理、市场监管、政府建设领域，发挥提升效率、保障数据安全、数据共享合作、创新治理模式等公共价值。

第二章

区块链在公共治理中的应用

从"虚拟货币"到公共治理，区块链已在全球超过 46 个国家和地区的 200 项公共治理项目中得到应用，在提高效率、保障数据安全、数据共享合作和创新治理模式等公共治理价值的实现上发挥着愈加重要的作用。在发达国家，区块链的应用主要集中于政府公共服务的创新；而在发展中国家，区块链技术在公共治理中着重解决公共服务供给"最后一公里"的问题。

本章基于区块链技术的基本功能形态，对现阶段区块链在国内外公共治理中的应用场景进行梳理，进一步廓清区块链对于公共治理的技术优势和面临的挑战，以期促进区块链技术在我国公共治理领域的发展，解决传统和新兴公共治理领域面临的难点和痛点，提供国际治理经验。

一、区块链在公共治理领域中的发展历程

（一）从"虚拟货币"到公共治理的区块链发展

从"虚拟货币"到公共治理，区块链技术的应用已延伸到数字金融、物联网、智能制造、供应链管理、数字资产交易、教育、就业、养老、精准脱贫、医疗健康、商品防伪、食品安全、公益和社会救助等诸多领域。

区块链技术一边在解决公共治理领域面临的现实治理难题，另一边也在潜移默化中重塑新型政府治理模式。一方面，区块链的制度技术特性，例如"去中心化"、智能合约和数字信任等对公共治理的组织结构和契约规制等方面产生影响；另一方面，区块链的不易篡改、可追溯性及结构分散的特点有助于政府治理朝着更高效、更安全和更透明的服务和数据管理方式迈进。

总之，区块链的可追溯、不易篡改和"去中心化"等特性及非对称加密、时间戳等功能有助于公共治理环节中融合信息采集、存储、分析、利用等过程，由智能合约自动化执行各项监测预警任务，也能够化解传统的中心化管理的"不可信"危机。

（二）基于记录、交易和组织的区块链技术形态

在技术不断演化和发展的过程中，区块链技术逐渐形成记录、交易、组织 3 种功能形态。

在"虚拟货币"时代，记录和交易是区块链应用的两种功能形态。数据记录是区块链的基本功能，也是第一种功能形态，基于记录这种功能形态的区块链在公共治理中的应用包括数字身份、土地登记和民主投票等。交易是区块链的第二种功能形态，基于端对端网络通信技术和基于不同原则下的共识技术，区块链实现了"分布式账本"和"去中心化"的结构属性。基于交易这种功能形态的区块链在公共治理中的应用包括金融投资和政府购买公共服务等。

随着区块链技术的不断发展和完善，组织成为区块链的第三种功能形态。智能合约自动执行合同的技术机制在很大程度上降低了交易成本，促进了不同参与主体之间的交易与合作。基于组织这种功能形态的区块链在公共治理中适用于金融投资和政府购买公共服务等领域。

（三）区块链公共治理呈现特性

区块链因其特有的治理属性在诸多领域得到应用。区块链技术有利于加强数据保护、降低运营成本，以及提高交易的透明度和可追溯性，从而解决公共治理领域面临的治理难题。

1. 区块链公共治理领域分布

OECD[1] 的数据显示，区块链应用的十大行业分别为政府服务、金融服务、物联网、医疗保健、房地产、供应链、能源、运输、教育和电信。其中，政府服务是区块链应用的重要组成部分。

区块链在政府服务中的应用价值逐渐凸显。公共部门通常面临信任和服务问题，区块链具有的技术特性有利于解决上述问题。基于此，区块链在公共注

1　OECD：Organisation for Economic Co-operation and Development，经济合作发展组织。

册、民主投票、政府购买公共服务、安全监管、环境可持续和金融投资等诸多全球公共治理项目中得到应用。区块链在公共治理中的应用领域如图2-1所示。

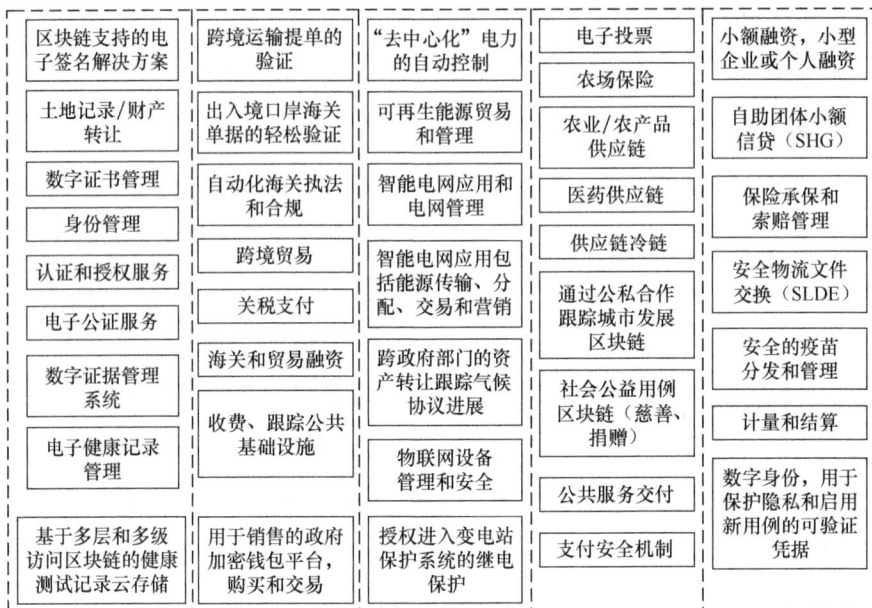

区块链支持的电子签名解决方案	跨境运输提单的验证	"去中心化"电力的自动控制	电子投票	小额融资，小型企业或个人融资
土地记录/财产转让	出入境口岸海关单据的轻松验证	可再生能源贸易和管理	农场保险	自助团体小额信贷（SHG）
数字证书管理	自动化海关执法和合规	智能电网应用和电网管理	农业/农产品供应链	保险承保和索赔管理
身份管理			医药供应链	
认证和授权服务	跨境贸易	智能电网应用包括能源传输、分配、交易和营销	供应链冷链	安全物流文件交换（SLDE）
电子公证服务	关税支付		通过公私合作跟踪城市发展区块链	安全的疫苗分发和管理
数字证据管理系统	海关和贸易融资	跨政府部门的资产转让跟踪气候协议进展	社会公益用例区块链（慈善、捐赠）	计量和结算
	收费、跟踪公共基础设施			
电子健康记录管理		物联网设备管理和安全	公共服务交付	数字身份，用于保护隐私和启用新用例的可验证凭据
基于多层和多级访问间区块链的健康测试记录云存储	用于销售的政府加密钱包平台，购买和交易	授权进入变电站保护系统的继电保护	支付安全机制	

图2-1　区块链在公共治理中的应用领域

2.区块链公共治理总体特征

区块链在公共治理中涉及的核心技术特征主要包括分布式账本、智能合约、共识机制、公钥私钥技术和时间戳。区块链技术具备的特性，使其在公共治理应用中存在发展优势。不易篡改机制提供了内容验证的可能；"去中心化"的特征降低了维护成本，并提供了分散、透明的交易；可追溯性使登记系统透明可核查，有利于推动投资，促进经济增长。

在建设模式方面，公钥和私钥合作（公私合作）是将区块链应用于公共治理领域的主要选择。选择公私合作建设模式包括土地登记、民主投票、医疗保健、继任注册、数字法院、政府购买公共服务、新闻信息安全监管、塑料垃圾处理、居民投资和跨境货币和政府证券交易等。具体而言，公私合作又包括与企业、其他社会组织或者校园合作。

区块链在公共治理领域的应用分为无、研究、发展、试点和落地 5 个层面，以美国反恐舱单系统（AMS）为例，80% 以上的 AMS 对区块链技术的采用仍处于早期阶段。多数公共治理领域的区块链应用处于研究、发展和试点阶段，真正落地的项目较少，处于落地阶段的区块链公共治理应用主要集中在金融和许可证执照领域。

总体来看，当前区块链技术在政府公共治理中的应用仍处于发展和探索阶段，应用过程中还需解决制度、组织、技术、政治、社会和监管等方面的风险或问题。

二、区块链公共治理地域分布情况

（一）区块链公共治理国家分布特征

区块链作为新兴的应用技术，在不同的经济、市场、政治和制度环境下，扮演的角色和发挥的作用存在一定的差异。

从建设模式来看，公私合作是将区块链应用于公共治理领域的主要选择。因此，良好的市场环境，即区块链初创公司的集群度是影响区块链在公共治理领域应用的重要因素。

区块链初创公司遍布全球，并且正在稳步增长，主要集群位于北美洲（美国）和欧洲（英国）。从区块链初创公司的绝对分布和获得的风险投资资金的百分比得出，北美洲是占比最多的地区，其次是欧洲。北美洲拥有 397 家初创公司，是渗透率最高的地区，其中，美国有 365 家初创公司，加拿大有 32 家。欧洲紧随北美之后，拥有 300 家初创公司。区块链初创公司数量最多的欧洲国家是英国，拥有 127 家初创公司，其次是荷兰（28 家）、德国（22 家）、瑞士（18 家）、法国（14 家），然后是西班牙、波兰、瑞典和爱沙尼亚（各 7 个）。亚洲紧随其后，拥有 140 家初创公司。在初创公司中，明确指定以完全"去中心化"

方式运营的公司占 19.39%。

（二）基于"经济—国家态度"的国家分布情况

从世界各国对于区块链的探索及应用的分析来看，大多数国家对区块链技术在公共治理领域的探索和应用的兴趣较为浓厚，并投入财政资金促进相关技术的研发或扶持相关企业的发展。具体来看，在不同的经济发展阶段和制度背景下，国家对区块链技术及应用的态度也存在一定的差异。

1. 对区块链技术应用持支持态度的国家

对区块链技术及应用持积极支持态度的国家包括美国、澳大利亚、德国、韩国、意大利、爱沙尼亚、拉脱维亚和日本等。

在积极支持区块链技术的国家中，构建和参与区块链合作联盟成为国家战略的一大选择。日本成立了首个区块链行业组织——区块链合作联盟；美国利用区块链联盟打造美国的技术优势和治理优势；英国在其区块链战略中，明确提出要在英国国内成立"区块链兴趣组织"。

在构建区块链联盟的同时，一些国家也在积极推进区块链技术标准的建立和维护。在技术标准的制定方面，澳大利亚标准局将有关区块链技术标准的提议反馈给国际标准化组织（ISO），并建议 ISO 设立"区块链技术委员会"。

2. 对区块链技术的探索和应用采取灵活监管方式的国家

一些国家对区块链技术的探索和应用采取灵活监管的方式。英国实行"监督不监管"的区块链政策。新加坡承认"虚拟货币"的合法性，同时进行积极监管。奥地利将区块链应用局限于监控分散金融领域，在必要时向投资者发出警告。同样对区块链技术和应用采取灵活监管方式的还有爱尔兰，该国在个案基础上应用现有的金融服务立法。与此同时，匈牙利创新和技术部（现文化创新部）成立了一个跨部门区块链工作组，以促进该技术及其潜在应用发展。印度表示会持续关注"虚拟货币"的发展，我国也在积极探索区块链在国家治理中的应用，国家发展和改革委员会将区块链纳入新基建的范畴。

三、区块链在公共治理中的应用

（一）区块链在土地登记中的应用

确定地块和相关土地所有权的合法存在是长期存在的治理难题。缺少充分和系统的跟踪，加上数字信息存储匮乏，使政府和财产所有者无法清楚地确定产权归属。格鲁吉亚使用区块链技术登记土地是一个比较典型的案例。

第一，作为第一个使用区块链进行土地登记的国家，格鲁吉亚选择了公私合作的建设模式。2016 年 4 月，格鲁吉亚国家公共注册局（NAPR）与 Bitfury 公司合作打造了一个区块链解决方案，该解决方案允许 NAPR 验证所有权证明，同时使公民在不暴露机密信息的情况下验证其文件的合法性。在操作层面，公民只需要通过数字接口注册其财产即可。与以往的土地登记系统相比，基于区块链的系统极大地提高了工作效率，保障了其透明度和安全性。

第二，在区块链发挥作用机制方面。首先，该接口创建财产证书的时间戳，将哈希值上传到区块链；其次，在区块链上标记哈希值的时间戳可以证明文档未被篡改，并使其所有者能够证明该证书是由 NAPR 授权的；最后，任何质疑其所有权的后续记录都是无效的。欺诈记录产生的哈希值与在区块链上注册的哈希值不同，可证明编辑的记录无效。

第三，从影响和效果来看，区块链技术的应用使土地登记系统透明可核查，有利于促进投资和经济增长。

（二）区块链在金融投资中的应用

1. 小农合作金融

世界农业发展正面临诸多挑战，尽管农民可以通过农业合作社进行交流、达成协作，但也面临信息获取受限、交易受到阻碍等问题。区块链技术的应用为上述问题提供了一个解决方案。AgUnity 公司向农民提供预加载应用程序的智能手机，确保农民在访问 AgUnity 区块链时使用兼容的硬件和安全设备。该应用程序建立在多链区块链平台上，可以在农村地区离线运行。每个农民都被分配了一个"数字钱包"，用于存储收据，然后在到达合作社时将收据转换为现金。AgUnity 还为农民提供加密消息服务，以便他们在计划安排和设备共享方面进行合作。AgUnity 继续扩大其金融包容性产品，包括"数字钱包"功能和证券化贷款等。

2.跨境货币和政府证券交易

当前，跨境货币和政府证券交易存在效率低且成本高等问题。新加坡金融管理局对区块链技术可能带来的工业和金融问题进行了行业研究，发现区块链可以为跨境货币和政府证券交易提供更高效和低成本的银行间支付。

第一，在建设模式上，新加坡金融管理局引入了 Ubin 项目，即与 R3（一个由银行和监管机构组成的专门从事数字账本技术的财团）合作，开发并应用基于区块链的"数字新加坡元"交易流程。这套流程不仅可以通过分散的信托系统实现廉洁交易，还可以让交易"7×24 小时"不间断运行，不需要进行人工集中检查。

第二，在区块链发挥的作用机制和结果方面，Ubin 项目利用现有的数字交易机制并添加了区块链"层"，以提高交易的安全性和工作效率。

（三）区块链在环境可持续中的应用

1.能源管理

目前，全球集中式能源分配模式效率低且限制性强。随着能源需求的发展和化石燃料加剧气候变化等，建立一个分布式的能源基础设施模型至关重要。

第一，在区块链治理机制上，鉴于能源、气候和环境部门有数百万笔交易和分配能源的特点，区块链可以通过一个分布式的平台来提高现有电网的效率。该平台具有更多的数据控制和设施层面的能源微观优化功能，还可以促进点对点传输，以及支持微电网的创建。当作为智能合约工具来使用时，该技术可以不通过银行和信用卡进行交易，并允许同时进行能源计量和支付。通过建立在区块链上的可信支付系统，能源计划可以通过提高透明度和信任度获得资金，"代币"可以用来奖励清洁能源生产商。使用区块链技术的能源社区示意如图 2-2 所示。

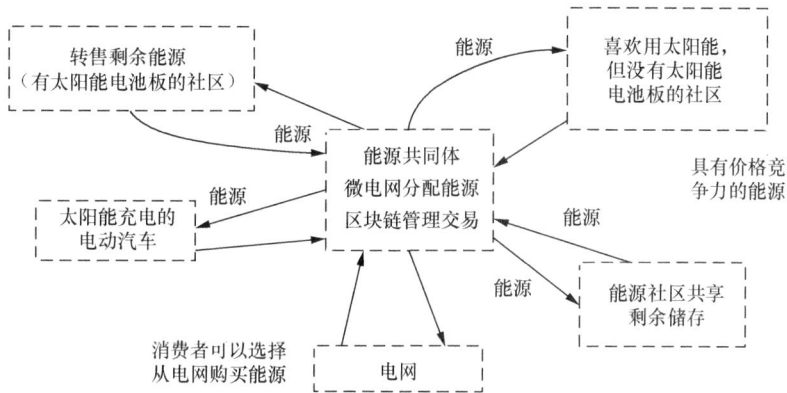

图 2-2 使用区块链技术的能源社区示意

第二，在具体操作层面，能源区块链公司 LO3 Energy 在美国布鲁克林创建了一个当地能源市场——布鲁克林微电网，使太阳能电池板的所有者能够在当地现有电力基础设施上购买和销售能源。首先，布鲁克林微电网将各种太阳能站点连接到客户；其次，客户通过布鲁克林微电网移动应用程序选择购买当地太阳能、布鲁克林或纽约地区以外的可再生能源或电网能源。同时，消费者可以在市场上出售多余的能源。区块链中内置的智能合约支持市场拍卖机制，提供了分布式的基础设施，并使交易记录安全透明。

第三，从实施效果来看，该解决方案促进了清洁能源模式的可持续发展，提高了电网的效率和弹性，并降低了消费者的成本。LO3 Energy 还与 Centrica 合作，在英国康沃尔郡测试一个类似的点对点能源交换市场。区块链技术提供了一个安全且分散的结构，以促进新的基础设施满足能源需求，以创新的方式为世界人口生产和分配有效电力。

2. 塑料垃圾处理

据不完全统计，每年大约有 800 万吨塑料进入海洋，目前破坏海洋生态系统的塑料高达 4 万亿磅（1 吨≈2204.62 磅）。

第一，在区块链治理机制上，区块链在塑料垃圾的处理中构建了分布式的生态系统。 在这个生态系统中，本地塑料收集者可以直接与制造商联系，不需要被任何中介机构管理。塑料银行与 CognitionFoundry 和 IBM 合作，创建了一个移动应用程序，用于参与地区居民跟踪、提交当地的可回收物数量。当地居民将该应用程序下载到智能手机上，并在社区收集塑料，之后塑料会被运到加工工厂。

第二，其他组织也在利用区块链技术的力量来修复和保护环境。 美国非营利性机构的"清理尼日尔三角洲"项目，用"虚拟货币"向社区成员支付清理费用，并将信息记录在区块链上。IBM 与中国能源区块链实验室合作，在 Hyperledger 上构建碳资产管理系统，降低参与碳信用交易的成本，并帮助企业减少碳排放。此外，区块链技术通过存储有关污染趋势的可验证信息和提供分散协作系统，使市场在全球范围内创建经济可行的环境清理项目。

（四）区块链在政府服务中的应用

为优化政府购买服务流程，提高治理透明度和可信度，墨西哥政府启动了"哈克 MX"区块链项目，该项目旨在促进数字化政府创新，提高政府治理能力，解决政府购买服务中存在的一些问题。

第一，墨西哥政府选择了公私合作的建设模式。 墨西哥政府与墨西哥的"校园人才"组织合作，创办了"创客马拉松"科技竞赛活动，以鼓励"校园人才"为公共服务构建区块链解决方案，例如，政府购买服务、公民身份管理、存款证明和公共财产注册等。

第二，在区块链发挥的作用机制方面，政府购买的设计方案依托智能合约

技术，在区块链网络上的公开招标过程涉及多个智能合约的创建，每个阶段都有一个智能合约。

购买前，政府需要将购买信息输入智能合约，有意向的服务供给方可以在系统中注册并提交提案。智能合约系统将对提案的真实性和完整性进行验证，并定标与购买社会效益最大的提案。此外，政府购买服务的智能合约使用混合式区块链系统，确保任何注册的公民都可以参与投标过程。

第三，操作共分为5个阶段。首先，公共机构作为公共服务购买方在区块链平台上注册登记，并发布购买相关要求；其次，服务供给方根据自身条件和公共机构发布的购买要求注册合约，将自身数据存储到区块链中；再次，系统会根据该服务供给方的政府购买的历史记录和登记信息来验证其信誉；然后，购买服务过程的重要信息会被存储，包括项目的注册和竞标结果等；最后，评估政府所购买服务的执行情况，政府机构和公众在注册后可全程监督服务的执行过程。

（五）区块链在监管中的应用

本小节将介绍区块链在监管中的应用，具体包括食品安全监管、农业安全监管、新闻信息安全监管和扶贫监管。

1. 食品安全监管

尽管零售食品店在绝大多数情况下能安全地向消费者提供新鲜农产品，但一旦出现食品污染，就会对消费者、零售商和原料提供者构成严重威胁，而依靠供应链溯源食品既困难又耗时。

沃尔玛利用IBM的食品信托技术跟踪零售商供应链中的食品生产，这是一个基于Hyperledger的私有区块链。供应链内的工人通过标准命名约定将食品加工数据上传到区块链，以便供应商跟踪货物。在每次所有权交换之时，区块链确认产品的来源、路径、目的地和进入日期。然后，授权用户可以验证食品来源，以确定问题的范围，锁定污染源，并对受影响的零售商采取更精确的召回措施，从而制定原始系统中不存在的透明机制和问责机制。

区块链提供了一种防篡改和分散的方式来追踪食品从原产地到所在商店的过程。零售商可以清晰、准确地直接追踪危险食品的来源，降低食源性疾病的风险。

2. 农业安全监管

中南建设携手北大荒合资成立"善粮味道"，共同打造了全球首个"区块链大农场"，可以在一定程度上解决农业安全问题。区块链赋能北大荒"区块链大农场"如图 2-3 所示。

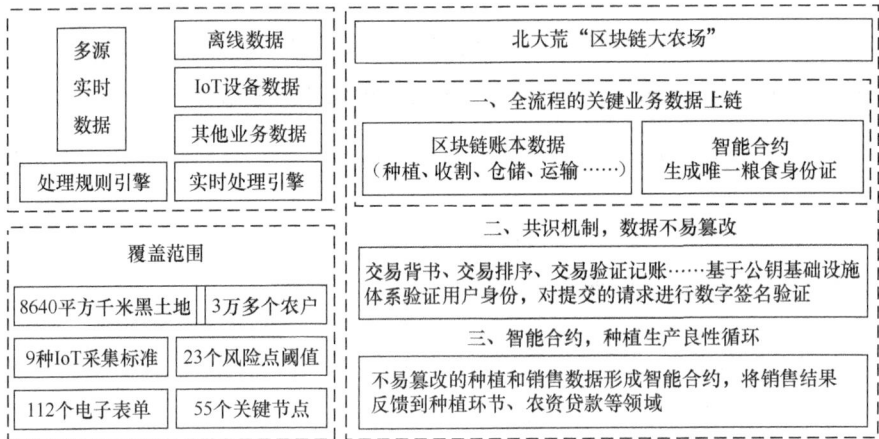

图 2-3　区块链赋能北大荒"区块链大农场"

"区块链大农场"的溯源平台架构包含接口层和展示层，通过大数据、商业认知智能和数据仓库实现农场的溯源。"区块链大农场"溯源平台架构如图 2-4 所示。

管理模块包括三大模块，分别是配套农户节点的种植管理模块、配套农场节点的农监宝模块和配套供应链节点的供应链宝模块。配套供应链节点的供应链宝模块将收割机、物流车等改造成智能化的硬件，并将数据直接上链，形成商品粮的"智能化区块链封闭链条"，并通过时间戳锁定大米的新鲜度与活性。

IoT设备	ERP系统	供应链系统	电商平台	用户终端

接口层	展示层

高效率实时计算引擎			
低成本事件驱动引擎	区块链	业务逻辑	数据可视化

大数据分析	商业认知智能	数据仓库

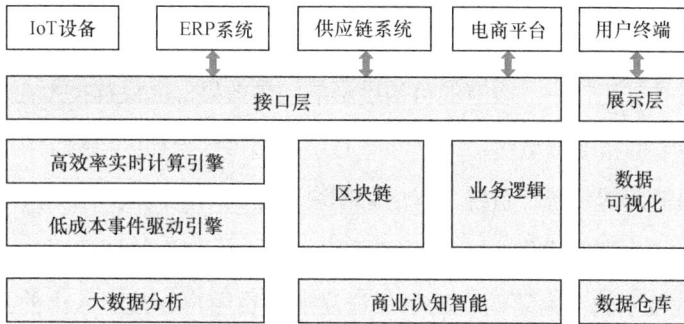

图 2-4 "区块链大农场"溯源平台架构

3. 新闻信息安全监管

事实是评估和决策的基础，从新闻到决策，伪造行为会影响公众做出正确的判断。伪造照片、视频、文件和录音对个人隐私、国家安全、社会安全构成了严重威胁。

识别虚假信息只是破解难题的一部分。Design4Democracy 联盟、Emercoin 和区块链信托加速器合作，试点创建民主公证平台。该平台可以获得公开声明的正式副本，以证明内容是原创且合法的。它允许受信任的民间社会组织上传内容，并为公众提供阅读权限，用以将传播的报告与经验证的区块链条目进行比较。

区块链技术使用算法分配哈希值以唯一标识数据文件。对原始文件的任何更改都将产生明显不同的哈希值，因此很容易被识别为与原始文件不同的文件。

区块链实现了内容不变的时间戳，为内容验证和公证服务创造了有利的基础，使伪造信息更加困难。Blocksign 使用户能够在区块链上签署法律文档和时间戳数字签名，以证明文档在某个时间在没有可信中介的情况下没被篡改。Blocksign 将这些服务扩展到任何类型的媒体，并提供远程身份验证的视频采访流程。虽然原始所有权和法院资格问题表明数字公证服务面临链外挑战，但是它们为打击公共文件中的欺诈和伪造提供了重要工具。

4.扶贫监管

在精准扶贫工作中，政府的可信度影响扶贫效果，区块链技术在一定程度上助力扶贫监管的精准和透明。2017 年 5 月，贵阳市红云社区与网录科技公司携手共建了区块链助困系统。系统具有信息模块和基础平台模块，实现了"系统无缝对接""资金共同监管""一人一身份"和"一人一账户"的目标。

区块链技术的不易篡改有助于保证注册的贫困户、残障人士的身份和补助信息不被恶意篡改。基于区块链的可追溯特征，相关人员可以登录客户端查询资金的流向及相应的帮扶人员信息。当帮扶人员的条件符合，就会触发区块链的智能合约机制，系统自动发放补助资金。

四、本章小结

从国家分布来看，区块链已在全球 46 个国家和地区的 200 个公共治理项目中得到应用和探索。从区块链在公共治理中的具体应用来看，主要集中在政府服务区块链的构建、土地登记、数字身份、政府购买公共服务、安全监管、环境可持续和金融投资等治理领域。总体来看，当前区块链技术在政府公共治理中的应用仍处于探索和发展阶段，应用过程还面临制度、组织、技术、政治、社会和监管等方面的风险或阻碍。与此同时，区块链应用于公共治理中的普及性也面临挑战。

新一轮的全球竞争开始加速，如何在核心技术上实现安全可控，成为各国发展的重要目标。在此背景下，我国也在积极探索区块链在国家治理中的应用。2020 年 4 月 20 日，国家发展和改革委员会将区块链纳入新基建的范畴。如何结合我国治理情境，促进区块链在我国公共治理领域的发展，解决传统和新兴公共治理领域面临的难点和痛点，是值得我们进一步思考的问题。

第三章

区块链技术与数字政府建设

数字技术的融合发展与迭代升级，推动政府组织形态和组织运作模式不断发生变革。当前，以数据为核心发展战略要素的数字时代已经到来。全域数字化改革和大量数字化场景的应用不但深刻影响着经济社会各个领域的发展，更为公共治理领域带来全新的机遇与挑战。在此背景下，我国数字政府建设纵深推进。党的十九届五中全会和党的二十大报告均已明确指出，"十四五"时期我国要加快推进数字经济、数字社会、数字政府转型，坚定不移地建设数字中国和网络强国。这一国家战略部署标志着我国数字政府建设迈向全新发展阶段，面向数字治理的数字政府逐步成为助推国家治理体系与治理能力现代化的基本形态。

数字时代，技术逐渐成为政府开展数字化转型的关键要素。区块链作为当前数字技术的典型代表，以其所具有的"去中心化"、可追溯和不易篡改的技术特性，不仅在突破和超越传统治理困境上具有突出优势，更与现代治理思想高度契合。因此，将区块链作为数字政府建设的底层技术，积极建设和扎实推进区块链技术与数字政府建设的有效融合，既是各级政府落实国家重大发展规划的必然要求，又是对当下数字治理诉求的强有力回应。

本章的核心目标在于开发区块链技术在数字政府建设中的应用方案，以推动政府组织运作与新时期治理需求相匹配。具体而言，一方面，通过梳理现阶段数字政府建设困境，进一步廓清区块链在数字政府建设的技术优势；另一方面，在前述研究基础上，展开对于"区块链＋数字政府"的总体设计与架构，并特别针对其中四大具体应用场景进行系统模型的构建与流程设计。

一、新时期数字政府建设方向

当前，大数据、云计算、物联网、区块链、人工智能等多种数字技术不断渗透和融入公共治理与社会发展的全过程，并最终塑造出人类数字化生存的社会形态和政府数字化转型的治理形态。面向数字时代，数字政府建设不仅是对当前政府转型与治理变革实践中权责分配与程序变革等一系列问题做出的有力回应，更是新治理环境下政府治理系统化、整体化、协同化、网络化和智能化的创新发展。因此，这一阶段的数字政府建设应当遵循三个方向：在价值取向上，坚持以人民为中心，致力于提供精准服务；在结构取向上，突围科层制政府治理藩篱，变革组织工作流程；在功能取向上，吸纳数字技术，提升政府治理能力。

（一）价值旨归：以人民为中心精准供给服务

数字政府建设以现代信息技术作为技术层面的创新工具来实现政务服务的数字化、智能化，这一过程实质上表示政府治理理念的自我转变与自我完善。新时期的数字政府建设"把满足人民对美好生活的向往作为数字政府建设的出发点和落脚点"，以数据思维为基底、以用户思维为指引，为人民群众提供优质的政务服务。

1. 数字思维助力精准把握公众诉求

数字时代，生产、生活和治理信息均以数字为载体，与实质内容进行采集、存储、管理、交流，由此导致社会生产方式、生活方式和治理方式等呈现数字化转型趋势。在此过程中，数据逐渐成为国家治理与社会经济发展过程中不可或缺的战略性基础资源。基于此，数字政府需要重塑数字思维，通过在政务管理、公共服务、经济社会发展等各个领域应用现代数字技术，以实现精准配置和高效治理各类数据资产。

纵观数字政府信息化建设历史沿革，主要历经电子政府阶段、电子政务阶段和数字政府阶段。相较于前两个阶段，数字政府在面临海量数据治理的情况下，以客观数据驱动决策可以有效取代传统的主观因果决策模式，即通过分析数据之间的关联以提供科学的解决方案。这样一种新型政府治理模式基于对数据本身展开系统化治理与利用，实现了从"以数据治理"向"对数据治理"的全面升级。然而，数据治理是一把"双刃剑"。数据本身的主观性及其分析结果之间可能出现不可调和的张力与冲突，因此导致政府公共服务与人民利益诉求匹配度不高。既要依据数据进行科学决策，又要避免过度的数据崇拜和数据依赖，确保政府决策兼具科学化与人性化，这就需要政府通过各种途径，借助多样化的治理工具，深入分析大量数据之间的内在关联，扎实掌握"以人民为中心"的数字政府建设规律，进而基于海量数据精准把握人民的现实需求。

2. 用户思维优化公共服务内容

新时期的数字政府建设以"以人民为中心"为本源诉求与基本底色，特别强调用户体验感，注重全面收集人民群众各种需求信息、意见和建议，并通过明确区分和处理差异化的服务诉求以探索多元化的服务方式，助力公共服务提质增效。这种新型服务理念不仅与当下数字应用所倡导的用户思维高度相似，而且契合公共治理实践中以人民群众需求为出发点的改革靶向。

（二）结构变革：重塑组织运作流程

信息技术的进步与社会形态的数字化发展方向，使传统政府的组织结构和治理模式与数字政府的扁平化、整体性和管运分离等要求相去甚远，亟须做出相应的调整和变革。新时期，数字政府建设作为党和国家重要的战略布局和系统工程，需要整体协同推进各部门、各行业的合作，进而推动组织重构与流程再造，具体表现为从内部着力重塑政府结构和流程，革新组织运作流程；从外部着力整合公私资源，强化多元主体协同合作。

1. 变革政府组织体系，重构组织工作流程

政府机构变革贯穿于数字政府建设的始终。虽然社会化大分工和科层制治理结构有效提升了治理效率，但随之出现的部门分割、程序繁杂、成本高昂等问题无法得到根本性解决。以层级责权关系和信息逐级传递为基础的科层制政府结构和运行模式，难以适应当下"万物智能、万物互联、万物皆数"的发展趋势。对此，数字政府强调运用数字技术和数字化治理思维，全方位重塑政府

组织架构及其办事流程。

基于新一代数字技术所蕴藏的强大社会治理能力，数字政府通过建立健全一体化政务服务平台、一体化政务监督管理平台、一体化政府跨部门协同办公平台，推动各部门之间及各层级之间实现跨部门、跨层级政务办理无缝衔接，打造传统科层制与非线性、扁平化、网络化、交互式相融合的新型组织结构。在此基础上，政府各级各部门将政务办理与自身组织运转进行有机结合，在整体政府框架下强化政务协同，推动政务服务"一网通办"、社会公共治理"一网通管"、组织内部运行"一网通联"。基于此，政府得以重建和打造具有扁平化、开放包容特征的组织架构，有效推动跨区域、跨层级、跨部门、跨行业之间的协同联动，高度优化政府内部工作流程和跨部门业务办理流程，有效提升行政办事效率和优化政务服务水平。

2. 跨部门数据互联共享，推动多元主体协作

作为数据驱动型政府，数字政府依靠强大的数字治理工具打通"信息孤岛"，实现区域物理空间和网络空间的虚实相生和协同交互，不仅能够有效解决层级间及部门间的信息不对称、行政体制惯性、部门利益梗阻等问题，还有助于实现政府、企业、社会组织、公众等多元主体开展协同合作。

针对传统治理过程中"信息孤岛"的现象，数字政府致力于推动业务与数据进行深度融合，从而实现业务数据化的治理目标。一方面，政府通过建立统一的政务数据实时共享交换平台，破除行业部门壁垒，推进政务数据跨层级、跨地域、跨系统、跨部门、跨业务的开放、共享和流转，加速业务数据的存储、整合与应用，深入提高政府治理效率和服务质量。另一方面，基于共享信息通道"让数据多跑路"，用技术"穿透"组织内外关系，实现多元主体相互协作、协同治理。通过全方位、多元化数字技术应用的系统集成帮助政府收集市场参与者和社会组织等外部反馈，变单一政府"管理"为多元主体的政府"治理"，打造政府、企业、社会组织，以及公民个人多元主体合作共治格局，实现跨部

门、跨层级、跨区域、跨领域的管理协调。

（三）功能优化：技术赋能治理能力现代化

治理能力现代化是数字政府建设的价值旨归。政府在迈向数字化转型的过程中，数字技术既是引发政府组织变革与流程再造的核心推动力，也可以作为一种独立的治理技术系统直接改善政府行政效率和治理能力。从本质上来看，数字政府建设是运用一系列现代化的信息技术对政府决策和运行的优化重构。具体而言，一方面，在数字政府运转的过程中，技术要素可以利用技术本身的特征契合治理需求，推动治理模式趋于精细化；另一方面，以技术充分挖掘数据的社会价值与经济价值，有助于营造开放、健康、安全的数字生态。

1. 驱动治理精细化

技术变迁和发展是触发政府治理工具变革和治理方式转变的重要原因。现阶段的数字政府，是新一代数字技术驱动治理范式变革而形成的精细化政府，在政府服务办理、政策制定与执行、组织运行与管理时严格遵循"以人民为中心"的原则。

当前，以区块链、云计算和人工智能为代表的数字技术为数字政府改革提供强有力的技术支撑，有助于提升政府精细化管理能力、精准化服务水平、科学化决策和数字化治理能力。政府能够借助多样化的数字技术迅速收集、处理和分析个人、组织的行为特征及活动规律等轨迹数据，预判、追踪公共治理中的"堵点""痛点""难点"，找准突破口和着力点。如此，数字政府通过多部门联动式协同、可视化指挥、智慧化分析及闭环式管理，为公众提供精准的公共服务，并逐渐形成开放包容的网络化治理模式。

2. 营造良好的数字生态

数字政府作为驱动数字经济发展和开展数据治理的核心主体，肩负着营造良好数字生态的重要使命。数字生态是指在数字时代背景下，政府、企业和个人等多元主体借助数字技术开展连接、沟通、互动与交易等活动，形成围绕数据流转互通、相互协同的社会经济生态系统。随着数字生态在国民经济发展中的重要性日益凸显，着力营造开放、健康、安全的数字生态作为一项重要的国家发展战略目标，已被纳入"十四五"规划。

目前，中国网民规模超过 10 亿，数字生活成为人民群众生产生活的重要组成部分。然而，从我国现阶段数字生态的具体情况来看，算法滥用、个人信息和数据泄露等一系列问题频频出现，直接损害人民群众的合法权益。数字政府将营造良好的数字生态作为满足人民对美好生活向往的重要举措，并致力于优化数字环境，推动数字惠民，让亿万人民在共享发展成果上有更多的获得感、幸福感、安全感。

二、数字政府建设的问题与挑战

当前，区块链、云计算和人工智能等技术正在深刻地改变着政府治理理念、组织架构与治理能力，同时也与治理实践深度融合，构成我国数字政府建设基本行动框架。厘清和明确现阶段我国数字政府建设面临的问题与挑战具有重要意义。目前，我国数字政府建设主要面临整体性治理的协同问题与挑战、精准性服务的供给问题与挑战、技术创新与体制创新的融合问题与挑战，以及数据安全问题与挑战。

（一）整体性治理的协同问题与挑战

"信息孤岛"导致数字政府整体性治理目标实现存在难度。一方面，条块分割的管理体制导致跨地域、跨层级、跨部门的信息共享协作机制缺失。在数字政府建设过程中，各部门虽然已经根据其自身需求建设本部门的数字化信息系统，但是仍未形成统一协调的政务体系，且部门间信息共享动力不足，由此映射出数字政府建设过程中存在部门分割、治理领域脱节等问题。另一方面，我国数字治理体系构建仍处于起步阶段，政府占据主导地位，且对于多元主体参与协同治理的重视程度较低，使数字化转型过程中对"社会"赋权不足。基于以上多种原因，数字政府建设呈现出整体性治理的协同困境。

（二）精准性服务的供给问题与挑战

政府在面对海量数据时，相关数据收集和处理能力不足，导致其无法面向所有用户精准地提供公共服务。首先，互联网数据中心预测，2025 年我国数据体量将占全球数据总量的 28%。但从数据供给侧的角度来看，政府、企业和个人等主体对于数据的收集和处理能力有限。其次，因为数据具有复制传播成本低、无限备份和复用等特征，所以难以确认信息的最终来源，也影响数据的真实性和权威性。最后，由于技术约束等，可能出现数据失真、数据不全等问题。

（三）技术创新与体制创新的融合问题与挑战

当前，条块分割的治理体制与数字技术实践应用要求不相匹配，减缓了数字政府整体推进速度。数字政府的理想组织形态是从科层化逐步走向扁平化、由单一主体走向多元主体协同共治、由部门高度封闭走向开放协作。但在数字时代，各部门之间的关键信息资源依然泾渭分明，导致数字政府建设过程中政府跨区域合作和跨部门协同的意愿与动机被极大削弱，加大了跨域信息共享与跨域业务的难度。

（四）数据安全问题与挑战

数字政府的根基在于数据治理，因此数据安全是数字政府建设的关键问题。随着数字经济和数字社会的深入发展，数字经济与人民群众的生产生活融合程度不断提升，对数据利用的普遍需求日益高涨。在此背景下，为避免数据受到各种形式上的干扰和破坏，确保数据资源安全就显得尤为重要且紧迫。

我国针对数据开放、数据利用的操作规则及管理规范尚未细化。事实上，无论是政府还是企业，目前都更加关注数据本身所具有的利益，而针对数据利用过程中的安全问题重视不足，集中体现在 3 个方面：第一，对数据利用存在的安全隐患的认识不足，各类数据信息、网络信息及个人隐私泄露风险高；第二，对数据运用的程度和尺度把握不准，可能导致数据滥用、数据欺诈、信息轰炸、"信息鸿沟"等较为突出的数据安全问题；第三，由于数据立法问题重视不足，数据确权不清、责任不明。这些实践困境，不仅阻碍了政府数据开放、数据利用的进程，也会引发数据安全保护问题，严重制约数字政府的建设进程。

三、区块链技术与数字政府建设的适配性

数字政府建设不仅要依靠数字技术构建数字化的治理形态，突破传统"物理空间"的束缚，在虚拟世界中开辟相应的运行场域，还要在万物互联的背景下，利用数字基础设施实现政务机构内部及其与外部之间的广泛连接。区块链技术作为推进数字政府建设的重点底层技术之一，以其具有的"去中心化"、信息加密、可追溯等技术优势特征，为推动政府由科层制向扁平化转型提供了颠覆式的治理范式和技术支持，并通过助推技术变革、组织变革、环境变革、数据变革，赋能数字政府建设。区块链数字政府建设的适配逻辑如图 3-1 所示。

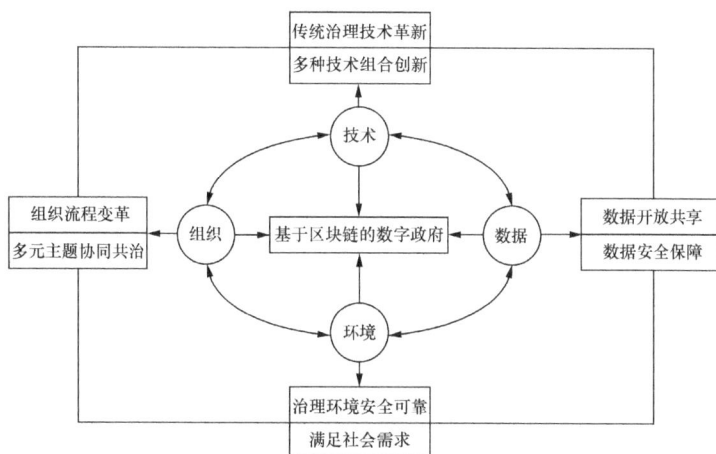

图 3-1　区块链数字政府建设的适配逻辑

（一）区块链赋能技术变革

数字时代背景下的虚拟、现实社会交织叠加，技术作为数字政府建设的基石，为实现数字政府治理的数字化和可视化奠定了坚实的基础。因此，技术要素是政府实现数字化转型的关键。伴随信息技术的不断发展和完善，区块链技术逐渐渗透并深度融入国家治理和社会运行的全过程，成为数字政府建设的全新技术基础设施。这一技术以其共享、透明、可追溯、防篡改、分布式的特征，推动公共治理领域关键治理技术的深刻变革。

就技术层面而言，传统数字政府建设以基础互联网技术的发展为基础，核心解决各个主体之间的信息传输问题。但是，互联网传输信息的可复制性、可分享性和便捷性，容易导致信息失真、信息合法性不足等问题。况且，这种中心化的信息传递与管理方式存在一定的局限性，例如，运作透明度低、成本高昂、信任风险高、形成"信息孤岛"等。

将区块链的技术优势与政府行政实践进行深度融合，能够杜绝上述问题的发生。一方面，区块链技术与传统技术不同，具有"自治""可信"的技术特性，能够有效降低治理信任风险，并进一步提升信息公开水平。从本质上看，区块链作为一个分布式账本数据库，主要通过使用密码学原理的数据块来记录有效的网络交易信息，而不需要常规第三方"中心"核发信任证书再进行信息的读取或录入。区块链的分布式存储架构如图 3-2 所示。

在此架构之下，参与交易的多方主体之间的信任关系可以通过密码学及相关软件代码技术来实现，并进一步达成合约、确定交易、自动公示、共同监督。因此，将区块链技术运用于数字政府建

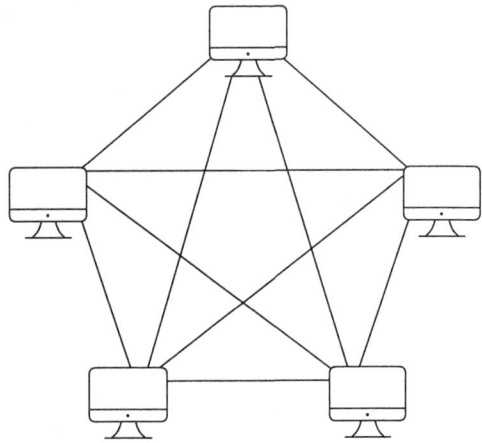

图 3-2　区块链的分布式存储架构

设及数字治理过程之中，既能在技术上满足数字政府所强调的"透明、公开、信任、多中心、高效"等内涵条件，又改变了政府作为公共信息的单一记账者的角色，充分解决多方管理主体的信任问题。

另一方面，区块链将多种已有技术进行重组与创新，极大地提升了信息传输速度，有助于从根本上改善数据治理水平。实质上，区块链是由点对点传输、加密算法、智能合约、共识机制多个技术"点"共同构成的新技术群"面"，正是这一系列信息技术的组合创新使区块链具有全新的应用功能及价值，并为推动政府数字化转型的不同方面提供了技术支持。其中，点对点传输机制挣脱"中介"机构的管理束缚，有助于改善数据信息传输效率；加密算法为数据信息的存储与传递构建一个相对安全的环境；智能合约基于参与主体之间达成的共识，能够自动运行合约；共识机制在没有中心化权威机构的管理下确保信息的一致性、真实性。

（二）区块链赋能组织变革

全球数字化进程的加速推进，促使治理理念与机制加速转变，应运而生的数字政府面临组织重构与流程再造。数字政府建设作为国家现代化发展的重要战略布局和系统工程，需要整体推进政府各部门之间的协同合作。然而，在当前治理实践中，以科层制为基本组织形态的政府机构及条块分割治理体制往往存在规章繁复、程序冗杂、效率低下等问题。针对这些政府组织运行体系和行政治理体系协调不足的结构性问题，区块链技术能够促进组织革新与发展，推动多元主体协同共治。

政府要实现数字化转型，需要从根本上解决由治理体制带来的"信息孤岛"问题，确保大量数字系统之间实现高效协同，进而优化政务流程。区块链的分布式系统和非对称加密机制可以实现各部门之间的加密信息共享，将各部门数据在安全可靠的环境中进行数据传输与共享，有助于破除部门协作"壁垒"。如此一来，数字政府一方面在横向上能够进行业务整合、明确各部门职责与权限，使横向上的业务办理流程真正实现政民交互的"一站式"服务和部门交互的"一体化"办公；另一方面，随着人民群众公共需求的差异化、即时化、多元化发展及区块链技术的深度应用，政府部门将对纵向层级关系进行探索性改革。数字时代，数字政府在打造扁平化、交互式、网络型的组织模式和组织结构上需要做出极大努力，以有效提升政府治理质量与水平。

另外，区块链具有的"去中心化"特征，使传统意义上的中心化社会结构逐步向多中心化社会结构过渡，这将有助于实现治理主体从单一政府转变为多元主体共同参与。而区块链独特的技术特性使各个治理主体呈现分布式的特征，进而打造一个开放包容和有序协同的治理格局。例如，点对点技术使包括政府在内的所有参与主体实现直接的信息交互和连通；共识机制确保在没有权威第三方监控、指挥和协调的情况下，各个治理主体能够主动遵守统一制定的协议，各司其职且自发协调形成自组织自治网络。

（三）区块链赋能环境变革

任何组织都不是孤立存在的，都与特定的环境相互联系、相互作用。政府作为一个开放的组织系统，需要积极应对当下大量的公共事务和公共议题并实现数字化转型。区块链技术在很大程度上推动了治理环境的变革，不仅为数字政府建设提供了安全可靠的信息共享环境，而且构建了和谐稳定的治理环境。

一方面，区块链所具备的点对点传输、加密算法等底层技术能够营造一个相对安全可信的信息环境。政府作为集成式信息管理中心，掌握着大量的公民隐私数据和政务信息，因而需要特别注重信息安全。而基于区块链的冗余和分布式技术特征，首先可以将数据存储在全球任意节点，降低数据被窃取的可能性，有力地保障数据的安全。其次，存储数据的各个节点均有单独的数据管理密钥，这为政务数据管理与维护提供强有力的技术支持。再次，区块链技术所包含的智能合约与共识机制能够在政务办理的过程中进行过程监管和信用管理，降低数据造假的可能性。一旦出现信用问题，相应的记录会全程留痕，给相关责任人保留不良的信用记录，这样会使每个参与主体更加重视自身的信用资源。最后，将区块链技术应用到公共治理领域，有利于促进政府和公民高频率地互动交流，从而提升政府公信力。

另一方面，区块链的"留痕"与不易篡改的技术特征能够有效防止权力滥用，降低官员贪污腐败的可能性。信息化及数字技术是抑制腐败的有效工具。区块链分布式存储技术可以对公共事务进行全程记录和结果认证，且相关信息和数据无法被删除或篡改，进而确保整个治理过程透明、可靠且可追溯，以降低单点故障或其他缺乏监督可能带来的风险。同时，区块链通过消除中介机构来清除腐败寻租节点，既从源头上预防和治理腐败，降低了任意裁量权导致的腐败，又促使公共事务治理全过程追踪成为可能。

（四）区块链赋能数据变革

数据作为数字化转型过程中不可或缺的战略性基础资源，蕴藏着巨大的经济价值和社会价值，且对于政府的转型、社会需求模式的转变具有重大意义。区块链技术的发展，将推动数据利用与数据保护并实现深度变革，从而形成"用数据对话、用数据决策、用数据服务、用数据创新"的现代化治理模式。

鉴于数据的经济社会价值日益凸显，区块链技术为政府部门的数据开放与信息共享提供新的治理思路。在传统的政务数据生态中，用户数据存储在不同的服务器中，不同服务器之间的壁垒很大程度上限制了数据的流通与共享。将区块链技术应用于政务数据共享，可以将所有数据节点进行自由连接甚至是直接开展点对点信息传输。在此过程中，每个数据节点都将完整地记录信息并形成数据账本，从而打破传统政务信息多服务器存储分离的状态。即便是数据节点中存储的数据出现重复或错误，也可以通过数据补偿机制，及时鉴别坏数据、溯源数据和重新更新数据，推动海量数据在政府统一的分布式数据平台上进行流转与共享，形成多方共建、共治、共享的新型数据运作模式。

此外，区块链技术有助于确保政务信息共享安全可控。首先，区块链的网络结构使某个节点数据的破坏不会影响其他节点的数据信息，能够有效防止节点上的数据信息遭到人为泄露和破坏。其次，区块链技术的点对点传输机制使每个节点都可以添加新数据，且每条信息都会自行记录留痕，从而保证信息数据的真实性。最后，每个节点都有自己的数据管理密钥，且区块链技术能够计算出欺诈行为需要付出的成本。若欺诈行为带来的成本较高，则参与者作为一个"理性人"就不会选择欺诈，从而有效保障数据安全。

四、区块链支撑数字政府建设：政务链

随着数字政府建设实践探索的深化，技术治理特征日益显著。区块链作为公共治理领域应用的一种新型技术形态，正在以全新的方式影响着个体的行为选择及社会的运行机制，也由此塑造出政务治理的新模式与新情境。虽然数字政务领域区块链技术应用不断涌现，为数字政府建设与国家治理创新带来勃勃生机，但是这些政务区块链往往局限于某一特定领域或者某一特定事项，缺乏综合性应用。本小节通过分析区块链与公共治理结合的 3 条路径，致力于打造基于区块链的综合数字政务链，以塑造跨层级、跨部门、跨地域等多种跨界的信息共享和业务联动机制。在此基础上，通过构建一个基于区块链技术的数字政府治理体系，进行政务链基础架构设计，切实改变政府的运行模式。

（一）基于区块链的数字政府建设路径

新时期的数字政府作为传统政府演变发展的新形态，本质上以区块链技术运用和数字信息资源共享机制建设为基础，通过数据共享驱动业务流程再造和跨部门业务协同运行来实现政府的数字化转型。

1. 区块链推动以数据共享为基础的在线协作

在保留原有政府职能分工的前提下，区块链技术能够实现以数据共享为基础的跨部门在线协同机制。具体而言，区块链可以在"条块分割"的体制中，借助分布式存储、智能合约、点对点传输的基础技术打造一个共识数据库作为政务数据共享平台。在此基础上，政府各部门信息实现在线高速传递与交互融合，打破物理空间协作束缚，实现部门在线的网络化协作。虚拟线上空间的数据共享和实时协作是对传统部门碎片化运作的流程重塑，不但能够降低政府线下治理成本，还能够以信息的快速流通改善和优化政府部门的沟通协作方式和协作水平，以推动部门的工作协调和深度合作。

2. 区块链推动以数字化业务流程再造驱动的跨部门协同运行

相较于简单的政府部门基础在线协作，以数字化业务流程再造驱动跨部门协同运行则是运用区块链技术重塑行政权力运作、高效回应公众需求及提升政府治理效能的优化方法。依托区块链的智能合约机制，结合政务自身的特性和人民群众的公共服务需求，可以重新设计和再造政府各项管理和服务事项的业务流程，最终实现以智能运转的现代数字化"业务流程"驱动取代传统"职能驱动"的组织结构和运行模式。在政府部门基础在线协作的前提下，"业务流程"驱动跨部门协同，依托政务数据共享平台，以业务系统整合和响应业务数据信息流为核心，通过业务系统整合设计，形成综合性的业务新流程。这种基于信息共享与系统互联的业务流程整体性治理模式，从组织结构上突破政府职能部门的传统专业分工界限，且通过统一的标准制定和业务协同模型建设，改变政府上下级之间的行政关系，形成围绕业务需求按照信息流程进行扁平化的跨部门、跨层级、跨系统的整体性业务协同模式。

3. 区块链推动基于线上线下融合交互的协同运行

在数字空间将与物理空间高度融合的数字时代，区块链技术助力实体政府在虚拟线上空间延伸和强化，达成线上线下业务的协同运行。建设数字政府的目标并非纯粹打造一个线上政府或"虚拟"政府，而是致力于在信息资源共享和数字化业务协同的前提下进一步实现线上、线下政府有机互动和深度融合的"一站式"政务服务。事实上，政府的数字化转型建设基于实体政府的建设。实体政府作为建设线上政府的主体，肩负着整合资源、梳理业务协同所需的事项、统一标准、优化程序等重要的基础性工作。同时，线上的跨部门、跨行业的信息系统整合和智能化的业务办理流程也反向驱动着实体政府开展更深层次的改革。区块链技术推动政务服务供给由政府部门主导的中心化治理结构向各部门作为数据管理主体的多中心沟通结构转变。政府各部门之间借助智能合约机制，明确约定数据共享规则、读写权限、业务协同规范，实现跨部门业务协同自动执行。

（二）区块链公共治理体系

基于区块链的技术优势及其与政府数字化转型的高度适配性，可以充分使用区块链技术优势赋能国家治理。因此，通过对我国国家治理创新进行深入思考并做出大胆设想，可以构建一个基于区块链技术的政府治理体系。区块链治理体系如图 3-3 所示。

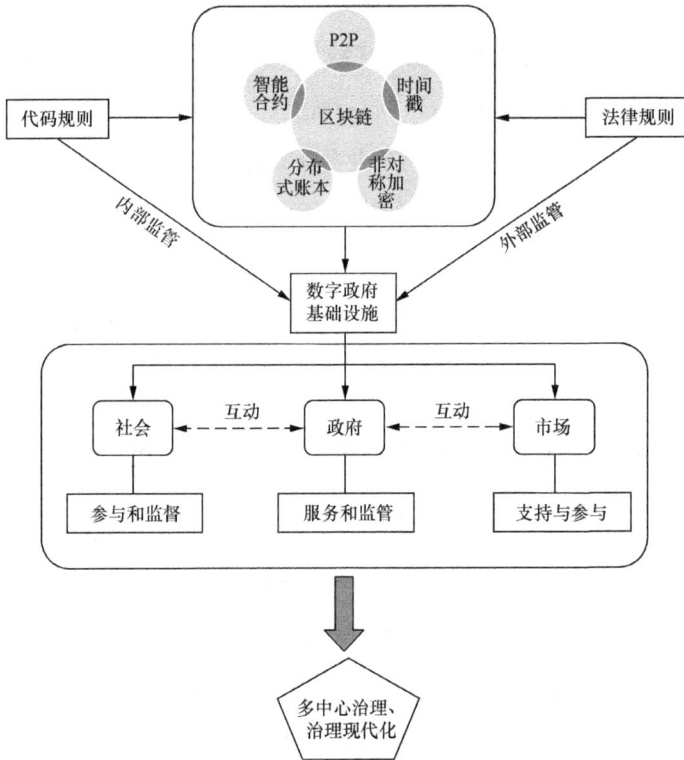

图 3-3　区块链治理体系

具体而言，在区块链治理体系中，分布式账本、智能合约、P2P、时间戳及非对称加密等核心技术共同构成区块链底层技术架构，并作为数字政府基础设施建设的重要组成部分。同时，区块链技术在数字政府建设中的运用与推广，深嵌于由代码规则要求及国家法律法规约束所塑造的内外部环境中。其中，代码规则发挥着内部监管的作用，法律法规发挥着外部监管的作用。在此基础上，政府部门将与社会（包括社会组织和公众）、市场进行有序互动、高效对接。社会方不仅要参与数字治理，更要确保实现治理全过程"在场"，以有效开展全方位监督。政府是数字治理的主体，致力于提升公共服务水平。此外，政府各个部门作为区块链上的重要节点，更要对治理的过程进行有效监管。

（三）政务链基础架构

政务链是在数字政府治理中，将区块链核心技术要素与政府部门数据共享、跨部门政务协同、线上与线下业务协同有机串联，以有效支撑政务服务的业务需求。这样一条综合性的数字政务链，与一般区块链的底层架构大体相同，但基础架构的具体承载内容则服务于政务运作的相关需求。总体上，政务链基础架构可以分为6层，即数据层、网络层、共识层、激励层、合约层、应用层。每层具有不同的核心功能，且自下而上层层封装，由此叠加新功能。同时，各层之间相互支撑配合，进而共同实现区块链的具体应用功能。政务链系统架构如图3-4所示。

具体而言，政务链的6层基础架构可划分为平台层与业务层两个部分。其中，平台层包括数据层、网络层和共识层；业务层包括激励层、合约层、应用层。

第一，数据层，即区块链的物理结构层。就其具体内容而言，一方面，区块与区块链被部署在数据层；另一方面，区块链的核心技术，例如时间戳、哈希函数、非对称加密等均属于数据层。结合数字政务治理，数据层可以用于存储政府部门各类政务服务数据。

第二，网络层，在政务链中，这一层是通过明确规则来系统构建政府各个部门在政务链网络上的分布结构和信息同步机制。具体而言，P2P组网机制用于搭建政府链各区块节点网络的分布结构；数据传输机制确定各节点信息广播机制及传输机制；数据验证机制是指各节点验证数据的方式。

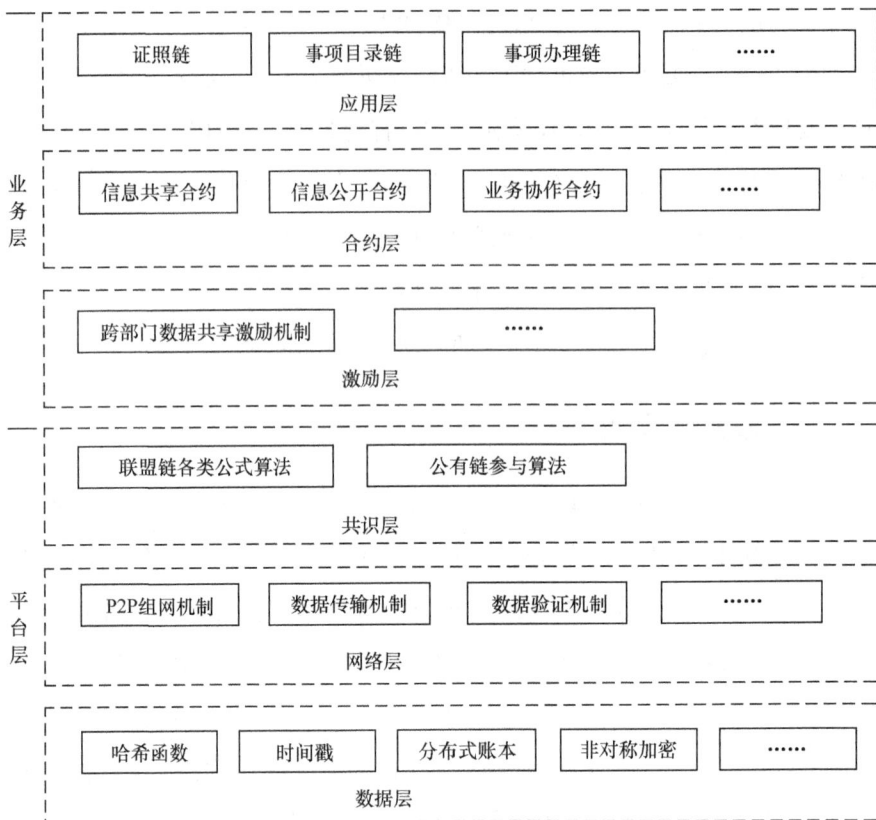

图 3-4　政务链系统架构

第三，共识层，在明确记账权的前提下部署共识机制。拥有记账权的政府部门负责将其他部门上传的数据记录在政务链的共识层。鉴于政务治理的特殊性，政务链平台层的基本功能通常由联盟链各类公式算法决定，并且可以根据不同业务进行代码改进、二次开发。另外，为提升社会参与公共治理的水平，采用公有链赋能社会公众，主要是通过构筑统一身份认证平台，为公众提供开放、高效的政务公开信息平台，以提升政府信息的公开水平。

第四，激励层，部署激励机制。由于政务链主要采用联盟链，并且通常指定节点负责记账，不涉及多节点争夺记账权，因此激励机制并非政务链的必要组成要素，但也要根据实际需要设置激励层。特别是在当前政府跨部门信息共享动力不足的情况下，可以借助激励机制来鼓励各部门共享本部门数据。

第五，合约层，存放智能合约。根据政务治理的实践需求，凡是适用于自动执行的业务均可使用智能合约。例如，数据共享合约是政府各部门基于智能合约形成的自动读写数据程序；信息公开合约是政府基于智能合约所达成的政务信息自动公开机制；业务协作合约是基于智能合约的跨部门线上业务协作程序等。

第六，应用层，基于区块链技术建立一个点对点的分散式服务网络，而各式应用服务于不同业务场景。政务链的应用层与政务办理场景紧密相连，例如，证照链用于存储职能部门数据及读取记录；事项目录链是指将分散在不同部门的事项按照链条进行整合，最终形成"一链办理"事项目录清单；事项办理链用于记录政务服务事项每个环节的办理信息。

五、政务链应用场景

"十四五"规划明确提出，推动智能合约、共识算法、加密算法、分布式系统等区块链技术创新，以联盟链为重点发展区块链服务平台和金融科技、供应链管理、政务服务等领域应用方案，这充分体现了区块链技术在公共治理领域的必要性。而政务链是基于区块链技术优势与公共治理特征的数字政务治理系统，特别适用于跨部门信息共享、政务信息公开、跨部门业务协作及线上线下业务协同等具体治理场景。

（一）跨部门信息共享

信息技术的发展与变革推动政府由"权威治理"向"数据治理"转变，而政府数据治理的关键目标之一即实现跨部门信息传递与共享。跨部门政府信息共享是指某一政府部门将独自收集或在业务过程中生成的信息与不存在隶属关系和业务交叉关系的其他部门进行共享，意在避免信息重复收集。区块链技术以分布式账本的方式构建一个智能化的信息共享系统，可以有效避免上述问题的出现。

1. 跨部门信息共享困境

首先，涉密政务信息在跨部门共享过程中安全性欠佳。政务信息的系统整合与对外共享流程复杂，涉及数据存储、发布、共享、使用及销毁等诸多环节，任意环节都可能因技术或人为造成敏感信息和涉密信息的泄露。

其次，政府上下级之间及横向各部门之间存在信息交互障碍，互信机制仍有待完善。一方面，纵向条线信息沟通与数据传递梗阻，仍存在单向沟通、低效率协同等问题。另一方面，横向职能部门壁垒重重。地方政府部门横向之间的平等互动面临着"信任壁垒"等阻碍。

再次，政务数据结构标准不一，导致数据共享应用有限。因为没有统一的政务标准元数据格式，所以即便是同样的数据条目，也可能来自不同的政府部门，进而出现数据内容、格式、质量的差别。

最后，政务数据共享权责界定不清，问责机制不够完善。一方面，部分政府部门信息共享理念不足。目前，在数据统筹与实际应用方面，针对行政协同的政务数据交换需求，大多数政府部门仍习惯于传统的信息传递方式，例如会议、电话、文件公函、电子邮件等。另一方面，关于"谁共享、谁负责"的信息共享要求无疑增加了共享者的责任压力，尤其是对于那些质量无法得到保证的信息数据。

2. 基于区块链的政府信息共享系统框架

开发并推广应用区块链的政府信息共享系统，既可以在多个政府部门之间以节点对节点的形式进行点对点信息共享，形成"去中心化"的信息共享模式，又能做到数据安全备份，实现一次共享、多次使用、信息可追溯管理，有效扩大信息共享的范围和提升信息传输的效率。

政府信息共享的核心在于信息数据的安全可靠、便捷高效，而利用区块链技术和隐私计算技术则可以为政府内部实现跨部门信息实时安全共享提供可能。鉴于此，可以使用数据可信共享与隐私计算平台来支撑政府信息共享系统建设，有效解决了当下政务信息数据共享难题。TelPaaS 数据可信共享与隐私计算平台如图 3-5 所示。这一平台依托 Telchain 区块链，将政府部门和社会公众简化为数据使用方或者数据提供方，并为政府相关各部门建立数字账户。同时，按照数据提供方许可的数据目录项编写算法，待数据提供方同意授权后，算法才能安装到数据提供方的节点并执行，而授权全流程则通过智能合约实现。在执行数据共享任务时，任务执行过程中各方均可以在本地工作台查看监控数据的输入输出行为和对应的状态。任务执行完成后，可以查看任务日志、任务报告，提供完整的事后审计能力。如此一来，政务数据经历审核、监控、审计、评价等一系列环节，实现政务数据使用全流程存证，可以有效防止数据被滥用或者外泄。政务数据共享交换全流程上链存证如图 3-6 所示。

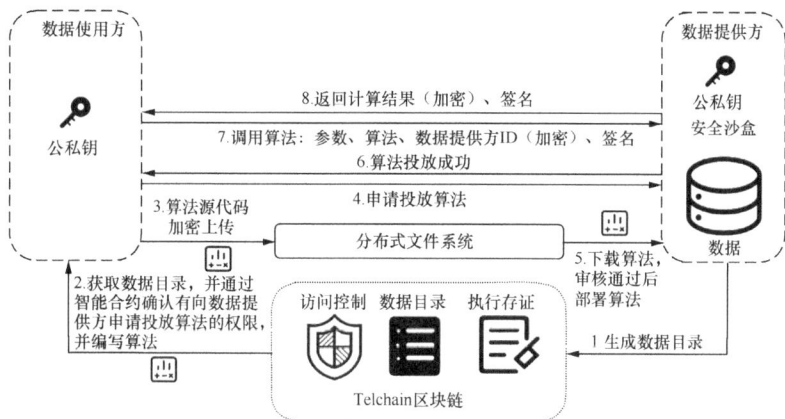

图 3-5 TelPaaS 数据可信共享与隐私计算平台

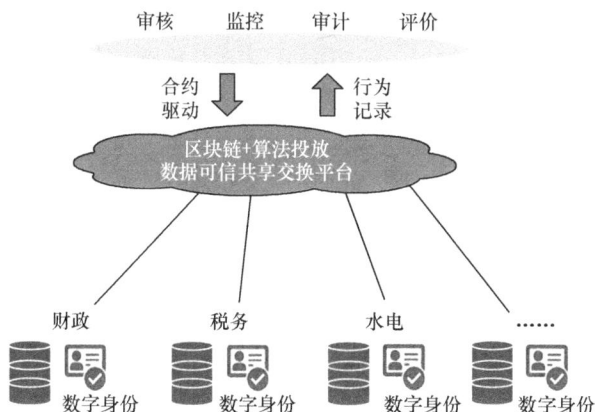

图 3-6 政务数据共享交换全流程上链存证

在此基础上，可以利用数据可信共享与隐私计算平台构建起政务信息共享系统。基于区块链的政府信息共享系统框架如图 3-7 所示。

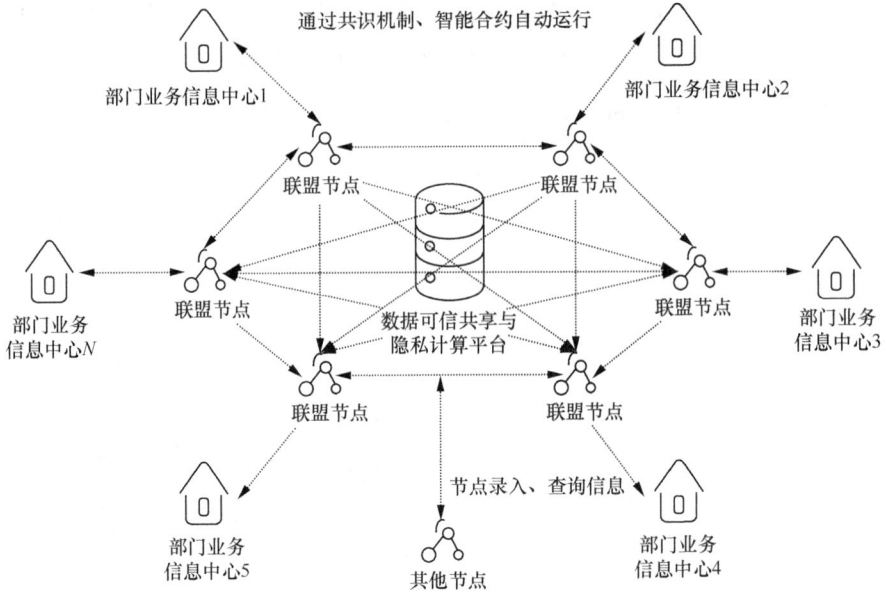

图 3-7　基于区块链的政府信息共享系统框架

　　在这个系统中，主要参与的逻辑实体将抽象为政府、联盟节点、其他节点和信息中心数据库。其中，联盟节点主要为政府各职能部门，例如，民政、医疗卫生、教育、财政、公安等部门，这些具体部门所对应业务信息中心负责管理各行业领域产生的信息数据。一方面联盟节点负责与其他联盟节点信息交换与共享；另一方面，联盟节点借助区块链技术的共识机制和智能合约，实现点到点、点到多点的信息路由、信息传送，以便存储和管理各类政务共享信息。在系统中导入的信息通过非对称加密算法进行加密且不能随意非法篡改，各联盟节点共同维护和监督所有信息，仅在该节点与其他节点的信息保持一致。只有确保信息可靠、非重复的情况下，才能够导入区块链存储系统，形成信息数据库。其他节点面向社会公众、企业、事业单位、非营利性组织等数据使用方，在得到行政部门相应授权后，可以在数据库中查询与个人相关的信息，配合录入节点信息。

（二）政务信息公开

党的二十大报告提出"坚持一切为了人民、一切依靠人民，从群众中来、到群众中去，始终保持同人民群众的血肉联系，始终接受人民的批评和监督"。政务信息公开既是建设透明政府的重要内容，又是保障人民监督权力的有效方式。尽管数字技术的发展为政务信息公开提供了诸多便利，但是现阶段信息公开水平仍亟待提升。区块链作为政务信息公开底层技术支撑，便于公众第一时间获取政务信息，充分了解政府工作内容，有助于打造真正意义上的透明政府和服务型政府。

1. 信息公开的困境

积极推动政务信息公开是国家行政机关营造开放、透明、廉洁形象的重要举措，也是构建和谐社会和推动经济社会协调发展的必然要求。然而，当前的政务信息公开受多方因素的影响，在实践中存在以下困境。

一方面，政府主动公开信息的质量欠佳。我国政务信息公开，主要存在信息公开范围狭窄、公开时间滞后等问题。在政府内部尚未构建成熟统一的信息公开与共享平台的情况下，在政府纵向层级间及横向部门间的信息发布过程中，存在信息交叉的现象，进一步影响公开政务信息的范围和质量。

另一方面，政府信息网络安全存在隐患。随着信息技术的发展，政务应用日益呈现信息化、数字化和智能化的态势。然而，网络的开放性、连通性使政府与外部治理主体之间的连接形式多样、沟通联系频繁，这为不法分子利用政务系统漏洞攻击、窃取乃至篡改政务信息提供了可乘之机。

2. 基于区块链的信息公开系统架构

区块链技术所具备的"去中心化"、开放性、不易篡改和防伪造等特征应用于政务信息公开，有助于提升政府工作的透明度，打造阳光政府形象。在基于区块链的信息公开系统架构中，数据拥有者、数据服务提供者和数据请求者以区块链作为底层技术，将政府各部门的数据信息上传至区块链中进行存储，从而打造一个"完美的计算机云"。依托区块链技术，数据拥有者可以放心地将数据存储在区块链政务数据库中，数据请求者访问或获取其他的数据块也能在安全的环境中进行，有效保障了政务数据在公开过程中的机密性、完整性和可用性。基于区块链技术的底层架构方案设计如图 3-8 所示。

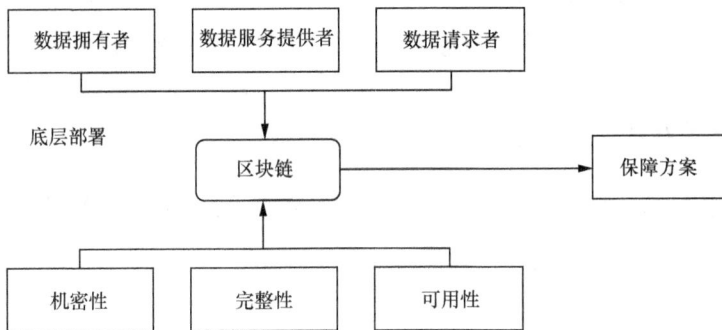

图 3-8　基于区块链技术的底层架构方案设计

　　基于区块链的信息公开系统针对当下政务信息公开的问题，结合区块链技术的优势，可为政府信息提供安全可靠的运行环境。在此系统中，数据拥有者与数据请求者可根据数据监督方授予的可信证书加入区块链信息公开网络架构中。再由数据拥有者将数据信息上传至政务信息公开区块链，数据请求者可依据实际需求在区块链上向数据拥有者提出申请数据公开。待收到申请后，数据拥有者需要按照规定时间进行权限批复，并将结果发布到区块链上。若申请通过，数据拥有者可经请求代理发送到数据拥有者的访问代理，如果认证通过则可以访问政务大数据中心。在此过程中，数据监督方作为一个子节点加入区块链节点网络，负责同步政务信息公开区块链上所有的数据，以及对数据的安全共享需求进行监管。基于区块链的信息公开系统架构如图 3-9 所示。

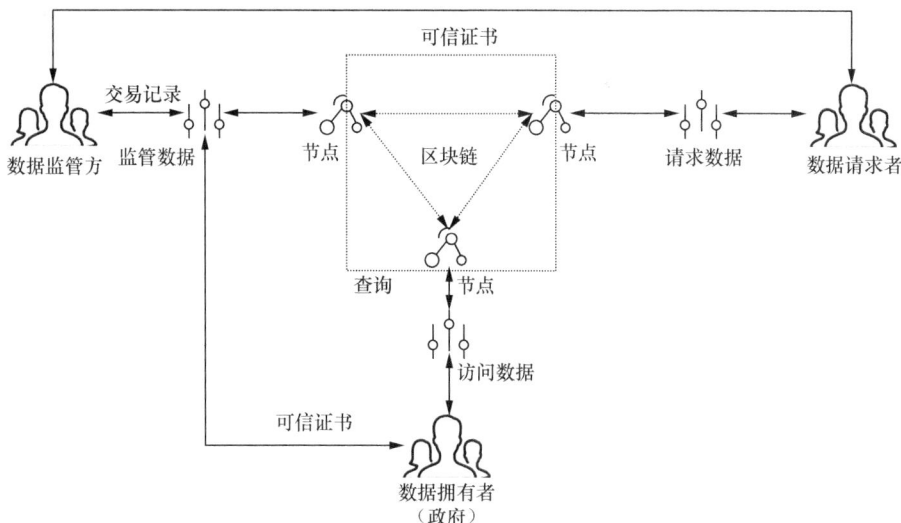

图 3-9　基于区块链的信息公开系统架构

（三）跨部门业务协作

业务是数字政府建设的核心。政府的目的是通过有效履行职能，达到管理和服务社会的目的。在强调属地化管理的当下，政府部门之间难以主动形成治理共识。特别是在大量公共事务和公共议题性质发生变化导致跨域问题频现的情况下，这对政府治理结构及其治理能力提出新的挑战。在此背景下，跨地区、跨部门合作逐渐成为应对治理困境的良方。区块链技术迎合了这一发展趋势，为跨部门政务协同提供了可能。

1. 跨部门业务协同困境

在传统的政务服务场景中，政府各部门在"条块分割"的治理体制之下主要按照串行或并行的方式进行政务协作。正是这种碎片化的治理格局，往往导致跨部门业务协同存在以下困境。

首先，政府跨部门业务协同能力不足。虽然政府部门在日常政务运作过程中呈现一个紧密耦合、多节点的链式顺序结构，各个独立的政府部门针对多样化的跨部门治理任务会形成业务关联。但实际上，"条块分割"的治理体制和传统职能分工格局的形成，各个政府部门之间的联系较少且协同经验不足，进而导致政府对于跨部门业务协同能力较弱。

其次，政府跨部门协同办事效率欠佳。近年来，"最多跑一次"改革逐渐深化，政府通过设立"一站式"政务服务大厅或者提供网上政务服务等方式来提供高效优质的办事服务。接下来，所需跨部门业务衔接流转程序仍亟待进一步优化，办事效率有待进一步提升。

最后，跨部门业务管理和监督存在混乱。跨部门业务本身的特殊性与高难度需要专职政府工作人员负责。一旦政府的业务流程和工作人员发生变动，熟练工作人员的缺口往往难以迅速被补足，工作脱节情况时有发生。另外，政府各个部门所在位置分散，因此在处理跨部门业务时很难或者无法对整个业务流程的执行情况进行整体监督和过程控制。

2. 跨部门政务协作系统架构

区块链技术能够在政府组织体系内部建立信任机制，将现实中分散的各个部门在信息层面上聚合，打造一个政务信息共享平台，并通过构建虚拟化的政府组织架构实现更加复杂的政务协作关系，打破政务服务和管理的时空界限，促使政务服务不再只依赖于实体化科层体制。具体而言，依托区块链技术的政务信息共享平台，根据工作任务的不同，实现虚拟化人力配置，最终形成"智能受理""秒批秒办""全流程网办"等多种全流程网办模式。跨部门政务协作系统架构如图3-10所示。这一网办流程实质上也是跨部门政务协同的过程，政府各个部门作为政务链上的节点，不仅承担着具体的业务职能，还会发挥监督过程的作用，确保政务协作的合法高效。

基于区块链技术的特征，并将其与数据共享相结合，可以设计出一种基于区块链的政务协作系统，并在此基础上进一步明确该系统的具体工作流程。跨部门政务协作系统是运用区块链技术打破原有政府部门之间的界限，构建一个全面数字化的"虚拟"政府，使公众可以从不同渠道获得政府的各种政策信息和服务。具体而言，跨部门政务协作系统由办事人提请具体事项为驱动。这一办事人既可以是公众，也可以是政府部门的工作人员。在发起办事申请以后，政府部门根据具体事项向有关部门发起数据匹配请求，而匹配结果将在区块链节点生成后被自动反馈至对应的审批部门，审批部门进一步负责生成事项办理结果。在区块链跨部门政务协同过程中，例如事项请求、数据匹配等事项均可通过区块链技术系统自动实现。基于区块链的跨部门政务协作系统架构如图3-11 所示。这一系统的具体工作流程如下。

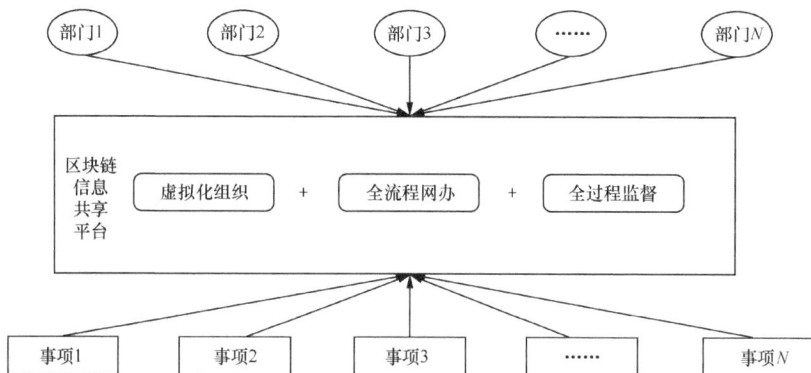

图 3-10　跨部门政务协作系统架构

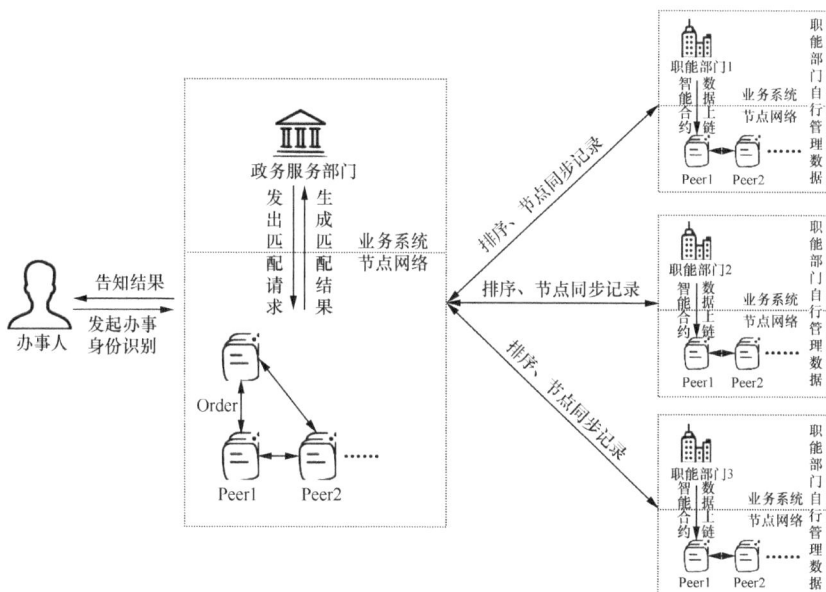

图 3-11　基于区块链的跨部门政务协作系统架构

第一步，提出申请。办事人作为办理政务事项的需求者，在传统政务办理场景中需要提交目标事项要件及相关的证件资料，但在区块链政务服务模式下，办事人只需要提供身份认证信息，再结合生物识别技术证明本人的身份，即可发起事项办理，不需要重复提交政府部门已存储存档在区块链上的证照。

第二步，匹配请求。政务服务部门作为政务事项的受理者，在收到办事人提请办事的需求后，向区块链节点网络提出数据匹配请求，例如，办事人所申请办理的事项需要验证社保信息，政务服务部门即可向对应的社保部门提出以上3项信息匹配请求。

第三步，数据匹配。政务协同区块链的各个节点是数据匹配实际发生的场所。在传统政务办理的过程中，人工核验证照信息将会耗费大量的时间，进而导致办事效率低下。而区块链节点可以按照"智能合约"的规定，迅速进行数据匹配、结果输出、数据反馈，实现"秒办"。

第四步，事项办结。政务服务部门根据区块链节点反馈的数据匹配结果，研判办事人条件是否符合事项办理的要求，决定是否通过审批，并告知办事人申请结果。

（四）线上线下业务协同

基于数据共享实现整体性、一体化的业务协同，是数字政府建设的内在要求。其中，线上平台与线下窗口之间的业务流程协同是政务数字化协同的重要内容。为突破政府线上线下业务协同的实践困境，可以利用区块链技术推动政府总体运作进一步从线下转向线上线下相融合，不仅能实现智能化、精准化的治理模式，还能形成具有链式效应的智慧治理体系。

1. 线上线下业务协同困境

目前，各级政府部门大多已建立线上政务服务或管理平台，但线上平台和线下业务在流程融合方面还存在一些结构性障碍和功能性困境。

首先，在科层制和"条块分割"的背景下，政府跨部门业务流程仍有待优化。目前，大部分线上业务仅仅是对线下业务的"简单搬运"，没有形成线上线下高效"协同之势"。这是因为缺乏系统性的线上线下协同办理方案，不能根据每个政务服务事项的特定办理对象，没有对办理流程进行充分优化，出现了"提供的服务不需要、需要的服务找不到"的情况，某些不该网办的事项和办理环节已经实现了网办，某些该网办的事项和办理环节却散落在线下政务办公大厅。例如，在行政审批领域，相对集中的审批权改革促使审批和监管分离，原本在一个部门的内循环转变为两个部门间的外循环，二者之间衔接不合理的问题十分突出。

其次，政务服务或管理事项"应上尽上、全程在线"在实践中尚未完全实现。例如，一些关键政务办理节点还是需要当事人到现场进行采集和核验信息；一些跨部门政务事项因为名称、办理时限、所需材料、办理流程等不统一，所以可能需要"异地代收代办"或者是"跨域联办"，但又缺乏线上信息共享平台流转办件材料，会延缓业务办理的进程，在很大程度上限制了业务通办的范围。

最后，线上线下业务办理标准不统一，导致治理效率欠佳。第一，目前，线上"一网通办"平台公布的某些办事指南与线下政务窗口实际办理的事项名称、事项编码、申请材料、办理流程不一致。第二，线上办事指南无法完全覆盖所有的业务情景，审批服务事项标准和材料还存在"所需的其他材料"等模糊条款，这导致某些业务的线上线下办理脱节，出现申请人重复跑、材料重复交的情况。第三，在一些政务事项的关键环节，工作人员仍需要反复查验纸质材料与电子材料的真实性及一致性，一旦遇到数据库异常、网络卡顿等问题并难以及时解决，就会降低线上线下业务协同的效能及办事质量。

2. 线上线下政务协同系统架构

数字政府是线上政府与线下政府有机交融的一种全新的政府组织形式，以便其充分发挥"一加一大于二"的组织效能。通过线上线下的有效互联和相互驱动，以线上公共事务的处理推动线下政府部门的职能整合和扁平化组织结构变革，以数字政府智能化的高效运作方式，实现政府线上线下深度融合和有机衔接，旨在从整体上提升治理效能。数字政府线上线下政务协同逻辑如图 3-12 所示。

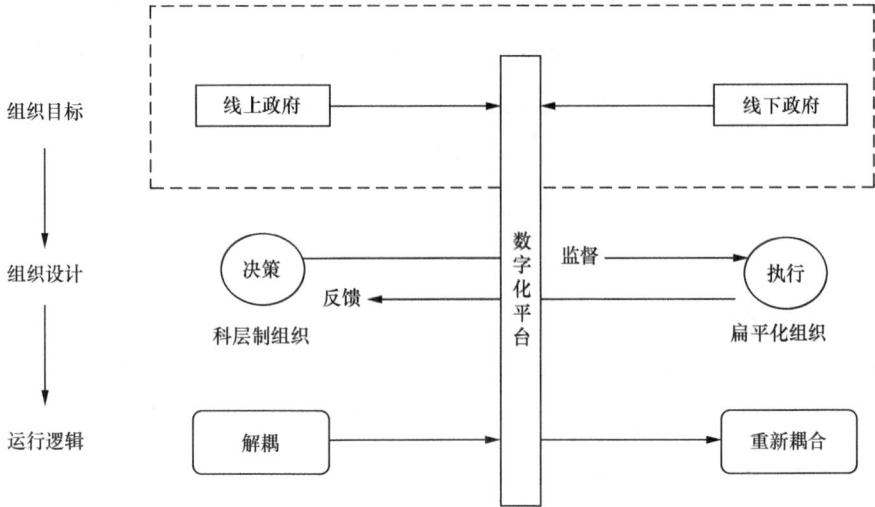

图 3-12　数字政府线上线下政务协同逻辑

　　具体而言，从数字政府建设的组织目标来看，数字政府需要实现线上政府与线下政府的有机统一。数字化平台作为线上政府与线下政府之间的交互枢纽，为实现数字政府组织功能等方面提供了基础性保障。从组织设计分析，在数字政府的整体视角下，以扁平化特征为主的线上政府与以科层制特征为主的线下政府之间需要更加细致的分工。虽然线上政府是线下政府在数字空间的真实映射，但从功能角度分析，线上政府具有更好的灵活性、更快的反应速度，以及更强的政策执行能力。因此，需要通过线上政府与线下政府进行解耦，实现功能层面上的重新分工，以充分发挥各组织结构的优势。从运行逻辑分析，数字化平台的介入促使政务服务标准化（例如权责清单、业务流程等）加速推进，为政府各组织、各部门之间的业务流转提供了可靠依据。同时，依托线上政府与线下政府之间的充分解耦，线上政府将事项涉及的组织、部门迅速形成"虚拟组织"，从而实现各组织、各部门之间的重新耦合，提升政府资源分配的效率及政府治理的有效性。

结合区块链技术以及当前线上线下政务协同实践，打造一个线上线下政务协同系统。基于区块链的线上线下政务协同系统架构如图3-13所示。实际上，线上线下政务协同的核心在于让数据上链，并实现链上链下互操作，从多个层次实现区块链的互联互通。

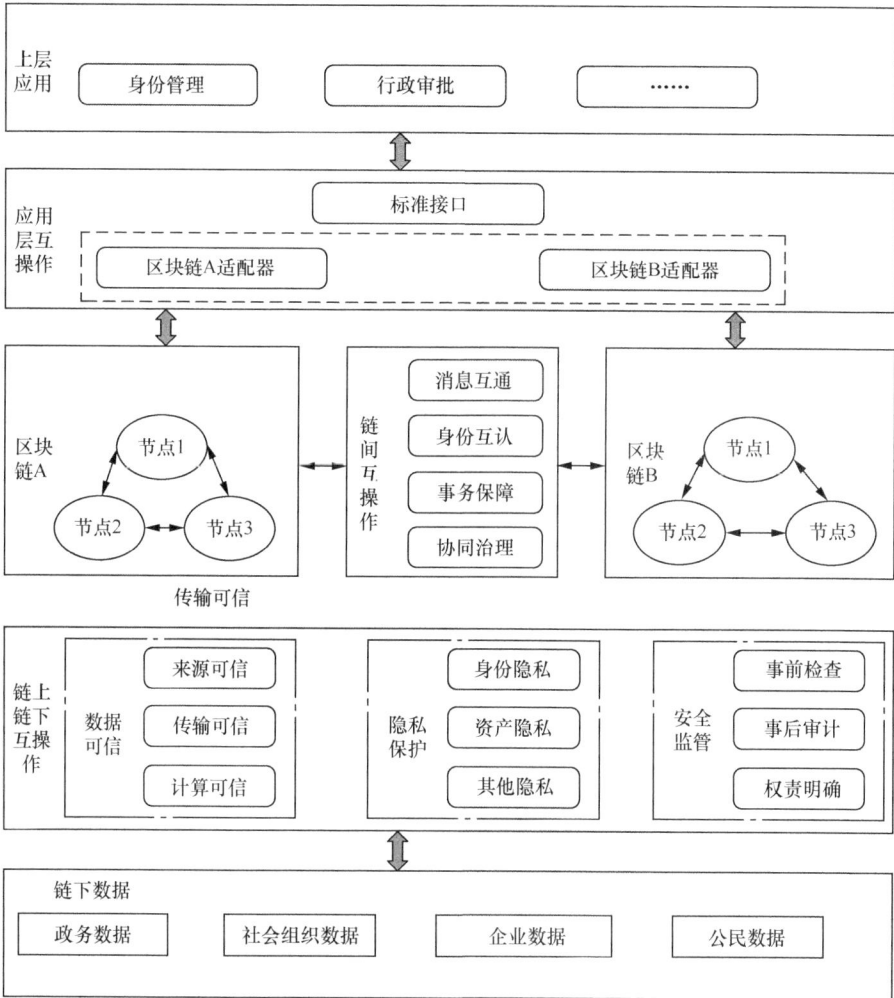

图 3-13 基于区块链的线上线下政务协同系统架构

具体而言，互操作方案解决事务性问题，必然要从不同底层链实时获取先验数据。于是，这一系统的最底层是链下数据，主要包括来自政府、社会组织、企业及公民等多个渠道的数据，并通过上链的方式进行采集、存储和管理。在链上链下互操作的过程中，不仅要确保数据的可信度，更要注重保护数据隐私。对此，作为链上节点的各部门肩负着安全监管的重要职责。而后，跨链操作是在不同政务区块链之间实现消息互通、身份互认的前提下，才能获得事务保障并开展协同治理。在此基础上，应用层互操作得以有效实现，并且借助标准接口进一步实现上层应用业务的协同。

六、本章小结

数字时代，数字政府作为国家治理体系和治理能力现代化发展的关键性举措，既要释放数字经济发展的潜能、应对数字经济发展带来的新挑战，又要加快实现社会治理精准化、公共服务高效化、社会互动信任化的迫切要求，更要成为对政府自身改革进行全方位、全领域、全时空系统性和数字化重塑的战略支点。

第一，本章明确了当前数字政府的建设方向及其职能目标。数字政府是以数据驱动为核心的实体政府虚拟形式，也是大数据时代政府转型升级的一种新型治理模式。数字技术在推动政府治理理念、治理结构、运行机制及资源配置等结构性转型的同时，也深刻揭示了其内在的价值意蕴。而从公共治理视角剖析数字政府建设，价值维度对应治理理念的深刻转变，即"以人民为中心"；结构维度对应组织流程变革，即政府治理体系现代化；功能维度对应技术赋能，即政府治理能力现代化。

第二，梳理数字政府建设的实践困境。从既有的实践现状来看，我国数字政府建设，首先要解决的问题是基于数字基础设施实现政务机构内部及其与外部之间的广泛"连接"，以实现整体性治理。其次要解决的是对各部门的业务"赋能"，从而形成精准性公共服务模式。再次，"连接"和"赋能"的深入发展，对政府组织体制与治理技术的融合水平又提出了新的要求，高水平的"协同"成为亟待解决的难题。最后，无论是"连接"和"赋能"，还是"协同"，信息和数据的传递与共享是上述工作的基础，数字政府需要直面数据安全问题，并制定切实可行的运作方案。

第三，明晰区块链技术与数字政府的适配性。鉴于数字化转型亟须实现体制机制、技术融合、服务模式等全局优化提升，可通过区块链技术重点解决数字政务建设中存在的关键难点问题。区块链技术以分布式记账、智能合约等技术要件，为实现治理模式变革提供了新的技术手段和路径探索。而政府的数字化转型并不是信息技术在政府行政过程中的简单嵌入，而是需要在明晰政府数字化转型困境的基础上，从政府治理的技术基础、组织架构、环境保障、数据利用等多方面开展总体战略部署，以实现治理体系与治理能力现代化的最终目标。

第四，结合区块链技术和政府治理实践构建综合性政务链系统。以往的区块链政务系统往往局限于某一特定治理领域或者某一特定事项，而区块链在政府治理及服务创新方面实质上具有广泛的应用前景和发展空间。因此，将区块链核心技术引入公共治理，有助于提升以分布式协作、可信互通、自流程化服务为核心的一体化平台协作能力，逐步形成完善的数字政务能力架构，实现政务服务的互联互通、信任高效和安全可控。

第四章

区块链技术与传统领域改进

当今世界处于百年未有之大变局，国内外政治、经济形势多变、复杂。这也意味着机会和挑战并存，应沉着应对，以保证更稳定、更好的发展。推进国家治理体系与治理能力现代化是实现中国式现代化的关键。国家治理体系和治理现代化内涵丰富、实现路径颇多，其中，通过创新政府治理以提升政府治理现代化是不可或缺的组成部分。然而，面对全球化和信息化的强烈外部冲击，传统政府治理的方式已经无法适应和满足当前我国经济社会长久发展的需要。

伴随着现代信息技术的快速迭代，政府已借助云计算、大数据等技术发展电子政务以提升自身的治理能力，从而实现"政府再造"。近年来，作为一项新兴的信息技术，区块链技术凭借自身鲜明的优势，解决了多个行业难题，提供了多个解决方案，在金融、教育、医疗等领域大放异彩。"十四五"规划明确指出要"以联盟链为重点发展区块链服务平台和金融科技、供应链管理、政务服务等领域应用方案"。对于政府而言，区块链技术有着广阔的应用前景和应用价值，可以优化传统政府治理模式，辅助政府及各职能部门更高效地履行自身的职能。

本章以区块链的政府治理重塑为中心，寻找区块链技术与政府治理的契合点，以改进传统治理领域。政府治理即"政府作为社会治理的主体对自身、市场和社会实施的一系列治理活动"。本章将阐述区块链技术如何助力政府更好地实现"建设服务型政府、助力经济发展、促进文化产业发展、优化公共服务、加速建设生态文明"这5个主要治理职能。

一、区块链技术建设服务型政府

经济社会的快速发展使公众对多元化的公共服务的需求明显增强，大力建设服务型政府成为政府治理的趋势。党的十六届三中全会首次提出"政府职能从'全能型'转向'服务型'"。在数字时代背景下，"十四五"规划强调要"提高数字化政务服务效能"。"互联网＋政府服务"成为建设服务型政府的有力工具和重要途径，特别是深度应用"区块链"这一新技术，以精准识别公众的需求，提高政府服务的覆盖面、敏捷度、高效率等，打造"一站式"服务型政府。

（一）我国建设"一站式"服务型政府现状

建设服务型政府的目标虽已确立并累积了一定经验，但其具体的实现途径和举措仍需完善，而构建"一站式"服务型政府为其提供了一条有效、智慧、现实的路径。作为建设服务型政府的关键举措，"一站式"服务型政府是指政府通过协调、整合不同职能部门的信息和服务，设置易寻找的服务前台（实体或虚拟），为公众、企业和社会提供全方位、一体化和个性化服务的新型组织样态。

追本溯源，"一站式"服务型政府来源于企业的管理模式——"一站式"服务。20世纪90年代，为加快改革开放进程、推进行政体制改革，我国各地建立了为企业提供审批服务的行政服务中心，集工商、商检、税务、保险、海关等办事机构为一体。此时，我国政府的关注点集中于企业服务，并未考虑公民的服务需求。在信息技术的助力下，1998年，山东青岛建立了青岛政府信息公众网。政府网站的建设为公众提供了更便捷的交互途径，意味着政府服务不再只提供线下场所，网上"一站式"服务模式开始出现。2014年，浙江省委省政府根据国家政策，提出"四张清单一张网"；2017年"最多跑一次"改革持续深化了政府数字化服务转型。

"一站式"服务在服务理念、办事路径和服务体系等方面都有别于传统公共服务。"一站式"服务和传统公共服务对比见表4-1。"一站式"服务型政府由"前后台"组成，前台为服务请求接收和服务结果反馈的端口，既提供常规的、职责范围内的服务和信息，也提供多元化、动态的、个性化的服务和信息；后台则通过协调整合各部门的职能、信息和资源，实现业务管理一体化、规范化、标准化，协同一致地完成服务请求的处理和反馈工作。这意味着我国政府的工作重心从"自身管制"转向"提供服务"。

表 4-1 "一站式"服务和传统公共服务对比

	"一站式"服务	传统公共服务
服务理念	以公众需求为导向	以政府职能为导向
办事路径	单一接触	多次接触
服务体系	多部门、多科室协同办公	各部门各自为政

（二）"一站式"服务型政府的困境

我国的"一站式"服务型政府建设虽取得长足发展，但仍存在以下问题。

第一，行政审批效率有待提高，流程互斥。 "一站式"服务中心大多采用串联审批，即一个部门的审批结束后才能流转到下一个部门。虽然各部门均出台了办理各类业务所需材料、流程及补办方法，但因为各部门之间不存在隶属关系，经常出现权责不明、边界不清的现象，而且缺乏沟通机制，所以容易出现各部门的审批事项互为前置的情况，项目审批时长被拉长。此外，传统的审批模式导致审批种类过多，且存在重复审批的问题。

第二，电子政务相对滞后，存在"数据壁垒"。 网上政务服务平台的功能不全，网上办理政务和网络咨询功能薄弱，只能办理简单、重复的事务，更复杂的、深层次的事项只能在线下办理。此外，很多政府部门都有自建系统，但仅供内部工作人员使用、查看，不对外开放。此外，各政府部门之间的数据存储技术格式也存在差异，数据共享效果欠佳。

第三，政府部门对窗口的授权不充分。 "一站式"服务中心的窗口办件包括即办件和承诺件，但大部分政府部门的承诺件均无法直接在"一站式"服务中心办结，仍需带回部门内部办理，很难实现"只跑一次"。

第四，办理业务流程复杂。 跨部门事项建立在数据共享的基础上，但公民的各类数据仍分散于各部门，导致重复采集信息。公众办理跨部门业务时，需要准备多份相同的各类纸质证明材料，重复向不同的部门提交。例如，在办理 A 业务前，公民需先出具由 B 部门提供的证明材料。"一站式"服务简化手续的目标并未实现，业务办理流程过于烦琐。

（三）区块链建设"一站式"服务型政府的优势

区块链技术具有"去中心化"、分布式记账、防篡改、可追踪等特性和优势，能够为建设"一站式"服务型政府提供创新有效的解决思路和方法。

1.解决数据割据，重构信任体系

政务服务的公信力和"一站式服务"的可行性与政务数据的共享程度相关。区块链技术可以通过数据并联解决跨部门数据共享难题，即统一数据输入输出体系的技术标准，实现数据在多主体间的无障碍共享、交换和应用。

第一，利用区块链的分布式记账特性，可实现数据的链上共享、同步和复制。参与部门的行为数据均被区块链记录，数据共享成为责任而非自主选择行为；各政府部门均可进行点对点的数据记录、查询和应用，不存在绝对的信息垄断；时间戳功能、智能合约技术、共识机制及非对称加密技术赋予了区块链防篡改等优势，可真正实现政务数据记账的真实性、安全性。

第二，应用链上数据行为既公开透明又兼顾隐私保护。一方面，链上数据均可追踪溯源，避免出现数据被篡改、销毁等恶意行为。另一方面，政府部门可对链上数据实施分类管理，有效保护公民隐私和国家安全。根据数据的隐私程度，可设置完全公开、部分公开和完全不公开这 3 个等级，在信息透明、政务公开和隐私保护间建立平衡点，有效实现隐私保护。

2.推动智能服务，促进价值公平

"区块链+政务服务"可以有效实现"一处办理，处处认可"，提供了一种公平的服务模式，其所解决的事项类型多、范围广、办事效率效能高、公民的获得感强。

第一，政府服务更全面、更集成、更智能。一方面，区块链技术扩宽了常规政府服务的覆盖面，更多事项可以通过网络直接办理，而不需要借助或寻求第三方或中心节点的帮助。另一方面，在"区块链+政务服务"模式中，按照"接

"触点最少、路径最短"原则，可构建横向联通、纵向联动的跨部门一体化流程，明确各部门的权责，简化流程，解决重复审批问题，提高政务服务的效率。

第二，降低制度性交易成本。 跨部门事项办结时间大幅缩短，例如，我国第一张由区块链技术办理的数字营业执照仅花费 47 分钟；利用区块链技术的信任共识机制可实现材料的重复使用及链内共享，不需要重复提交和反复验证；区块链的防篡改特性可降低因信息不对称而产生的机会成本，保证公平和秩序；运用区块链技术使授权代办业务更便利。

（四）"区块链＋政务服务"应用架构

向数字政府转型是我国政府适应数字经济发展的唯一路径，搭建"一站式"服务平台是简化、优化政务服务的有效方法。随着区块链技术的成熟应用，将开创"区块链＋政务服务"的新局面。"区块链＋政务服务"建立在跨部门数据共享的基础上，包括前台接待、后台业务办理与协同、前后台间数据交换，以及全程的系统管理和安全维护等。"区块链＋政务服务"应用架构如图 4-1 所示。

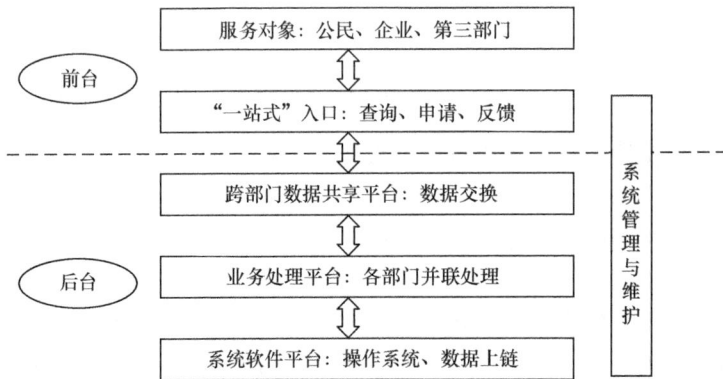

图 4-1　"区块链＋政务服务"应用架构

①"一站式"入口，即与多元服务对象的交互前台。服务对象通过前台提出服务申请、进度查询及服务反馈。

② 跨部门数据共享平台，即在前台接收服务对象的申请后，简单筛选申

请信息，查找并验证相关数据材料，随后转送给业务处理平台，并精准投递至相应的部门。同时，政府部门利用区块链分布式记账功能，集成和整合各类数据信息，提供跨平台的数据资源访问和处理业务。

③ 业务处理平台，即服务办理环节。当服务事项涉及多个政府部门时，则采取并联处理方式，将该服务事项拆分为多个相对独立的部分，由各部门同时办理业务。各部门可根据业务内容，获取数据和调度信息，进行相互协同的并联工作。

④ 系统软件平台，包括操作系统、数据库等要件，其中，业务办理的相关数据需要上链，并同步共享。

区块链技术的应用为政务服务的高效率和智能化开启了一扇窗户，真正意义上实现了"信息多跑路、群众少跑腿"。基于区块链的登记流程如图4-2所示。一方面，公民的信息和交易记录被记录在区块链中，其时间戳功能为服务对象提供了不易篡改的数字证明，可实现多主体间的信息共享和数据追踪。另一方面，公民办理跨部门业务只需提交一套材料，获得相关权限、用密钥签名验证后，数据就会即时同步传送至相关部门。

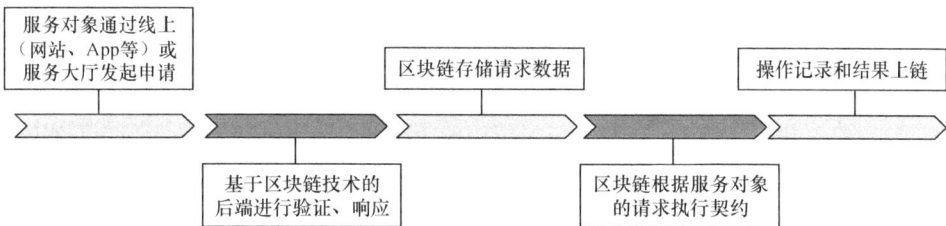

图4-2 基于区块链的登记流程

"区块链＋政务服务"应用架构通过将资料信息化，真正实现了政务审批过程的无纸化。同时，利用智能合约技术，将政务审批的流程和触发条件写入智能合约中，简化了政务审批的流程。当条件满足智能合约时，"区块链＋政务服务"则自动执行审批流程；反之，则将结果反馈给服务对象，提示其对材料进行修改或补充后再次提交。工作人员需进行数字签名以保证审批流程的合法性。审批结束后，所有的数据将作为电子档案直接存入区块链数据库内共享，以供其他部门参考。区块链政府审批流程如图4-3所示。

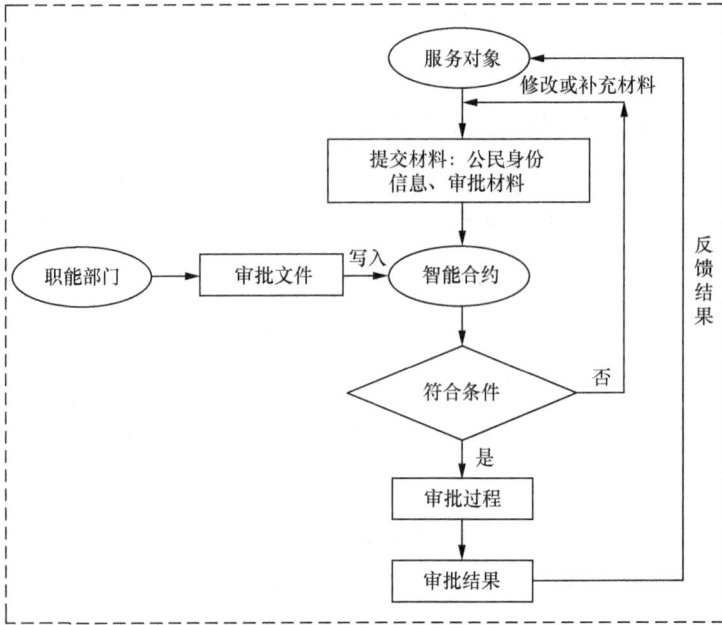

图 4-3　区块链政府审批流程

二、区块链技术助力经济发展

自改革开放以来，我国社会主义市场经济体制不断发展和完善，在此过程中，我国政府承担着三大主要经济职能，即提供公共产品和服务、宏观调控和市场监督。而经济金融领域正是区块链试验最早和探索最多的领域，相较于传统的经济服务，区块链技术能够从安全、效率、互信建立等方面为合作信任和资源利用等难题带来更优的解决方案。因此，我国政府可以利用区块链技术来改进政务流程和改善营商环境，进而增强企业征信，更好地促进政府、企业和社会之间的关系。

（一）区块链优化供应链金融

1. 我国供应链金融现状

供应链金融是指在真实贸易背景下，以核心企业为依托，整合供应链上的核心企业及相关上下游企业间的物流、信息流和贸易流，通过控制物权和封闭资金流的方式，为供应链上的中小企业提供金融服务。

我国最早的供应链金融业务为1999年深圳发展银行的"票据贴现"业务。经过20多年的持续发展，我国的供应链金融已从1.0阶段迈入4.0阶段，市场规模保持了稳定快速的增长。2017—2021年我国供应链金融市场规模如图4-4所示。

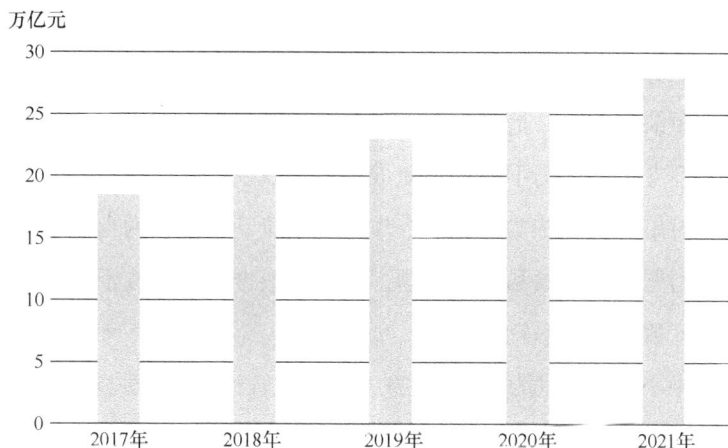

图4-4 2017—2021年我国供应链金融市场规模

供应链金融1.0阶段为链上"1+N"模式，即供应链上的核心企业为其他企业提供信用支持以向银行融资，实现了原有银行信用贷款的"点对点"模式到"以点代链"模式的转变；2.0阶段为线上"1+N"模式，即利用互联网技术，实现供应链中的核心企业、银行及其他中小企业等参与主体的线上对接，在线提供一系列金融服务；3.0阶段为平台"N+1+N"模式，即深入借助互联网技术，打造一个综合性的供应链金融服务平台，取代原有的核心企业提供信用支持的模式；4.0阶段为数字资产模式，即随着大数据、云计算等新技术的发展和应用，供应链业务流程实现了自动化和数据化，供应链业务生成的资产可转化为银行等金融机构认可的标准且合规的数字资产。

如今的现代化信息社会，信息成为最重要的生产资料之一。在中心化的数据平台模式下，虽然只有少数的数据巨头掌控着信息资料。但是，区块链在一定程度上打破了这个限制，让更多传统的、无法流通的资产进入流通领域，极大地提高了供给能力。特别是对中小企业来说，资产上链可极大地提升了企业的竞争力。

2. 中小企业发展面临的困境

虽然我国供应链金融发展迅速，市场规模巨大，但当前模式下的供应链金融仍存在一些问题。一是核心企业信任无法随需跨级传递。中小型企业普遍面临着融资难、融资贵的问题，对"低成本、低难度"的资金有着迫切需求。但供应链金融业务一般只能解决一级供应商的融资问题，很难从根本上解决中小企业的资金短缺问题。二是供应链金融虽然借助了大数据、云计算和人工智能等新技术，但支付结算仍不能自动完成，业务效率低。三是现有的供应链金融业务场景相对单一，无法实现跨域合作，资金流动不畅成为当前实体经济发展面临的重要问题。四是隐私安全问题，用户的数据统一存放于后台，中心化的方式很难保证数据不被恶意利用。

此外，中小企业作为供应链上的"毛细血管"，普遍面临着一些难题：一是融资困难；二是难以吸引人才；三是树立品牌难度大；四是难以留住客户；五是构建上下游生态的阻力大。

3. 区块链在供应链金融中的应用价值

众所周知，区块链不仅是一项技术，还改变了组织规则。区块链的重要价值之一就是改变生产关系，进而推动生产力的发展。对于整个供应链金融，区块链技术、数据要素流通技术与供应链金融相结合，是突破传统供应链金融模式下中小企业融资瓶颈的有效解决方案。

一是打通并对接银行数字账户体系，内置智能合约实现链内贸易资金的自动清结算，并固化其路径，以降低结算成本和违约风险。二是可信身份和共享账本利用区块链记账，各业务参与方基于可信数字签名，维护同一份数据，实现三流统一。三是实现类商票凭证拆分和要素化流通，使核心企业信用沿可信贸易信息传递。四是基于合约化协同开展跨域合作，推动产业生态中各类金融机构及服务商开展基于合约化协同场景的跨域合作。

对于中小企业，区块链可以将生产资料的所有权重新"洗牌"，进而提升中小企业的竞争力。具体而言，区块链技术可以将供应链联盟的业务流程进行通证化改造。改造中小企业拥有的多元资产形态（例如，股权、物权、有价证券及商品、服务等）为统一的通证形式，以社群自治的方式进行生产经营活动，这样就能帮助中小企业解决上述提及的问题。"区块链 + 通证逻辑"如图 4-5 所示。

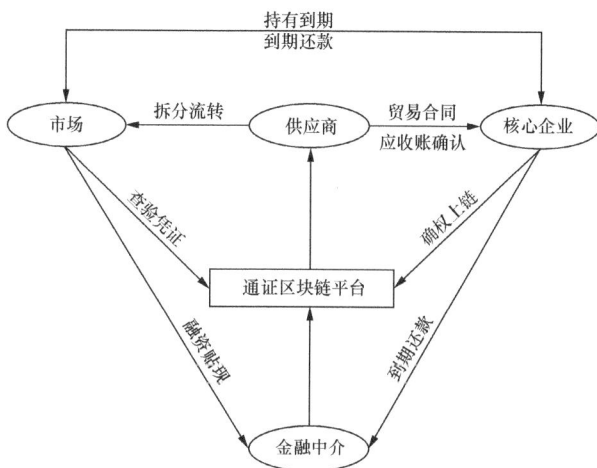

图 4-5 "区块链 + 通证逻辑"

一是有利于解决融资难问题。在"区块链 + 通证逻辑"模式中，中小企业可将数据上链公开，例如，交易数据、现金流数据等，以获取银行等金融机构的信任，提升信用等级。利用通证区块链平台，中小企业还可以向供应链中的核心企业寻求资金支持。"区块链 + 中小企业融资"如图 4-6 所示。

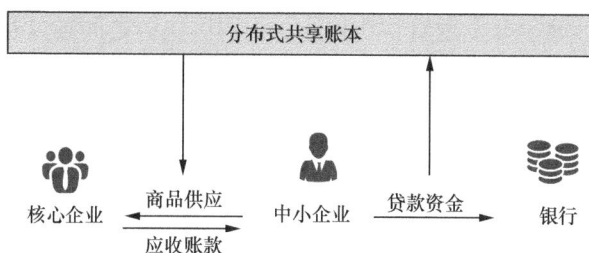

图 4-6 "区块链 + 中小企业融资"

二是有利于吸引和留住人才。在传统的激励方式中。中小企业可采用发行通证的方式进行人才激励：一方面，可以将激励周期缩短到一年，甚至半年；另一方面，通证的收益可以采用内部福利、联盟中的贡献互认等方式来实现，从而将激励落到实处。

三是有利于中小企业树立品牌。随着区块链技术的发展，中小企业可以发行通证，建立受众社群，社群中的人可利用空闲时间在自己的网络空间推广获得通证，然后将这些通证兑换为相应的联盟福利，从而可以极大地减少广告费用的支出，还有利于中小企业树立品牌。

四是有利于留住客户。中小企业采用通证之后，消费者同时也是贡献者，购买了企业的产品后可以获得相应的通证激励，企业的一部分利润可以发放给通证持有者，从而让消费者成为企业发展的受益人，极大地提高客户的黏性。

五是有利于构建上下游生态。中小企业执有通证后，围绕中小企业的上下游企业的很多服务和产品，可以采用通证进行内部结算，超出的部分再进行法定货币结算，从而降低构建上下游生态的门槛和成本。

毫无疑问，供给侧改革成功的关键在于激发中小企业的活力，创造更好的市场环境。虽然在目前的市场环境中，通证是新生事物，还没有与之配套的监管环境，但它有巨大的应用潜力，我们应着手监管与它相关的信息。

4. 基于区块链供应链金融系统架构

巨大的蓝海市场使供应链金融的各方主体都积极主导搭建"区块链＋供应链金融服务"平台，以期获得智能合约的规则控制权。但是大量重复构建的区块链系统，其底层开发逻辑存在差异，不同区块链之间难以互通，不仅没有解决中小企业融资困难等问题，反而增加金融信息的碎片化和交易成本。因此，需要构建一个全面、系统且标准统一的"区块链＋供应链金融服务"平台。

基于区块链技术的供应链金融产品可使链条信用以"数字通证"的形式承载，核心企业信用可沿上下游传导、拆分和流转，进而大幅降低企业的风控和融资成本。供应链金融可将供应链上的核心企业和相关的上下游配套企业视为有机系统，依托供应链上各个节点的商流、资金流、信息流，开发基于货权及交易控制的金融解决方案。在实践中，供应链金融主要面向核心企业和一级供应商、一级客户，同时，金融机构开展尽职调查和进行风险控制时，需验证债权债务关系的真实性，使供应链金融产品的业务规模受限。区块链技术可打通供应链上下游的信息流、商流、物流和资金流，降低信任传导的成本，实现了端到端的可信度。"区块链＋供应链金融服务"如图4-7所示。

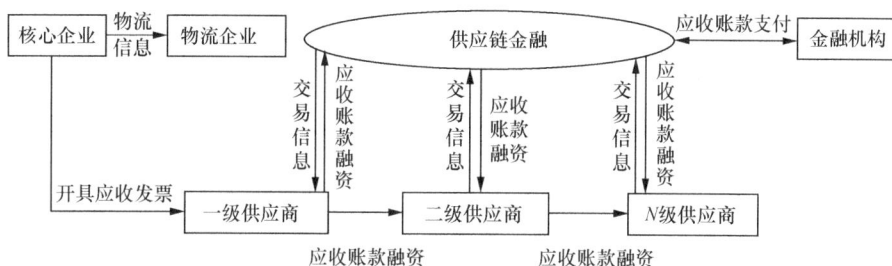

图4-7　"区块链＋供应链金融服务"

基于"星火·链网"骨干节点的供应链金融平台如图4-8所示。"星火·链网"骨干节点的供应链金融平台通过标识解析统一的追溯码，结合"星火·链网"，为企业提供低成本的营销、防伪、防窜货服务，提升企业用户的积极性，基于企业追溯数据的累积，为监管部门提供监管预警和分析。

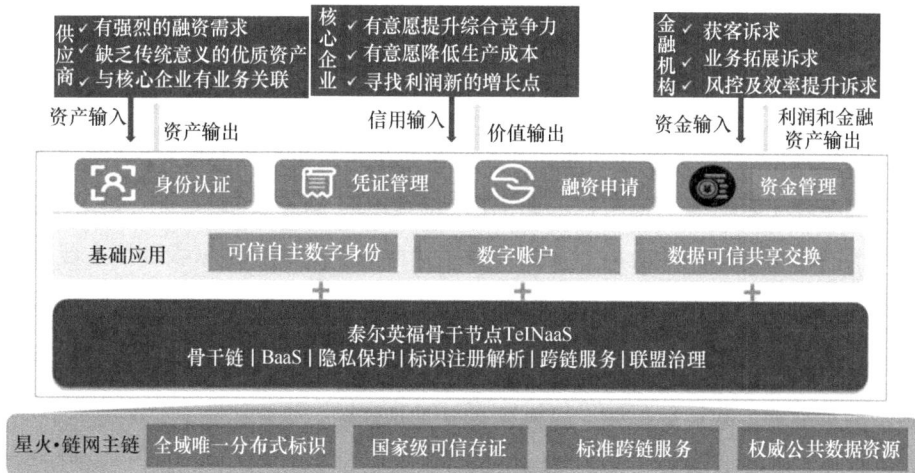

图4-8　基于"星火·链网"骨干节点的供应链金融平台

身份认证功能即在骨干节点 TelNaaS 中对供应链上下游供应商、核心企业、金融机构进行数字身份的颁发、认证、验证、监管等全流程管理；凭证管理功能即通过计费标识对真实场景下的供应链上下游多级供应商可信凭证的登记、确认、拆分及流转；在线融资功能即基于可信凭证信息，进行链上融资的申报及审核，简单高效、准确便捷；资金管理功能即链上同步银行账户支付体系，触发智能合约实现资金的自动流转与过程监管。

通过构建地方区块链供应链管理平台，一是有助于激活地方工业及农产品标识解析体系，构建示范应用；二是通过不同单位追溯数据的串联分析，延伸追溯链条；三是提升监管的时效性和针对性，根据预警分析可提供针对性的抽检服务，结合产品追溯平台的防伪查询及投诉信息，给政府单位提供预警分析；四是为企业提供低成本追溯平台，提升企业的信息化水平，防伪防窜货功能可提升企业的品牌形象、扫码营销可提升消费者对产品的黏性、追溯数据的统计分析可驱动企业的业务决策和产品提升。

（二）区块链增强企业征信场景

1. 我国征信系统的现状

作为信用生态体系的重要环境，征信系统的完善程度会严重影响信用风险的防范和信用交易的扩大。征信是指征信机构合法采集企业和个人的信用信息，有偿提供给有合法需求的经济活动参与方（贷款方、招标方、保险方等），为交易双方了解对方的信用状况提供便利。目前，我国征信市场主要由具有政府背书的信用信息服务机构和社会征信机构两大类构成。国家级征信主要是央行牵头的信用等级报告，调集的数据主要是商业银行体系内的借款、还款信息。社会征信体系包括考拉征信、芝麻信用等，主要依托第三方机构的支付数据和网络信贷数据。我国征信体系概况如图 4-9 所示。

当下，传统征信行业存在数据真实性不足、数据信息不全及"信息孤岛"等问题，影响经济活动参与方的交易活动，阻碍征信行业的良好发展。区块链是具有价值互联网模式的前沿技术，提供了一条可行思路以解决数据共享和数据质量参差不齐等问题，也成为征信行业改革和发展的新机遇。2016 年 10 月，工业和信息化部在《中国区块链技术和应用发展白皮书（2016）》中明确区块链技术在金融领域的发展前景，例如，征信、债券等。这也为"区块链＋征信"提供了强有力的政策支持。

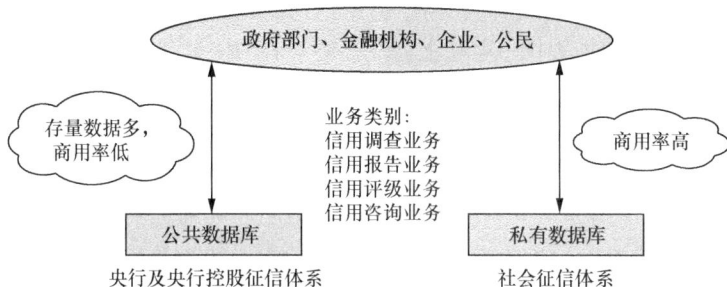

图 4-9 我国征信体系概况

2. 企业征信存在的问题

第一，"信息孤岛"现象严重，信息汇聚、传递困难。信用信息被分散在各个机构中，例如，银行、法院、数据公司、电信运营商等。各机构间的信息传递不通畅甚至无任何信息传输的途径，且缺乏明确的信用信息产权界定，无法建立有效、快捷的信用信息交易渠道。

第二，信用信息采集困难，成本高。目前，大部分征信机构主要基于大数据主动搜集信息或依托政府部门的数据公开和共享。采集渠道有限且成本较高，同时，无法保证网络抓取的数据质量和准确性。

第三，信用信息安全有待提升。一方面，传统征信系统技术架构对公民关注度较低，公民的数据主权未得到有效保护，数据隐私成为问题；另一方面，在传统模式下，信用信息的传输缺乏有效监控，很难保证数据的一致性，从而导致一旦出现数据异常，金融机构的业务会受到较大影响，更可能造成资金损失，且很难追溯问题原因。

这些问题的根源在于互联网非常善于处理信息分享，而不能解决"价值传递"或"信任"的问题。因此，如何在保障数据安全的同时提供可信的数据共享，是当前迫切需要解决的问题。

3.区块链技术应用于征信场景的优势

从底层技术的角度来看，区块链类似于互联网底层的开源协议，其创新在于将信任机制加入协议中。实际上，"去中心化"特征是区块链颠覆传统治理模式的核心，信任机制是其实现"去中心化"的基础，即缺乏互信机制为基础的"去中心化"是毫无意义的。

第一，基于非对称加密算法的区块链技术在保证链上数据安全且唯一的同时，通过分布式记账，确保了数据的透明与一致，解决了各主体间的信息不对称问题，重建了一个多中心、多主体的信任机制。这对于传统的依托中介或第三方信用体系而言，信息获取流程简化，信息准确度提高，大幅降低成本。

第二，区块链技术运用的哈希算法和数字签名可保证交易发起人的唯一性；链式哈希结构可保证征信数据的永久性和不易篡改性；时间戳功能则记录了各区块每条数据的生成时间，可保证征信数据的透明、客观和可追溯。

4.基于区块链的征信管理系统架构

目前，我国的征信管理存在"信息孤岛"和信任缺失等问题。如果传统征信体系解决的是数据传递的问题，那么以区块链为基础的征信体系解决的就是信任传递的问题。借助区块链技术，通过征信管理系统各节点的数据共享，可以将多维数据整合上链，打造一个完整的区块链征信体系，从而根据企业行为对信用的影响程度高低来评估企业的整体信用水平。征信管理系统的参与者包括中国人民银行、商业银行、社会征信等机构，这些机构作为联盟链的节点，将各自持有的数据上链分享。基于区块链的征信方案架构如图4-10所示。

具体而言，在安全隐私的前提下，区块链的分布式账本技术为企业建立了一个新的账户体系，以记录各种数据资产。例如，企业的生产设备、应收账款、专利情况、品牌估值等都可以通过区块链数字化，变成通证。这些通证还可以在交易平台流通，让市场给予合理的估值，这样更有利于金融机构对企业的信用做出更加可靠和精细的评估，从而给出更加准确的授信级别。

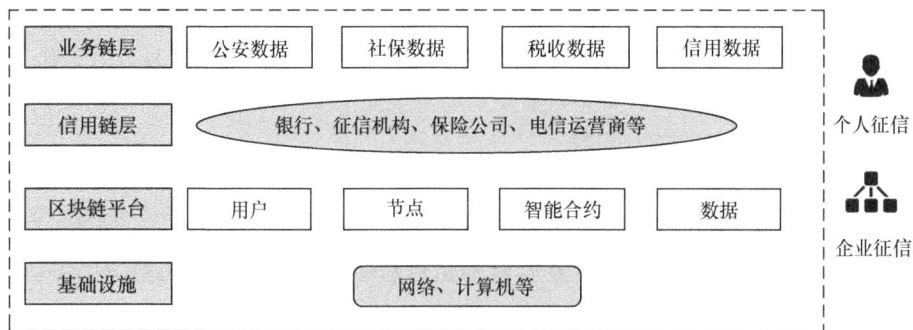

业务链层	公安数据	社保数据	税收数据	信用数据	👤 个人征信
信用链层	银行、征信机构、保险公司、电信运营商等				
区块链平台	用户	节点	智能合约	数据	🔗 企业征信
基础设施	网络、计算机等				

图 4-10　基于区块链的征信方案架构

基于区块链的征信方案架构中间是信用链层，主要是将各种与信用有关的机构整合在一起，成为联盟链的节点，包括银行、征信机构、保险公司、电信运营商等。区块链的确权机制加上物联网和大数据技术，使资产上链真实、数据验真取证。例如，各机构可获得企业真实的销售数据、仓单数据、库存数据等，这使原来各行业无法被证券化的资产，上链后形成数字资产池，由评级公司、券商、证券交易所、银行、信托机构等参与，最终完成企业的完整评级。

基于区块链的征信方案架构最上层是业务链层，包括公安数据、社保数据、税收数据和信用数据。与传统征信体系相比，这种架构真正实现了对征信主体数据的全覆盖。在传统征信数据中，只有静态的借贷数据，这只能证明该企业曾经的信用较好，并不代表该企业未来依旧有还款能力。真正能判断企业还款能力的，是企业的资产情况，例如，企业是否执有房产、股权和股票等。

（三）区块链改进电子证照平台建设

1. 电子证照的发展现状

电子证照即各职能部门依法向公民、企业及其他组织出具的具有法律效力的各类文件，包括证照、批文、鉴定报告等。一个人一生会拥有身份证、学历证、驾驶证、职业技能证等近百种证照。随着"互联网＋政务服务"的快速发展，"放管服"改革的深入实践，电子证照越来越常见。《2020年国务院政府工作报告》中就提出要扩大电子证照的应用领域，做到电子证照全国互通互认。相比纸质证照，电子证照在减少材料成本的同时，也不受时间和空间的限制，可供公民和企业重复调阅和使用。

2. 电子证照存在的问题

第一，**证照电子化、网络化范围有限，且现有电子政务应用系统的业务协同和流程不够完善，从而导致在实际审批过程中，证照的办理和管理仍停留在纸质阶段。**同时，纸质证照和电子证照并存导致证照档案无法被统一管理。

第二，**办理证照效率低，难以快速检索。**一方面，办理证照仍需提交纸质材料，且存在重复提交的现象。这致使公民办证负担大，效率低，证照管理和政府服务成本高。另一方面，因为数据庞大，所以电子证照信息往往难以快速检索。电子证照如何有效建立海量信息的分级检索机制也成为一大问题。同时，如果电子证照数据库缺乏实时有效的数据汇聚、转换、发布能力，那么电子证照库的部分数据可能已"过期"，法律效力也会大打折扣。

第三，**数据共享难度大，信息互认互通难实现。**因为各级政府各职能部门存在管理分散、统建困难等问题，公共数据平台丛生，涉及跨地区、跨层级、跨部门的证照提取困难，所以难以实现数据共享和互认。如何归集所有行政部门的数据成为一大难题。

第四，**证照标准难统一。**电子证照数据来源多样，既包括各政府部门制作的证照，也包括非政府组织产生的证照，还有企业群众申请填报的信息等。同时，电子证照数据也包含各类结构化、半结构化与非结构化的数据。多样性的数据与复杂的数据结构造成不同证照数据产生冲突、不一致或者相互矛盾。

第五，**数据安全隐患。**现有电子证照的中心系统存在数据造假、被篡改、被入侵的风险，易出现信息泄露等安全隐患，且中心系统稳定性低，难度大。一旦中心系统遭到攻击或瘫痪，将致使整个电子证照服务"罢工"。各行业证照数据的规模大，传统纸质证照在获取、转换、存储和发布过程中容易产生错误，导致数据的权威性、真实性大打折扣。

3. 区块链技术应用于电子证照的优势

"区块链＋电子证照"模式即借助区块链技术的数据加密、数据共享、防篡改、可追溯、公开透明等特征，解决了现有电子证照行业的难点。"区块链＋电子证照"业务流程如图 4-11 所示。

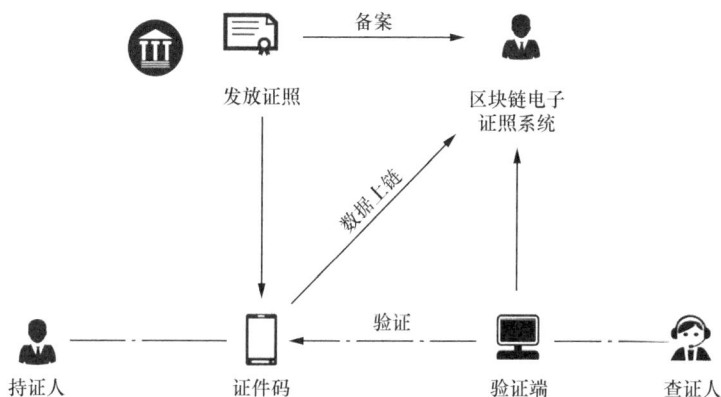

图 4-11　"区块链＋电子证照"业务流程

第一，电子证照的可信问题。借助区块链技术的防篡改、可追溯优势搭建电子证照共享平台，以确保电子证照信息的可信性和统一性。此外，电子证照共享平台还可提供存证与验证服务，以增强电子证照数据的安全性与可信度；证照信息上链可永久留存且不易被篡改，实现了可信的电子证照功能。

第二，数据的整理归集问题。"区块链＋电子证照"利用区块链技术的平权、共建特质，可基于共建共享原则全面收集数据目录，各政府部门可放心地使用公私钥加密上传，解密使用。电子证照数据的实时共享和数据安全间的问题得以解决。

第三，数据的快速检索问题。通过将数据分类放置在城市内信息链和全国索引链上可实现数据的快速检索。"区块链＋电子证照"业务流程包括提交证照、核对、查询和反馈结果等，在此过程中，各政府部门可根据业务需求基于权限取用相关数据。

第四，数据的隐私安全问题。区块链的"非对称加密"技术可对每条数据进行单独加密，防止数据泄露。同时，区块链的匿名特性还在一定程度上保证了数据隐私，解决了电子证照大数据的开发利用中数据保护难题。大数据区块链与企业和群众生产生活息息相关的审批服务相结合，将使数据更加公开透明、高效和精准。

第五，系统的稳定问题。区块链的分布式账本通过将数据分散于多个节点，各节点间属于并联关系，即使部分节点出现故障或被攻击，整体系统仍可以稳定运行。

4.基于区块链的电子证照平台系统架构

传统电子证照管理库依赖中心存储，且容易受到攻击，造成数据泄露。借助区块链技术搭建的电子证照平台可以解决这一问题。区块链电子证照平台是基于政务信息数据共享，为解决办证难、验证假证等问题建设的一套服务于各级政府部门和社会公众的电子证照平台。区块链电子证照共享平台总体架构如图 4-12 所示。

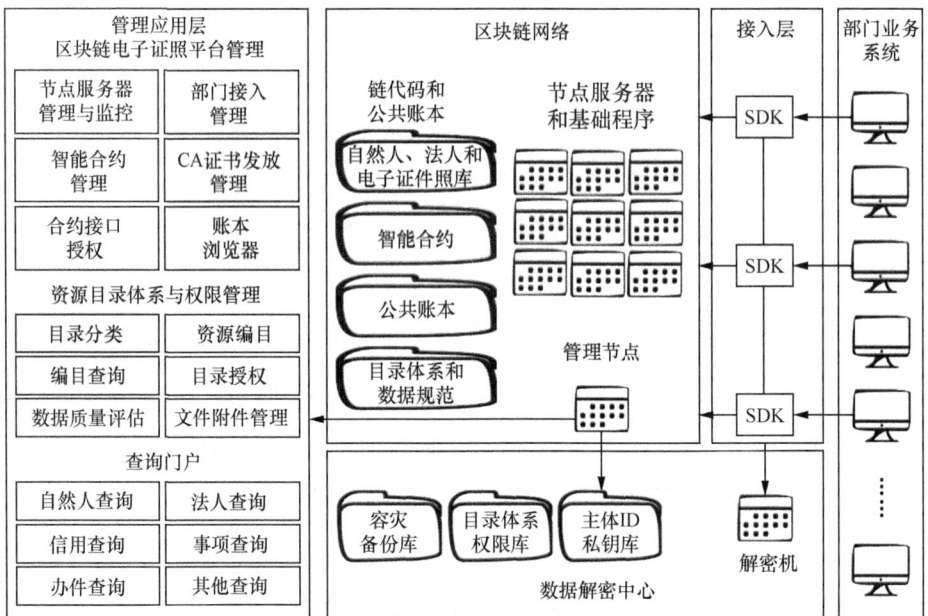

图 4-12　区块链电子证照共享平台总体架构

管理应用层分为区块链电子证照平台管理、资源目录体系与权限管理、查询门户三大板块。区块链网络是区块链电子证照共享平台的核心部分。通过分布式记账和智能合约，海量数据均被存储在节点服务器中，包括自然人、法人的基础信息和证照信息、政府部门的授权信息和办件信息等。数据解密中心即为各主体提供公私钥创建接口和解密接口，并登记上链其 ID 和公钥。部门业务系统中各政府部门根据业务需求调用政务数据共享平台的接口，提交或查询相关数据。业务办理结束后，将审批结果上传至区块链中，并附上签名。

（四）区块链促进税收征管

1. 税务征管和电子发票管理现状

我国现有税收制度的特点是"以票控税"。"以票控税"即发票数额决定缴税数额。税务部门要求纳税人在生产经营过程中必须使用税务发票进行收付款，并根据发票数额申报缴纳税款，"以票控税"的工作流程原理如图 4-13 所示。

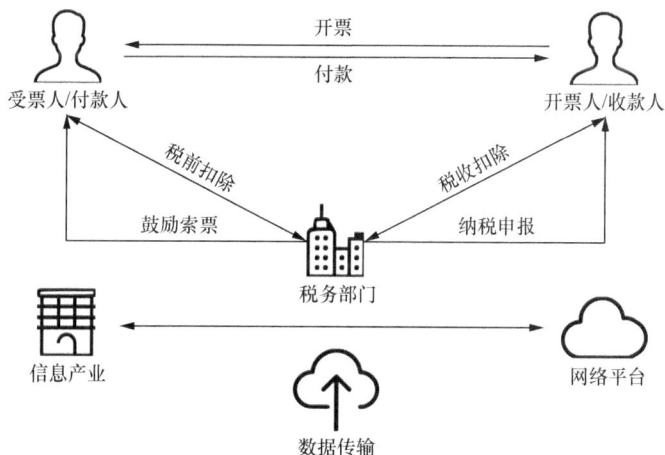

图 4-13 "以票控税"的工作流程原理

但"以票控税"制度并不完善。第一，没有较强法律意识的消费者往往不主动要求开具发票，该笔交易无法被税务部门知晓，商家成功逃税。第二，在利润的驱使下，许多经营品类繁杂的企业会篡改缴纳名目或变更发票种类，从而实现少缴税和不缴税。第三，各种发票违法犯罪行为频发，例如，虚开发票等。

2018 年，在深圳，全国首张"区块链＋税务电子发票"完成落地试验。这标志着基于区块链技术的税务信息全过程溯源获得阶段性突破，实现了快速开票即时报销。在 2019 年 11 月 8 日召开的"区块链技术应用于税收管理国际研讨会"上，深圳市税务局分享了经验，认为区块链技术的应用和影响涉及税收、发票、政策等多方面，对我国税收管理改革意义重大，能够有效改善现有税收治理体系中存在的问题。

2. 税务征收管理的痛点问题

第一，易虚开、误开发票。 在"以票控税"制度下，发票造假具有可操作性，导致交易记录信息的真实性和完整性均有待商榷。同时，纳税人可自由向征管系统推送数据，存在操作失误、重复操作的情况。

第二，难以及时鉴别发票真伪。 目前，针对发票的鉴别和造假防范手段单一，且查验成本高、权限受限，企业很难及时有效地验证发票的真实性。

第三，发票全流程监控困难。 因为没有统一的信息化税务管理系统，所以发票流程化管理的工作量巨大，且多个系统间的数据割据问题仍然存在，追踪动态数据困难。

第四，纳税信息不对称。 在实践中，很多线上定价线下支付或匿名支付的交易活动依然存在，从而无法及时发现问题或不能生成纸质凭证。

3. 区块链改进税务改革

破解偷税漏税的关键在于实现发票的全流程监控，确保其可追溯且不易篡改。区块链技术的引入可解决税务发票防伪追溯的问题，具体的适应性体现在以下 3 个方面。区块链的电子发票存储如图 4-14 所示。

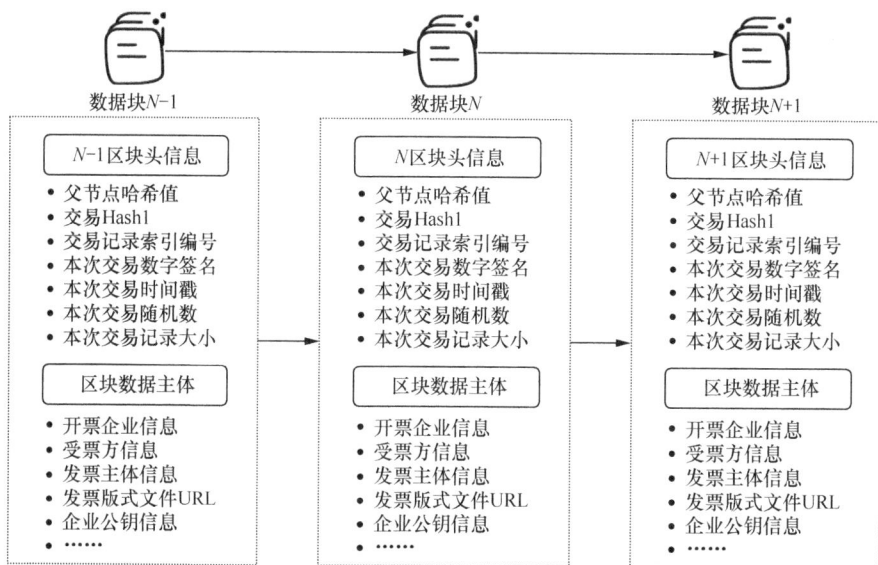

图 4-14 区块链的电子发票存储

第一，追溯电子发票需要涉税交易数据的支撑，而区块链的分布式记账可以收集和存储相关涉税交易数据目录，根据业务需要，税务部门可以灵活访问数据和申请获取信息。第二，基于区块链的"去中心化"特质，链上交易数据均以分散形式生成、存储、公开共享和交互，全网节点均可以通过网络上传数据并得以及时查验。这有效保证了税务交易行为被客观、真实地记录下来，降低违规操纵的风险。第三，区块链上的交易数据具有可追溯性和不易篡改性，这有助于建立科学的、高效的和透明公开的税收情报数据库。

4. 基于区块链的税务系统架构

（1）电子发票防伪联盟链

电子发票防伪联盟链的运转需要先建立联盟链协议，授权各主体介入平台并参与各节点业务层的系统接口。作为发票数据生产端口，第三方电子发票平台存储与发票有关的各类信息，包括开（受）票方的法人代表，以及交易的时间、地址和金额等信息。数据上链后，基于区块链智能合约的预置规则，可以有效杜绝税目作假，解决各区域间、主体间的信息不对称问题，确保电子发票信息以无伪的状态存储到防伪系统中。第三方服务商平台承担着集合纳税人与其他市场主体和事业单位等多元主体的角色，在发票查验阶段，通过智能合约规则验证发票的真伪，并进行全网数据广播和封存；存储电子发票后，纳税人可通过公众发票查询平台查询相关业务；税务部门、财政部门、市场监管部门、审计部门作为监管主管部门，也加入联盟链。电子发票防伪联盟链如图 4-15 所示。

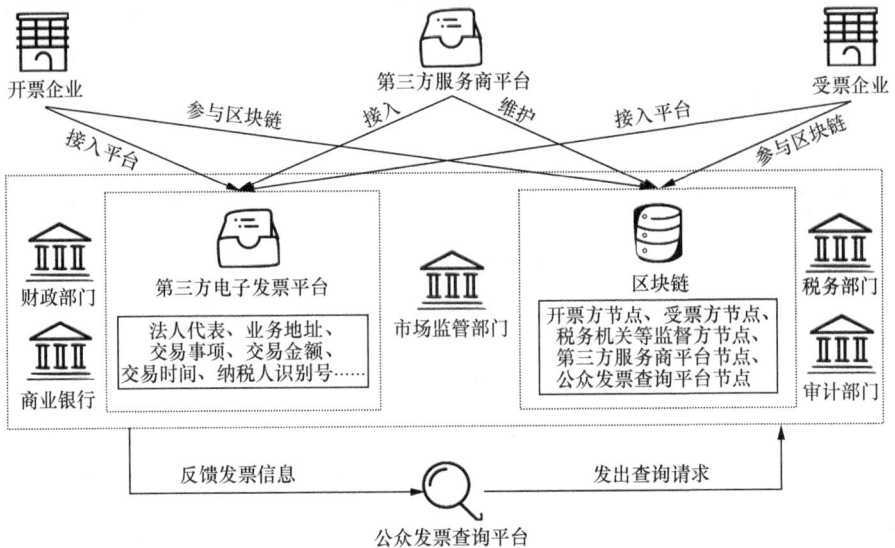

图 4-15 电子发票防伪联盟链

（2）基于区块链的电子发票追溯流程

首先，由开票方创建开票信息并进行数字签名，所开具的发票信息包括企业法人信息、纳税人识别号，以及交易的时间、地点、金额等。其次，签名后的开票信息会自动被传送至 A 主管税务机关进行验证：验证不通过则判定其为虚假开票信息；反之，则由税务机关进行数字签名，保存档案副本后传送给开票方；开票方再发送给受票方。同样，受票方也会进行相同的"验证—数字签名—传送至主管税务机关查验、签名"过程。最后，B 主管税务机关会将开票信息发送至省级税务机关，由省级税务机关进行最终的验证，形成电子发票。基于区块链的电子发票追溯流程如图 4-16 所示。

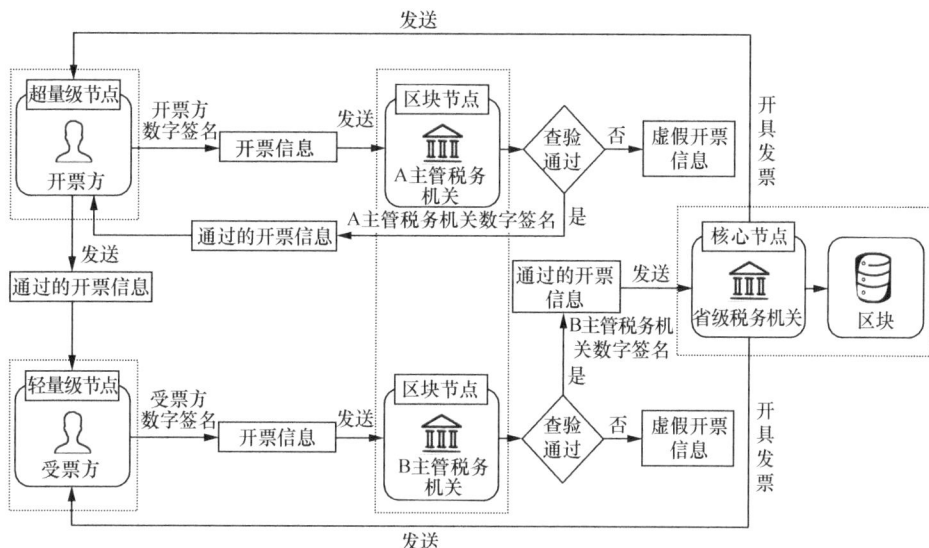

图 4-16　基于区块链的电子发票追溯流程

三、区块链技术着力提升政府文化职能

在互联网时代，数字作品在互联网中能够快速地复制和传播，降低了人们获取知识的门槛，这极大地促进了文化的传播和发展。但是数字作品的特点也使传统的版权保护方式（例如，专利申请、著作权登记等）受到非常大的挑战，数字作品的版权也无法得到有效保护，极大地降低人们的创作热情。我国将区块链技术应用到文化领域，不仅为解决复杂的版权纠纷和隐蔽的侵权行为提供了新思路，同时也推动诸多文化创新。

（一）区块链对教育行业的改造

1. 我国教育行业的发展现状

党的十八大以来，我国教育事业取得历史性成就、发生历史性变革，教育普及水平不断提高，公民受教育程度进一步提升，教育发展成果更公平地惠及全体人民。2021 年，全国共有幼儿园 29.5 万所，在园幼儿 4805.2 万人，毛入园率 88.1%，实现基本普及；义务教育阶段学校 20.7 万所，在校生 1.6 亿人，实现全面普及；高中阶段教育学校 2.2 万所，在校生 3976.4 万人，毛入学率 91.4%，较 10 年前提高了 6.4%；高等教育学校 3012 所，在校生 4430 万人，毛入学率 57.8%，较 10 年前提高了 7.8%，全国拥有大学文化程度的人口超过 2.18 亿人。义务教育阶段建档立卡辍学学生实现动态清零，全国 2895 个县全部实现义务教育基本均衡。政府主导、学校和社会参与的学生资助政策体系覆盖所有学段、学校和家庭经济困难学生，2012—2021 年累计资助学生近 13 亿人次。[1] 我国的教育普及水平、教育公平、教育质量、教育服务能力、教育条件保障、教师队伍建设、教育对外开放水平都取得了新成效。

2. 我国教育领域的痛点问题

近年来，我国基础教育、职业教育和高等教育在规模和质量上均有所提升，但仍存在一些问题。一是存证可信度低。学籍档案管理信息不齐全、电子化程度参差不齐、知识产权保护不到位等问题长期存在。二是信息交流不对称，区域差距大。学习者和知识拥有、内容传播者间的信息交流不对称。尤其是地区间教育资源差异较大，城镇和农村间教育资源分配严重不均。三是教育资源利用率低。目前，教育资源基本分散于各个中心化平台，受地域、经济条件等客观因素的限制，缺少全国性教育资源共享平台，资源可利用率和转化率低。

3. 区块链技术对教育行业的适用价值

区块链在教育领域具有广泛的应用优势，具体如下。

第一，建立个体学信大数据。目前，我国学习评估一般只能评估考试成绩，具体的学习过程无法被记录下来，这让许多不适合应试教育的学生失去了被客观评估的机会。利用区块链的分布式数据存储技术和链式结构，可以追溯学生

的学习历史。这不仅方便学生随时做学习记录，也方便各类教育部门跨系统、跨平台地记录学生的学习行为和学习结果，共同组成学生的学信数据。

第二，数字证书管理，解决电子证照可信度问题。创建数字学历证书的工作流程如下：首先，由学历证书发行方创建证书信息，包括获得人姓名、证书内容、发行方名称、证书发行日期；其次，发行方使用私钥加密并对证书信息进行电子签名；再次，利用区块链的防篡改属性，发行方可创建一个哈希值，用以验证证书内容是否真实有效；最后，发行方再次使用私钥记录该证书在何时颁发给了何人。证书获得者可随时通过用户端进行证书查询、获取验证报告。区别于纸质证书，区块链数字证书不易遗失、不易被伪造。

第三，推动教育公平建设。利用区块链技术的"去中心化"特性，可开发一个"去中心化"的教育系统，搭建全民协同参与的一体化教育系统。目前的教育资源主要采用政府支持、学校提供模式。随着经济发展和科技进步，华为、阿里巴巴等这类高科技企业也拥有了优质的教育资源，这些教育资源往往只用于企业内部培训，如果将其开放，那么可以给社会提供更多的优质教育资源。在"区块链＋教育"模式下，部分企业和社会组织具有提供教育服务和认证的权力，其颁发的证书也可在全网流通。在这种模式下，学校和社会的边界将逐步模糊，学习者可自主选择学习机构，其获得的课程证书具有被社会认可的效力。因此，区块链可以从教育形式、教育激励、教育信用、教育消费、教育版权、教育数据等方面助力实现教育公平。区块链助力教育公平如图4-17所示。

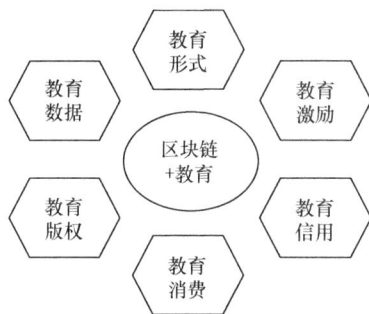

图 4-17 区块链助力教育公平

4.基于区块链技术的教育系统架构

目前，区块链在教育领域的应用刚刚起步。作为一个重教育的国家，"区块链+教育"在我国的应用前景十分广阔。"区块链+教育"的整体架构如图4-18所示。

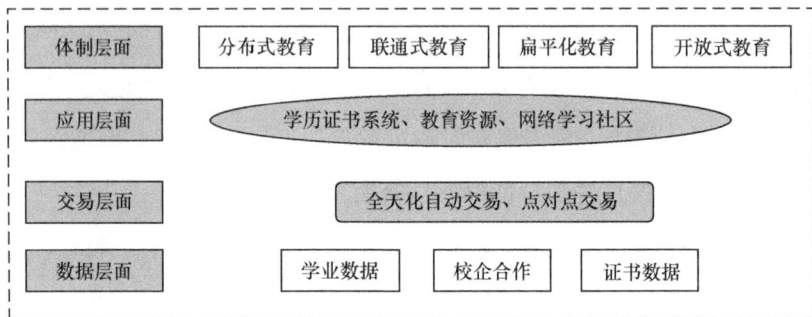

图 4-18　"区块链 + 教育"的整体架构

在数据层面，"区块链 + 教育"可以通过打造联盟链来进行学习数据的全记录，包括学业数据、证书数据等。在交易层面，"区块链 + 教育"采用通证进行学习社区内部的服务交换，例如，经常打卡、听课、写作业即可获得通证，通证可以用来支付学习社区的费用（例如，课时费、书本费等）。"区块链 + 教育"采用通证进行内部交易，可让全世界的学员都可以在学习社区中统一支付。在应用层面，"区块链 + 教育"可采用电子学历防伪、利用共识机制进行网络学习社区的自主运行，例如"学习即挖矿"的模式，让大家从学习中获得收益，而不仅仅是共享自己拥有的知识，从而促使更多的人加入学习社区。在体制层面，采用区块链后可以降低目前中心化交易平台的作用，让交易资源真正扁平化、联通化，使更多的人接触到更多的教育资源。

"区块链 + 教育"模式的具体应用包括以下几个方面。

第一，可用于完善学籍档案管理，建立大数据征信体系。在文化教育领域，可以运用区块链技术进行学习记录管理、资格认证和授予、学术成果记录和认证等。鉴于区块链链上数据具有不易篡改性，"区块链 + 教育"模式可解决当前教育领域的信用体系缺失问题。例如，"区块链 + 教育"将学历证明和证书等教育信息上链，一方面方便了个人备份自身的教育信息，并保证其真实性；另一方面使教育信息的验证更加安全、简单、高效和权威。

第二，"区块链 + 教育"可用于实现教学资源数字化。进入区块链管理模式后，只要控制住源头，就能真实地反映一个人的能力素质。以诚信为基础的区块链具有弱中心化、匿名性、透明性、可追溯性、不易篡改性、安全性高、集体维护成本低等特点，其变革影响在于教育诚信的建立。"区块链 + 教育"让教材资源上链，可以服务于所有参与者，实现教育资源的数字化，提高其利用率和辐射范围。

第三，"区块链 + 教育"可用于学习评价系统。除了建立个人教育信息库和全社会的教育资源库，"区块链 + 教育"模式还可建立一个针对不同主体的全方位的评估系统。例如，针对学校等教育机构，可建立包括教育资源、生源、学生评价、校友网等在内的评估系统；针对老师，学校或其他教育机构可建立专门的教学与评估系统，并将结果上链；针对学生，"区块链 + 教育"可建立学习的全过程检测和记录的系统。

（二）运用区块链技术保护知识产权

1. 我国知识产权运营现状

目前，我国知识产权保护主要采取传统知识产权登记和电子数据登记备案两种方式，其中电子数据登记备案有两种选择：一是选择行业协会进行登记备案；二是选择可信的、技术背景强的第三方平台进行电子数据存证，当发生纠纷时，由该第三方平台提供相应的存证记录。但是，随着互联网的快速发展，信息传播的速度加快，复制、加工成本变低，维权更加困难，知识产权保护问题亟待解决。伴随着微博、抖音等各类公众平台的兴起，视频、图片、文字等形式的知识产权保护成为重点。

目前，已有的维权方式普遍沿用了纸质时代的做法，即通过知识产权登记来确认知识产权所有人，通过公权力保障知识产权所有人的权益；或是由知识产权所有人向公众平台反映侵权问题，并提供相应的证据，由公众平台出面对侵权作品进行下架处理，但这种处理方式很难根治侵权行为。无论是传统的知识产权登记方式还是互联网举报侵权方式，花费的成本都很高。按传统的知识产权登记方式，一件作品从登记到知识产权确认的周期通常为几个月，需要花费数百元至万元不等。知识产权所有人花费的时间和经济成本可能远超作品的价值本身；按互联网举报侵权方式，由于公众平台客服待处理的侵权事项众多且大多为机械化流程，知识产权所有人成功举报的概率较小且需要花费大量的时间和精力进行取证。即使知识产权确定，侵权行为仍难被制止。

2. 我国知识产权运营中存在的问题

一是知识产权确权难。知识产权确权包含作品归属登记和产权交易记录。目前，我国知识产权确权认证的周期一般为半个月到 3 个月不等，有的甚至长达几年。以发明专利为例，2019 年发明专利平均审查周期为 17.3 个月。同时，各类数字内容的知识产权确权更困难。网络信息时代的浪潮之下，内容传播速度、范围十分惊人，跨地区、跨国家的维权就更困难。随着各类电商平台、小程序的兴起，知识产权所有人甚至会在不知情的情况下被侵权，而侵权产生的经济效益也与其无关。即使是发现侵权，知识产权所有人也很难进行举证，谈何维权。

二是知识产权用权难。作为实现知识产权价值的关键环节，支持知识产权的用权也并非易事，面临变现难和融资难的问题。变现难是因为我国 IP 交易主要由各种中介机构代理，所以知识产权所有人和中介机构间存在严重的信息不对称，这导致知识产权所有人的权益可能受到侵害。而且，各类中介机构有自己的偏好，不符合其偏好的作品则难以变现。融资难主要是指科技型企业在以知识产权作为基础资产进行融资时面临的困难。与独立的知识产权所有人类似，科技型企业在融资时也存在信息不对称的问题，且由于其经营风险高，银行或其他风投公司对其知识产权的认可度和信任度不高，往往不愿接受以知识产权进行质押融资。

三是知识产权维权难。由于知识产权确权难的问题，原创作者无法注册登记所有作品，同时，注册登记部门也可能不授予某件作品的知识产权。即使原创作者有意识地进行登记，但在确权完成之前存在一段窗口期，如果在这段时间内发生侵权事件，则需要作者提供相应的创作痕迹等证据维权。此外，数字时代的侵权行为具有一定的隐蔽性，侵权者可以删除或下架相关内容、产品，侵权成本极低。

综上所述，侵权成本低而维权成本高成为数字时代知识产权保护的首要难题。在互联网时代，侵权者大多以匿名身份出现且人数众多，原创作者维权困难。付费体系和付费习惯尚未成熟、网民知识产权意识薄弱，长此以往将导致原创作者失去创新的动力。

3. 区块链在知识产权运营中的应用价值

基于区块链技术的知识产权解决方案可利用区块链的"去中心化"和可追溯性更好地保护数字作品。区块链技术对知识产权的价值见表 4-2。

表 4-2　区块链技术对知识产权的价值

区块链特征	对知识产权突破性的价值
"去中心化"	分布式存储和共识能有效解决因第三方中介机构带来的维权难、周期长、成本高和赔偿少的问题
开放性	通过加密技术等开放式的区块链技术能有效减少数字作品交易发起人对产品的掌控，解决中间商赚取差价的问题
透明性	原创作者能够通过区块链技术清楚地了解数字作品的使用和授权情况，并能直接和受众进行沟通，了解受众对作品的真实想法
自治性	通过智能合约可实现授权和交易透明，任何人都必须尊重知识产权并付出一定的费用才能获得相应权益
数据不易篡改	在发生知识产权冲突时，区块链记录的数据和时间能够起到重要作用，避免出现因知识产权问题产生纠纷的局面

总体来说，区块链对于知识产权保护而言具备以下 3 个方面的优点。

第一，提升知识产权确权效率。针对数字时代知识产权原创作者确权难的问题，区块链具有较大的应用价值。原创作者可将创作过程数据上链，区块链的时间戳功能可以详细记录数据上传的相关信息，并将其记录在对应区块内，记录并确定作品的所有权和时间。同时，区块链的非对称性加密算法有效保证了原创作者的权益，只记录创作的过程和结果而不暴露具体内容。在完成上链确权后，区块链就会自动进行全网广播，构成一条完整的证据链。知识产权的静态归属和动态变化均可清晰记载，这有力地提升了知识产权确权效率。

第二，解决知识产权用权过程中的信息不对称问题。例如，通过建立"区块链 + 知识产权"平台可解决科技企业、金融机构和第三方科技服务机构之间的信息不对称问题。科技企业的专利数据、现金流数据、业务经营数据及投融资数据均可上链，以供金融机构和第三方科技服务机构随时查验，从而构建三者之间的信任机制，进一步提高上链企业融资成功率。"区块链 + 知识产权"平台降低了企业融资成本，形成产业链各个环节的良性运营，进而在一定程度上缓解了科技型中小企业融资难的问题。"区块链 + 知识产权"平台如图 4-19 所示。

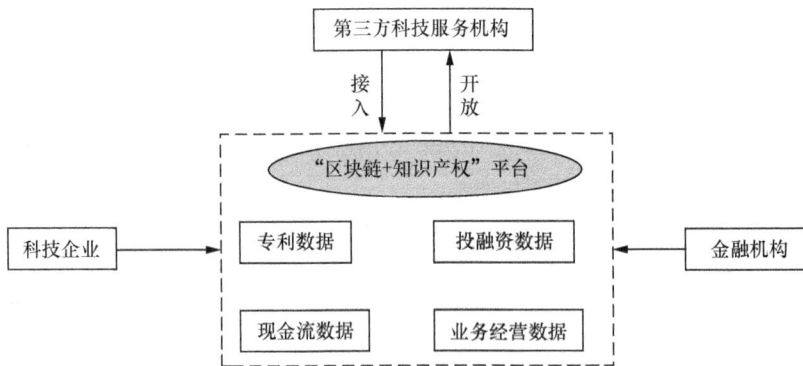

图 4-19　"区块链 + 知识产权"平台

第三，降低原创作者的维权成本。在"区块链 + 知识产权"平台中，作品的设计、生产、加工、运输和销售等多方数据都存储在区块链中，并可随时查验，一旦发生侵权事件，区块链会第一时间反馈。原创作者可追溯侵权时间线并轻松举证，大幅降低了维权成本。

4. 基于区块链的知识产权管理系统架构

数字产业的创新性很强，对高科技的依存度很高，对日常生活具有直接渗透性。知识产权的有效保护对数字产业的发展方向具有决定性作用，区块链技术能够很好地保护知识产权，并有效保障原创作者等人员的收益。推动区块链技术对知识产权保护的应用应做到以下几点。

一是完善顶层设计。建议由国家知识产权局牵头，联合科学技术部等相关部门，出台在知识产权领域引入区块链技术的文件，共同做好知识产权领域区块链应用的顶层设计；更新并不断完善相关的法律法规，给予"区块链＋知识产权"平台的发展支撑，并明确其存证的有效性、数据上传的规范性和智能合约的原则性，以适应数字时代庞大和多样化的知识产权保护需求。在合法合规的前提下，尽快进行试点工作，组织开展应用示范试点工程。

二是建设开放的"区块链＋知识产权"平台。建议由国家知识产权局、科学技术部等相关部门联合国家及各省知识产权交易中心等机构共建开放的"区块链＋知识产权"平台。该平台在允许范围内可向包括原创作者、金融机构、第三方机构、司法机构等开放，其主要用于作品登记和知识产权确证及交易，构建一个全面、透明和可信的知识产权生态。此外，要加快推动知识产权领域区块链应用的技术架构、数据格式、应用接口等标准的制定和验证，并与国际标准化组织加强对接。"区块链＋知识产权平台"技术架构如图 4-20 所示。

目前，国内部分公司正在尝试数字行业和区块链的结合，这些公司一般通过构建区块链联盟链来搭建数字知识产权服务系统。区块链知识产权服务系统包括知识产权存证服务、知识产权检测追踪服务和知识产权资产服务共享 3 个部分。其中，知识产权存证服务是先由个人或机构用户提交原创作品，区块链再根据作品类型的不同，采用不同的特征提交技术抽取作品的关键特征信息，并将信息写入区块，用户可根据需要进行存证请求。区块链知识产权存证记录流程如图 4-21 所示。

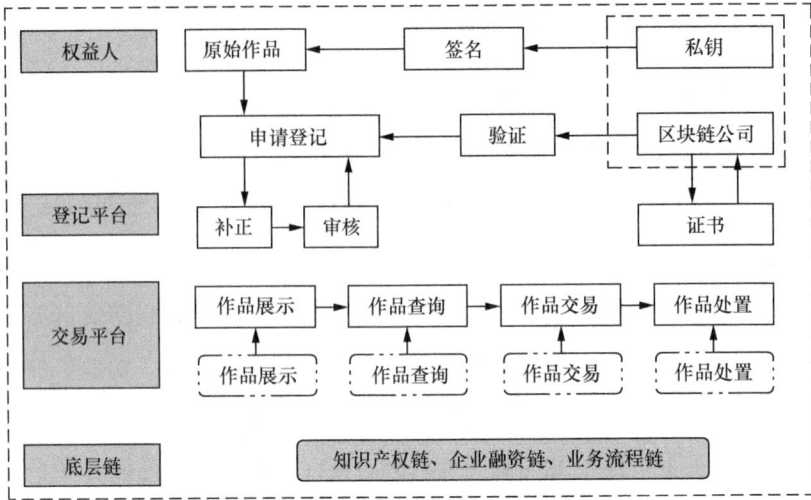

图 4-20 "区块链 + 知识产权平台"技术架构

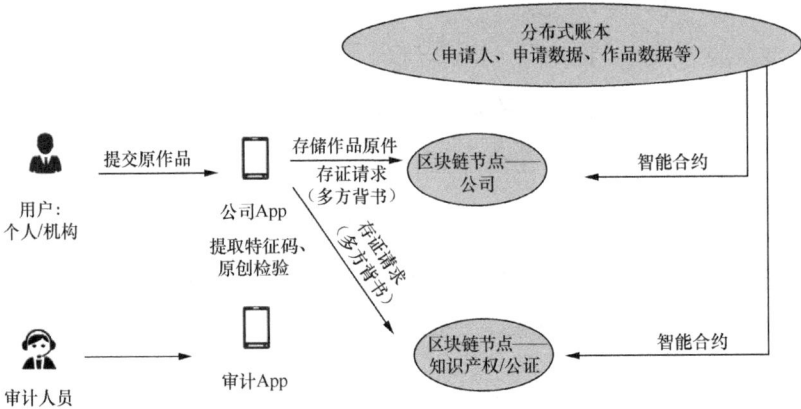

图 4-21 区块链知识产权存证记录流程

区块链会赋予每个知识产权作品唯一的特征码并对重点网站和 App 进行自动"爬虫"操作，将"爬虫"结果与知识产权作品进行比对；一旦发现侵权行为，便快速对接侵权取证接口，立即对侵权行为进行取证，并将证据存储在相应的区块中；持续关注被侵权的内容，提供持续监控、追踪等服务，确保消除侵权行为，保障用户知识产权。区块链知识产权检测追踪流程如图 4-22 所示。

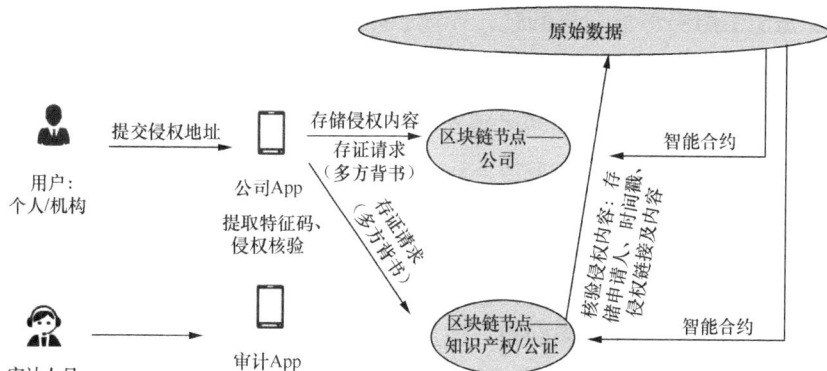

图 4-22　区块链知识产权检测追踪流程

（三）区块链完善旅游行业发展

1. 我国旅游行业的发展现状

随着人民生活水平的日益提升，旅游逐渐成为一种时尚的休闲方式和新的可塑性文化，展现了强大的生命力。

旅游行业的飞速发展催生了在线旅游平台（OTA）。综合性的 OTA 会为消费者提供酒店预订、机票预订、出行攻略、旅行产品、周边服务等"一站式"全流程的服务，吸引并汇聚了大量的消费者及相关上下游供应商。

2. 我国旅游行业的现存问题

一是中心化带来的信任问题。 供应商和客户进行门票预订、房屋预订、车辆租赁等业务交易时，第三方中介平台作为中心节点提供相应的服务，但双方信任问题无法保障。例如，经常出现服务预订成功但无法履行的情况。

二是信息不对称问题。 携程、飞猪、去哪儿等 OTA 集景区门票、酒店和航班、高铁等交通服务于一体，游客的出游变得更加方便和快捷。因此，各大平台掌握着大量游客的旅游消费数据和偏好数据，逐渐形成数据"垄断"，游客仅能获得 OTA 页面展示的信息，双方信息不对称现象愈发严重。

三是旅游服务评价造假问题。各项服务、商品的评分及用户点评往往对消费者决策消费起到至关重要的作用，但是商家刷单、刷好评等行为严重影响了评价体系的公平与公正。消费者很难从鱼龙混杂的评价信息中获取真实信息，同时，识别信息的时间成本也会过高。

四是多系统数据共享难问题。旅游行业上下游各人参与主体只能维护各自的业务数据，数据无法实现可信共享，数据的价值很难实现最大化发挥。

五是用户隐私信息泄露问题。用户在第三方中介或者服务机构填写的个人信息容易泄露，可能会遇到推广的骚扰，影响用户体验，侵犯用户隐私。

3. 区块链技术在旅游行业的应用优势

将区块链技术应用于旅游行业是以解决行业通点和探索新模式为目标的，找准应用场景，围绕安全、满意、便捷等需求逐步实施落地，能够实现旅游行业的创新。

第一，"区块链＋旅游"为旅游数据的打通提供了一个新模式，业务数据由联盟链参与方共同维护，通过隐私保护计算技术实现链上数据可用不可见，通过智能合约自动构建复杂的业务逻辑。消费者、服务商等的交易将以点对点的形式实现，解决信任难题，有效降低成本。第二，"区块链＋旅游"可以解决科技与实体融合带来的中心化问题。利用区块链技术可以构建一个"去中心化"的服务评价体系，营造开放可信的社区生态环境。服务提供者难以伪造和篡改信息记录。监管机构的加入可以防止天价商品的发布和售卖，减少乱收费、投票点评的造假、大数据"杀熟"技术的滥用等问题。第三，区块链的非对称加密算法可以从源头降低消费者的信息泄露风险。在新模式的支撑下，旅游体验更舒适，旅游管理更智能、更高效，旅游评价更优质，旅游业态更多元。

4. 基于区块链技术的旅游行业系统架构

2018 年，区块链旅游成为行业热点，多个平台项目相继发布，包括 UTour、Tripio、Nobel Acme、Zatgo、ZenAir、Winding Tree、星牛旅行、Amadeus 等。各个区块链旅游平台在共识机制、商业模式、应用场景、生态构建等方面各具特色，随着区块链技术的不断完善，依托政策的有力扶持和监管方的积极参与，未来有颠覆传统旅游行业的可能性。

以 UTour 为例，UTour 是一个专门为旅游打造的开放的行业公链。UTour 建立了以旅游服务产品为核心的"用户在线选择和支付—服务商协作和利益分享—用户评价和商户口碑"闭环，创造了一个完整的、良好运行的旅游生态。UTour 的区块链底层平台及整体架构如图 4-23 所示。

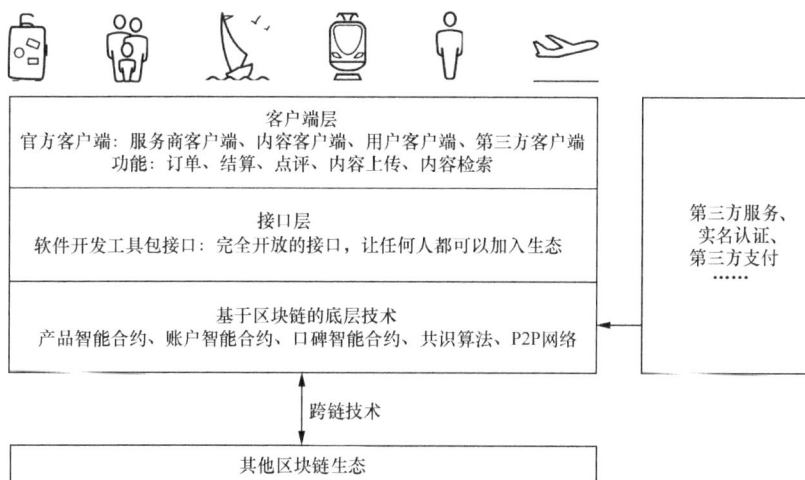

图 4-23　UTour 的区块链底层平台及整体架构

基于"星火·链网"骨干节点的"有象"数字身份和数字账户能力[1]，能保证数字资产的归属和安全，区块链数据不易被篡改的特性是保证元宇宙信息交互的基础。各地可以通过数字文旅元宇宙"以虚促实""以虚强实"，通过景区线上实景化促进各大景区在数字时代的游客触达率，提高游客文旅内容体验的深度，并通过特色景区提高其他景区的知名度，带动周边行业发展，例如，食品、文化 IP、服饰等行业。区块链可以作为文旅元宇宙产生经济效益的推动力，基于区块链打造与文旅消费结合的 NFT 数字 IP，革新传统的商业模式，形成

1　"有象"是泰尔英福打造的"可信安全、泛在互联"的新型数字账户，通过打造数字身份体系，实现用户自主管理身份、拥有数据自主权，打造数据共享交换网络，建立全新的数字世界信任与协作关系，为数据权属、隐私保护、共享交换和价值流通提供了技术支撑。

先品牌、后实体的新型文创经济。

基于区块链技术的城市数字文旅平台由政府主导，游客、个人和机构服务商、景区管理人员等多主体参与。政府通过平台可及时、有效追溯专项资金的流向和使用情况，有效监管景区和其他服务商；景区通过低成本、受众广泛的推广平台，可以减少推广成本、扩大知名度，同时也能够掌握一定的游客偏好信息；游客可以通过平台进行门票预订，掌握景区的真实信息和优惠信息。基于区块链的数字文旅平台如图 4-24 所示。

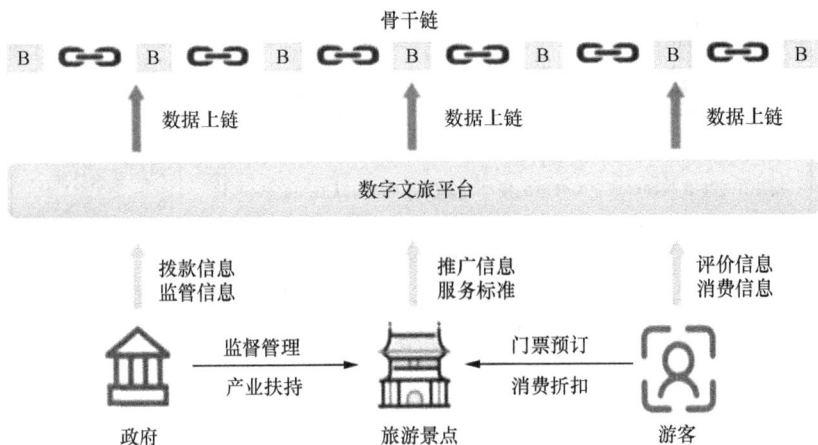

图 4-24 基于区块链的数字文旅平台

数字文旅元宇宙的呈现，将塑造城市文化旅游元宇宙建设的全新业态，对城市文化旅游元宇宙建设具有战略意义，对旅游要素重组、功能重构、产业再造具有重要意义，对城市抢占新赛道、新经济、新产业具有重要意义，有助于城市打造新驱动力、新增长极和新引擎体系。数字文旅元宇宙的发展具有示范效应，其成功经验可在其他行业和区域进行推广，结合行业和区域特性，促进其他行业和区域形成鲜明的产业区域新高地。

四、区块链提升公共服务水平

公共服务是政府的重要职能之一，近年来，我国致力于推动公共服务供给侧改革，并取得了基本公共服务均等化建设进程持续推进、公共服务资源总量大幅提升的显著发展成果。随着我国现阶段社会主要矛盾发生转变，政府需要及时提供优质化、精准化及多样化的公共服务。区块链作为一项前沿数字技术，在公共服务领域有无限的应用潜力。这种智能化技术的深度嵌入和多维场景空间拓展应用，为公共服务供给模式变革与供给能力提升提供了新的底层逻辑及思路方法，在医疗、养老与食品安全等行业具有重要的实践价值。

（一）区块链优化公共医疗卫生服务

人民健康的身体素质是国家和经济社会稳定、可持续发展的重要基础。公共医疗卫生服务作为政府公共服务的重要内容，以保障人民群众基本健康为核心目标。随着新兴数字技术的快速发展，医疗卫生服务逐渐向数字化、信息化转型。区块链作为一项颠覆性技术，将会引起医疗卫生领域的重大变革，进而有效提升医疗服务能力，助力建设健康中国。

1. 我国公共医疗卫生服务现状

公共卫生与医疗事业关乎国计民生，完善的公共卫生与医疗体系是建设社会主义现代化强国的必然要求。长期以来，党和国家高度重视公共医疗卫生工作，始终坚持把人民健康摆在优先发展的战略地位。党和国家为推进我国医疗卫生治理体系和治理能力现代化，主动探索一条符合我国国情的医疗改革道路，成功建成世界上规模最大的医疗卫生体系，推动医疗服务能力大幅提升、医疗服务体系不断优化、医疗服务数字化水平显著改善。

首先，我国医疗卫生资源迅速增加，医疗能力与医疗质量明显提升。国家卫生健康委员会统计数据表明，2010—2021 年，我国卫生机构从 93.7 万个增长至 103.1 万个，卫生技术人员从 820.8 万人增长至 1124.2 万人。在强大的医疗资源支持下，我国 2021 年全国总诊疗量达 85.3 亿人次，出院人数 2.4 亿人，医疗服务总量稳居世界第一。

其次，我国医疗服务体系不断完善，家庭医生签约制度持续推进，分级诊

疗制度不断完善。自 2016 年起，我国推进基层医疗卫生机构实行家庭医生签约服务，建立家庭医生服务团队。通过与居民签订协议，为慢性病，以及老、弱、病、残等群体提供基本的医疗卫生服务。同时，根据新医疗改革的相关要求，我国已建立符合国情的分级诊疗制度，构建高效的医疗服务体系，总体上形成"基层首诊、双向转诊、急慢分治、上下联动"的分级诊疗模式，构建了覆盖城乡的医疗卫生服务网，为人民健康提供可靠保障。

最后，数字技术的发展推动医疗卫生服务向数字化转型。当前，互联网医疗"井喷式"增长，各级实体医疗机构开通"线上问诊"等服务，将部分常见病、慢性病的诊疗过程转到线上。各级医疗机构利用数字技术，开展疑难杂症的远程会诊、提升医疗技术的远程培训等，极大地提升了医疗服务的质量与效率，公共卫生一体化数字协同成为普遍趋势。公共卫生部门与医疗机构、个人用户实现数据连通，通过对医疗大数据的分析应用，有效应对各类突发性卫生事件。

2. 我国公共医疗卫生服务的问题

目前，我国已形成政府主导、相关部门参与、全社会共建的卫生工作机制，建立了包括疾病防控、卫生保健、诊断治疗、护理和康复等在内的较为完善的服务体系，基本实现了公共医疗卫生服务体系的全民覆盖。数字时代背景下，公共医疗卫生服务系统的数字化建设进入了"加速度"时期。但是现阶段医疗机构的信息化能力不足，导致公共医疗卫生服务领域的数字化转型呈现以下困境。

（1）信息共享能力不足导致医疗服务质量下降

当前，医疗数据采用本地化存储方式，各医疗机构有各自的数据存储结构与管理系统，缺乏完善统一的医疗数据共享机制，难以实现互联互通、互操作。因此，患者的医疗数据无法实现跨机构共享，难以实现及时转诊；患者各项检查结果在其他医院的认证效力不足，重复检查不仅延误病情，还增加了个人的经济负担。

（2）信息安全隐患导致患者隐私数据泄露

医疗机构受限于自身的信息化安全建设水平，导致患者数据泄露的风险较高。一方面，当前中心化的医疗信息数据管理模式无法保证患者的检查数据不被篡改、不被伪造；另一方面，医疗机构切实掌握着患者的个人信息与医疗数据，有可能将患者的隐私数据用于商业用途，以便从中获得经济利益。

（3）医疗机构信息化建设水平无法满足大数据时代的要求

目前，医疗机构信息化建设水平较低，难以支持大数据时代海量医疗数据的高效共享。国内各医疗机构信息建设主要依托其内设的信息化部门，缺乏对医疗数据的深度挖掘与高效利用能力。另外，现阶段医疗机构采用中心化本地存储方式，集中存储和读取患者数据，这与当前高效数据处理要求不匹配。

3. 区块链在公共医疗卫生服务的优势

数字时代，医疗卫生服务信息化是公共医疗卫生领域的现实趋势，也是我国医疗改革的重要内容和必由之路。结合当前公共医疗卫生领域信息化发展的困境，区块链依托密码学、共识算法、时间戳服务等底层技术，可以为医疗卫生服务的数字化变革提供新的解决方案。

（1）患者数据上链，打通信息共享渠道

在医疗卫生服务的过程中，区块链利用非对称加密技术、点对点传输机制与分布式存储架构将患者个人信息与医疗数据记录在区块链上，由此实现更大范围和不同层次之间医疗机构的信息共享。如此一来，医疗机构与接诊医生可以在患者授权以后获取患者的相关信息，实现在真实掌握患者健康状况的基础上开具处方或者进行诊疗，极大地提升了服务效率与患者的就医体验。

（2）保障患者信息安全

区块链技术能够有效防止数据被恶意破坏，可保障患者医疗数据安全。在区块链上载入患者数据、医院信息及医生信息后，可以利用智能合约、非对称加密、时间戳等技术确保医疗信息的规范性和可验证性。而且，基于区块链独特的分布式工作方式，允许在上述某个节点出错时，不会对整体工作进程造成影响。

（3）提升医疗机构数据处理能力

利用区块链技术构建全新的医疗信息共享与处理平台，依靠智能合约机制打造医疗卫生服务智能交互系统，有助于改善医疗机构的数据处理能力。这是因为智能合约机制可以智能整合和使用医疗数据，让各类跨机构医疗服务能够按照合约设置，自动实现数据共享和医疗服务协作。

4. 基于区块链的智慧医疗系统架构

医疗数字化、现代化作为未来公共医疗卫生服务的发展方向和管理目标，与极具公共治理价值的区块链技术具有天然融合力。然而，从既有的研究或者已有的应用实践来看，以区块链为底层技术的医疗服务仅面向特定场景，例如电子病历、药品追溯等。事实上，可以将区块链全方位融入医疗卫生服务领域的各个场景，开发基于区块链技术的智慧医疗系统，推动多个医疗机构实现通力合作，优化医疗资源配置，提升医疗卫生服务能力。

当下区块链医疗卫生服务应用场景十分有限，结合我国目前的医疗服务体制，可以将家庭医生签约制度与分级诊疗制度有机结合起来，打造一个以区块链为底层技术的智慧医疗服务系统。智慧医疗系统架构模型如图 4-25 所示。

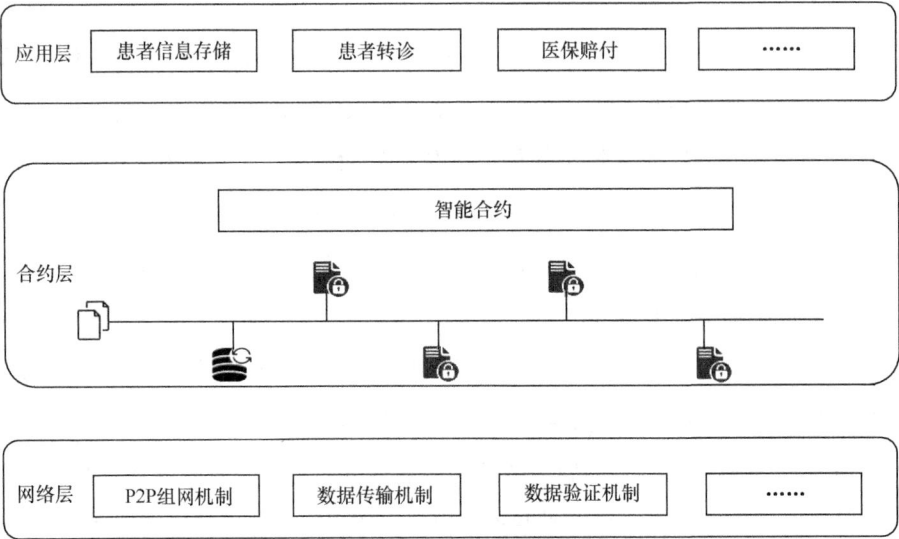

图 4-25　智慧医疗系统架构模型

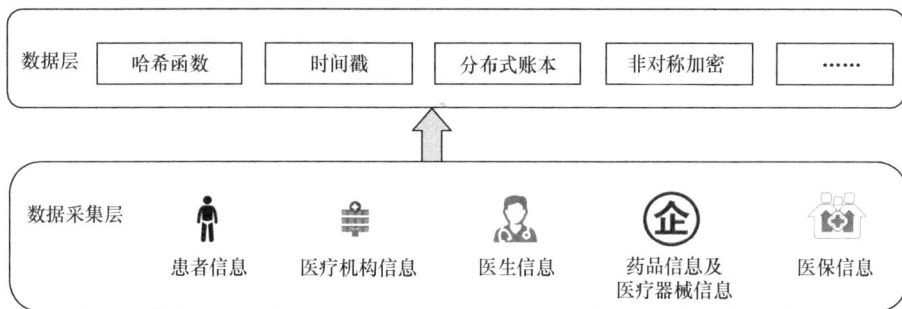

图 4-25 智慧医疗系统架构模型（续）

具体而言，智慧医疗系统主要包括数据采集层、数据层、网络层、合约层和应用层：数据采集层负责收集公共医疗卫生服务中各个主体的信息，例如，患者信息、医疗机构信息、医生信息、药品信息及医疗器械信息、医保信息等，并在相应的节点上传数据以实现数据上链；数据层存储的是来自数据采集层的数据；网络层用于部署 P2P 组网机制、数据传输和验证机制等；合约层存放智慧医疗系统中涉及各应用场景的智能合约，例如，患者转诊合约、电子病历共享合约、医保赔付合约、医保报销合约等；应用层对应医疗服务场景，例如，患者信息存储、患者转诊、医保赔付等。

基于区块链的智慧医疗系统使用流程如图 4-26 所示。

患者在注册后，需要上传个人基本信息、基本病情和用药情况。家庭医生与患者签约完成后（签约视作授权），需要按照签约要求进行日常随诊，并结合患者的电子病历信息开具处方。患者可以在线缴费，家庭医生则需要将就诊记录实时上传至患者的电子病历。

当患者或者家庭医生认为需要到一级医院就诊时，可以提出申请，并于线上完成预约挂号。在就诊过程中，由一级医院医生在系统中提出患者医疗数据共享请求，患者接收请求信息后决定是否共享个人医疗数据至联盟链。当患者同意授权后，系统将利用非对称加密技术将患者的医疗健康数据摘要和相应的存储地址通过公钥加密后上传到医疗健康数据联盟链。

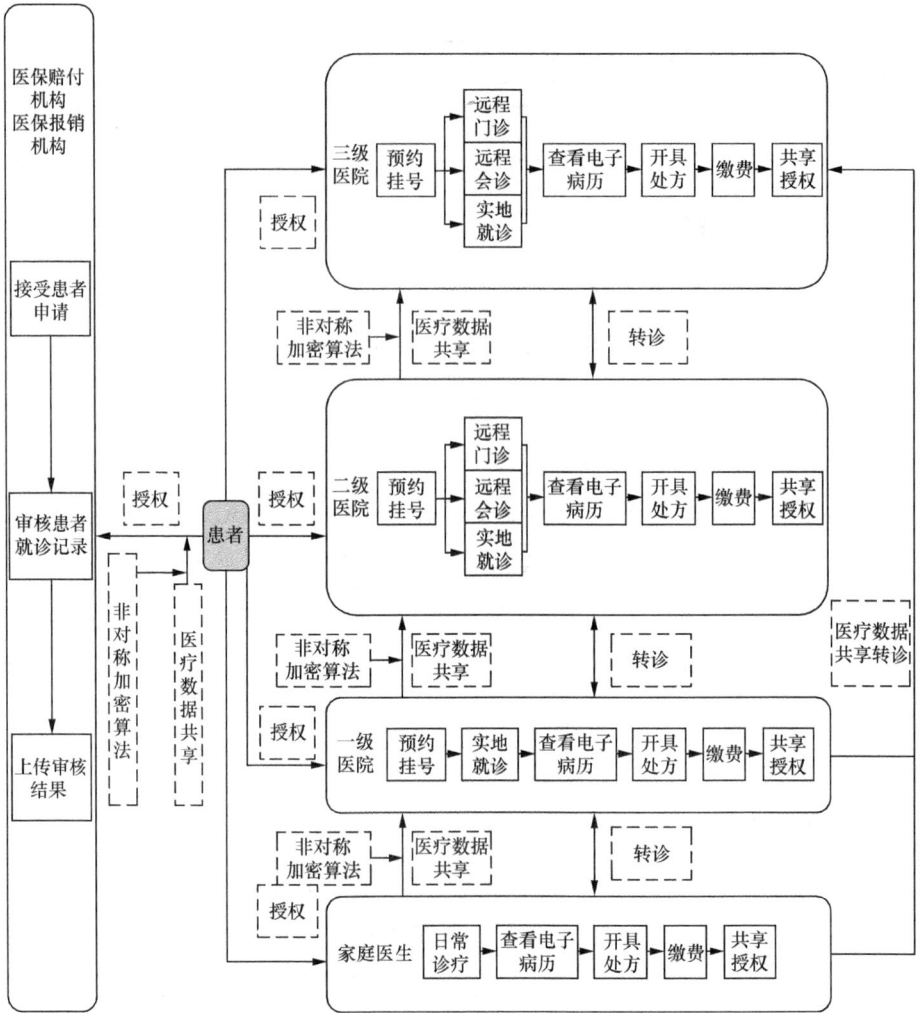

图 4-26　基于区块链的智慧医疗系统使用流程

　　若患者申请转诊到联盟链上的其他医院就诊，则先由看诊医生根据自己的私钥解密存储在联盟链上的患者医疗健康数据。而后，需要进一步验证患者联盟链上医疗数据的有效性，对于有参考价值的医疗健康数据，触发智能合约机制，自动找到对应的云平台存储患者完整医疗记录的数据库，下载患者的相关数据。

　　根据患者的病情，接受转诊的医院可以推荐患者选择远程会诊、远程门诊或者实地就诊，接诊医生可以结合患者的检查结果进一步诊断患者的病情，并进行治疗，也可以根据患者的病情，再转诊到二级或者三级医院，转诊的流程和转诊到一级医院的流程相同。当然，患者也可以直接从家庭医生处转诊到三级医院。在患者就诊过程中，智慧医疗系统会将患者的就诊记录保存至电子病历，例如，接诊医生信息、医生处方和治疗记录（包括药品使用记录、手术情况记录和医疗器械使用记录等）。其中，患者所使用的医疗器械和药品均采用基于区块链技术的追踪溯源系统。

就诊结束后，患者可以及时提出申请医保赔付或者医保报销，授权相关的医保赔付方访问并获取就诊记录。医保赔付方可以利用智能合约机制审核患者的就诊信息，实现医保赔付及医保报销的自动化操作。

（二）区块链推动养老方式变革

随着我国人口老龄化趋势日益明显，庞大的老年群体对养老服务有着巨大的需求，区块链技术通过打造虚拟养老院推动养老方式的变革，实现养老服务的现代化与智能化转型。

1. 我国养老服务现状

国家统计局数据表明，截至 2021 年，我国 60 岁以上老年人口总数达 26736 万人，占总人口的 18.70%；65 岁以上老年人口共计 20056 万人，占总人口的 14.20%。我国养老模式以家庭养老为主，机构养老与社区养老为辅。

家庭养老即居家养老，老人独自生活或者与子女共同生活。但如今，机构养老逐渐成为家庭养老的替代模式。这些养老机构考虑到老年人的不同经济条件和不同精神需求，形成多元化和差异化服务模式。社区养老是指以家庭为核心，以社区为依托的养老服务模式。这种养老模式既能满足老年人居家的情感需求，又能通过引入养老机构提供专业的养老服务。目前，我国社区养老服务机构和设施已经超过 30 万个。

2.我国养老服务的问题

目前，我国基本养老服务制度逐步完善，初步形成居家养老、机构养老与社区养老相结合的养老服务体系，基本形成以政府为主导、以市场为主体、社会和家庭广泛参与的养老服务发展格局。但是，我国养老服务在实践中仍面临诸多困境。

首先，养老服务领域存在"信息鸿沟"，服务供需不对等、不平衡。

其次，养老信息安全存在重大隐患。养老信息本身具有隐私性、多样性、层次性，一旦泄露将会造成极其恶劣的后果。传统的将海量信息放在数台服务器中同步运行的模式，存在信息泄露、数据滥用等安全隐患。

最后，信息失真导致养老服务行业管理混乱。在传统的互联网技术体系之下，信息的无限可复制性导致老年人、养老机构和政府部门难以完全信任养老供应链追溯系统中的数据，养老服务管理效率低下。

3.区块链在养老服务领域的技术优势

区块链不易被篡改、分布式存储、"去中心化"等技术特征，能够实现养老服务领域的安全、诚信、透明化管理，实现养老服务生态中的人、产品/服务、企业之间可信数据记录、传递与价值创新。

第一，区块链技术能够提升养老服务质量。区块链技术通过统计养老服务领域需求侧数据与供给侧数据，利用智能合约机制进行双向匹配，最终输出合格的匹配目标，既能为老年人提供满意的养老服务，又能为养老机构提供潜在的客户信息。

第二，区块链技术能够有效降低养老数据泄露的风险。区块链技术不易被篡改和溯源功能确保养老系统数据的真实性。即便出现信息泄露问题，也能够能够追根溯源，充分保证养老数据的安全性。

第三，区块链能够保障养老服务信息质量。区块链中的分布式数据存储结构及时间戳技术，使数据的新增或删除均需经过多方确认。

4.基于区块链的虚拟养老院系统架构

养老服务领域与区块链技术结合的可能性尚未得到充分开发。基于此，可以利用区块链技术打造一个结合家庭养老、机构养老、社区养老的虚拟养老院，实现养老服务模式的重大变革。基于区块链的虚拟养老院系统架构如图4-27所示。

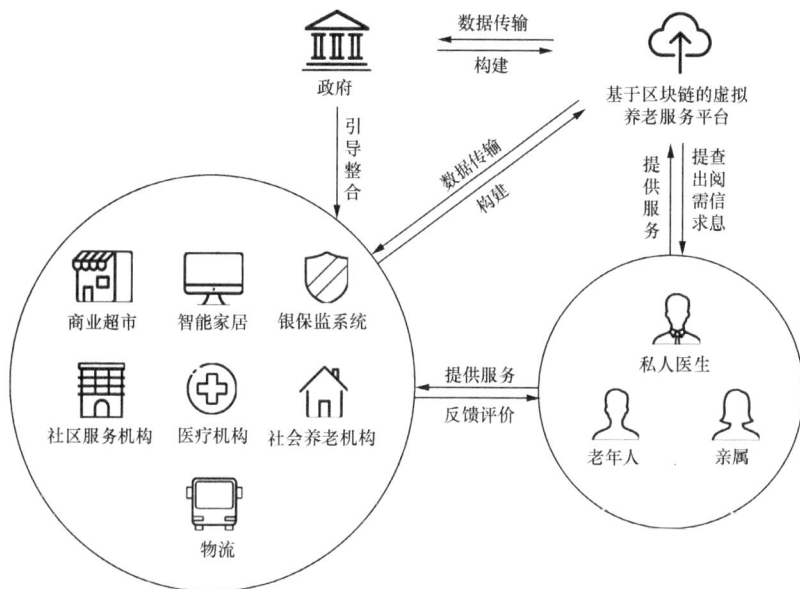

图 4-27　基于区块链的虚拟养老院系统架构

基于区块链的虚拟养老院系统架构存在多方参与节点。其中，政府作为引导者，主要是将社会养老资源集中整合起来，并利用政策吸引，带动社会养老机构参与进来。社会养老机构、商业超市、社区服务机构等是虚拟养老院系统中养老服务提供方，在该系统中通过点对点数据传输，获取各类养老服务需求信息。在此基础上，辅以大数据和边缘计算对这些需求进行分析和预测，从而优化虚拟养老院的各项服务功能。通过多方主体参与，全面整合养老数据与养老服务信息，形成高度信息集成化的智能养老系统，进而突破家庭养老、机构养老和社区养老的传统服务模式。

根据虚拟养老院系统架构，可以进一步明确虚拟养老院中区块链各个层面的技术设计。虚拟养老院技术架构如图4-28所示。

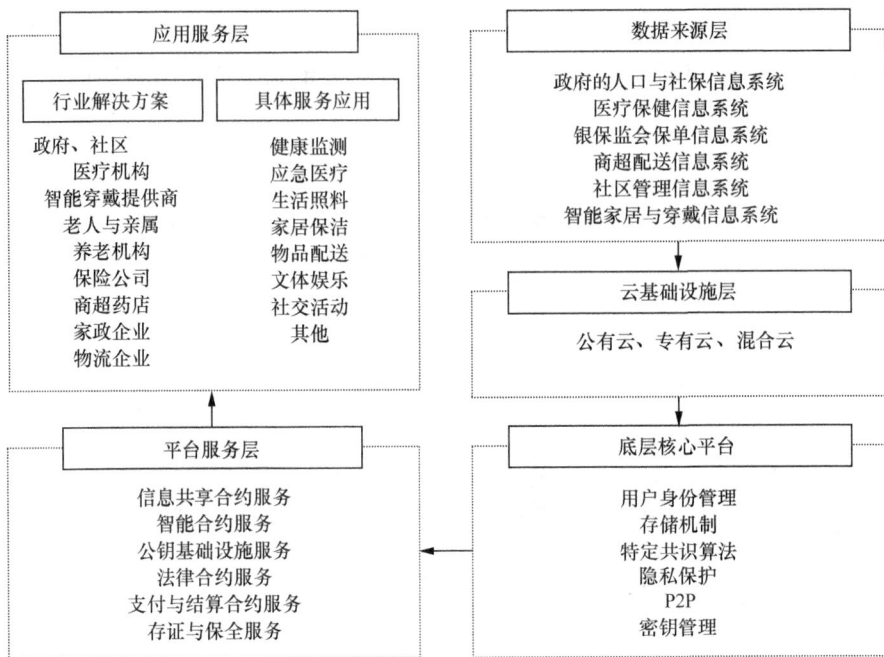

图 4-28　虚拟养老院技术架构

具体而言，基于区块链的虚拟养老院包括 5 层技术架构：第一层是数据来源层，主要负责接入各类养老数据与养老服务信息，例如，政府的人口与社保信息、医疗机构的医疗保健信息、社区的管理信息等；第二层是云基础设施层，主要包含公有云、各类专有云、混合云等，旨在将数据来源层的海量数据进行大数据挖掘、边缘计算和联邦学习；第三层是底层核心平台，作为最基础的区块链技术平台，该层囊括了各类区块链底层技术，进而为上层的养老服务场景提供技术支持；第四层是平台服务层，用于存放平台基础智能合约，以及符合各个养老服务场景的各类智能合约，例如，信息共享合约服务、智能合约服务、法律合约服务、公钥基础设施服务，以及存证与保全服务等；第五层是应用服务层，该层直接面向用户，在安全便捷的前提下，为政府、医疗机构、社区等各个参与主体提供老年群体的实时状态数据和服务诉求，以便为老年人提供健康监测、应急医疗、生活照料等多项服务。

（三）区块链保障食品安全

民以食为天，食品安全关乎国民健康。实现食品产业链的生产及交换过程透明化与规范化，是解决食品安全问题的关键。区块链凭借其不易被篡改、可追溯等技术特征，可以为建立健全现代化的食品追溯制度提供强大的技术支持。

1. 我国食品安全现状

当前，我国现有的食品安全可追溯系统大部分由政府或行业主导企业建立，可追溯系统的数据主要由供应链上的企业负责上传，具有中心化的特征，可追溯系统存在数据易被篡改、数据完整性与真实性得不到验证等问题。

2. 我国食品安全领域的问题

食品安全水平能够反映出一个国家的经济发展水平与人民的生活质量。尽管我国食品安全水平呈现总体向好的趋势，但仍存在溯源能力不足、信任水平较低，以及多元主体共治水平不足等问题。

首先，食品溯源能力不足。当前，为响应国家食品安全建设号召，许多企业已经启用产品追溯系统，但这些溯源系统普遍存在以下问题。一是无法实现动态溯源。大多数溯源系统仅登记产品的生产信息，无法真正实现来源可追溯、去向可查证、责任可追究的溯源目标。二是溯源系统建设主体具有局限性。单个企业内部的溯源系统仅能满足本企业溯源的需求，形成了局部溯源"信息孤岛"。三是溯源标准繁多不一。总体而言，产品溯源体系尚未形成统一的标准，存在溯源内容不规范、流程不一致、系统软件不兼容等问题。

其次，食品安全领域信任水平低。受溯源技术制约，食品安全信息不透明且不可信，这容易导致消费者对食品安全的信任度严重下降。在中心化的溯源信息管理模式中，企业往往选择性地披露对本企业有利的信息，而广大消费者仅仅是被动地接收这些信息。

最后，社会共治格局尚未形成。目前食品安全建设仍以政府监管部门为主体，企业与社会公众参与不足。在实践中，政府食品安全管理部门对食品安全进行风险预警的效果不明显。企业通常在法律法规要求的范围内公开产品信息，对长期维护食品安全的动力不足。消费者不清楚自己在食品安全建设方面应当需要承担的责任与义务，阻碍了食品安全社会共治格局的建立。

3. 区块链在食品安全领域的优势

针对当前食品安全领域存在的溯源能力不足、信任水平低与社会共治格局尚未形成的问题，区块链以其核心优势，实现对溯源能力、信任建设及参与主体结构的高度赋能。区块链赋能食品安全管理的作用路径如图 4-29 所示。

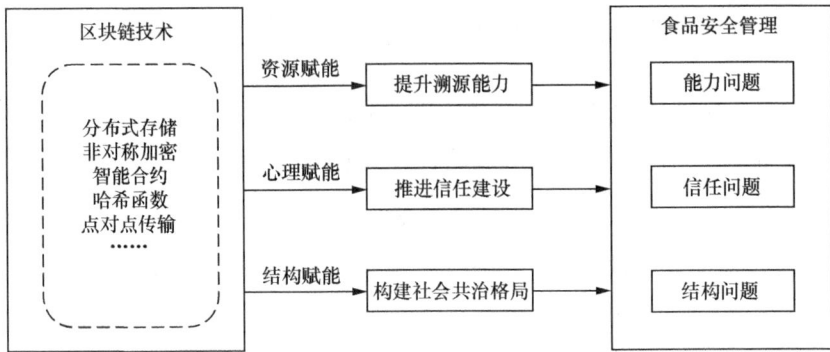

图 4-29　区块链赋能食品安全管理的作用路径

具体而言，在提升溯源能力方面，区块链技术致力于对食品安全管理的参与主体进行资源赋能。一方面，区块链以时间序列存储的块链结构，为多方参与主体提供完整的食品安全数据资源。对产品从原材料采购到消费等所有环节进行数据采集，以便对产品进行全流程监管。另一方面，依托区块链的智能合约机制，对食品安全进行自动管理与智能管理，为多方参与主体提供更加智能化的管理工具。

在推进信任建设方面，区块链通过心理赋能，建立和提升公众对政府及相关生产企业的信任。在区块链中，将食品安全管理部门作为链上的一个节点，其所有行为均以数字化形式被记录和存储，并且向公众、食品生产企业等其他节点公开，使公众可以识别并监督相关管理部门和企业的执法行为。

在构建社会共治格局方面，区块链赋能食品安全管理结构变革，推动多元主体协同共治。借助分布式存储架构与点对点传输机制，区块链不仅在一定程度上避免了传统中心化管理结构的弊端，更能够确保所有主体同等拥有获取食品安全信息和参与监管治理，推动多元共治格局的形成。

4. 基于区块链的食品安全系统架构

现有基于区块链技术的食品溯源平台通常由企业独立开发，应用范围有限，并且政府监管难度较大。因此，可以从公共治理领域出发，以政府监管为主体，建设一个食品安全管理区块链溯源应用平台。区块链食品安全监管系统架构如图 4-30 所示。

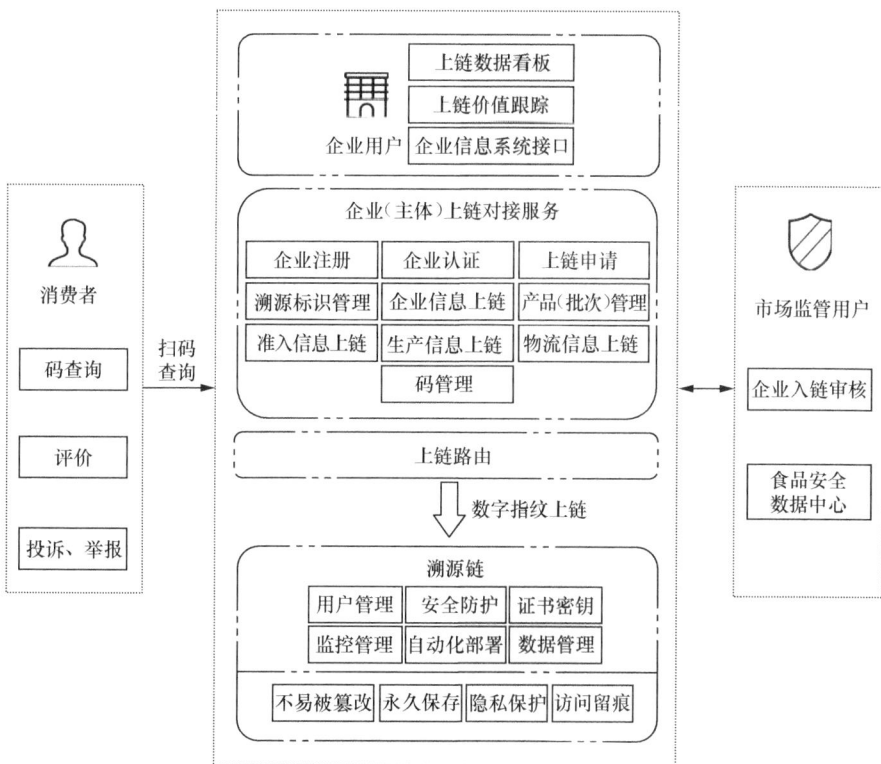

图 4-30　区块链食品安全监管系统架构

在这个平台上，市场监管用户（即政府食品安全管理部门）作为监管端，负责支持、引导企业通过注册和认证加入食品安全管理联盟链。同时，监管端通过定制产品的溯源环节和溯源信息，包括对产品生产信息、产品（批次）信息、物流信息、码管理等的灵活配置，构建食品安全数据中心。企业在加入联盟链后，按照监管端的各项要求，利用企业信息系统接口实现产品各项实时数据直接上链。

而后监管端对企业入链信息进行审核，定期开展商品抽检、及时上链和更新抽检结果，以此作为企业信用评定的标准。由于产品从生产到销售，每一个环节的主体都利用自己的身份（私钥）将信息签名写入区块链，信息不易被非法篡改且身份不可造假，平台可以对所有企业上链生产的过程及结果进行监控，可定制成生动、可视的数据看板，入链企业数量、类型、商品类型、消费者扫码率等均可供监管部门查看。

如此一来，一方面，消费者可以通过发布的抽检信息及时了解不合格商品的生产厂家、商品品类等情况，避免造成损失；另一方面，消费者对某个产品的食品安全存疑，可进行产品的快速溯源验证。一旦出现纠纷或违法行为，系统可以很快地定位出现问题的环节，进而进行举证和追责。

五、区块链助力生态环境改善

在数字时代，生态环境保护业已向数字化、智能化、网络化的方向发展。区块链技术所具备的诸多前沿属性，在生态环境治理领域具有良好的发展态势及广阔的应用前景，特别是在赋能环境保护与搭建区块链能源互联网平台方面，能够发挥重要的作用。

（一）区块链赋能环境保护

区块链技术具有完全公开和不易被篡改等典型特征，将其应用到环境保护领域中释放技术能量，有助于在生态环境治理过程中推动实现政府精准化监管、市场高效化运营和社会平等化参与。

1. 我国生态环境保护现状

当前，环境问题逐渐成为迫切需要解决的民生问题之一。在推进生态文明建设的过程中，我国生态环境保护发生了历史性、转折性、全局性的变化。

从"沙进人退"到"绿进沙退"，我国仅用 50 余年的时间实现了土地退化"零增长"。当前，我国森林覆盖率已从 20 世纪 80 年代初的 12% 提高到 23.04%，森林蓄积量提高到 175.6 亿立方米，人工林面积位居全球第一……显著的生态保护与发展成就，增强了人民群众对优美生态环境的获得感、幸福感和安全感，人与自然和谐共生的美丽中国正从蓝图转化为现实。但是在当下甚至未来很长的一段时间内，环境污染问题依旧严峻，生态环境保护工作任重而道远。

2. 我国生态环境治理的问题

第一，数据治理能力不足导致环境监测水平较低。 数据质量是环境治理与环境监测的基础，数据本身所具备的真实性、综合性、长期性等特质是实现持续长期高质量环境监测的基本要求。但现阶段，我国环境数据存储仍以传统中心化数据库存储为主，也就是将某个地方某段时间的环境监测数据集中存储在数据库中。这种传统的存储手段，不仅使数据极易被篡改和删除，还可能会导致传统环保系统之间的"信息孤岛"问题，环保部门难以掌握环境监测的长期真实情况。

第二，责任主体不明确导致污染事后追责困难。 首先，环境污染问题具有跨界性。政府环保管理部门对于污染事件的定性不明，容易出现逃避责任等现象。其次，环境污染问题具有跨域性。在属地管理原则之下，这种跨域性通常会导致污染责任区域划分不明及污染治理协同困难。最后，环境污染问题具有跨时间性。污染物排放与造成环境污染的结果之间往往会经历一段时间，而这种跨时间性将会增加污染排查的难度。

第三，环境治理多元共治格局尚未形成。 鉴于环境治理问题的复杂性，中共中央办公厅和国务院办公厅联合印发《关于构建现代环境治理体系的指导意见》，明确提出要"构建党委领导、政府主导、企业主体、社会组织和公众共同参与的现代环境治理体系"，致力于在生态文明建设领域引入共建共治共享的理念，塑造多元主体共同参与的新型环境治理模式。但从实际情况仍与目标存在一定差距，我国环境治理仍以政府监管为主，企业主体与公众的作用不明显，且积极性不足。

3. 区块链在生态环境治理领域的优势

区块链依托其点对点传输、非对称加密、智能合约等底层技术，不仅能够有效解决上述问题，更能推动环保治理的智能化与数字化转型。

首先，区块链依托一系列的底层技术，能够保障环保数据安全。环保治理领域所采集的信息包括企业资质、产品信息、核心技术等各类敏感信息。这些信息一旦被泄露，不仅危害公民和企业财产安全，甚至危害国家安全。但在区块链系统架构下，每个节点的数据能够实现加密传输，且分布式数据存储方式能够对所有数据进行全节点备份。同时，区块链时间戳机制使数据的变动可以有效追溯，以及避免数据被篡改或者被删除。

其次，区块链能够推动环保信息共享。区块链利用分布式存储架构和跨链技术，能够打破传统环保系统之间的"信息孤岛"。通过在环保区块链上建立身份认证和共识权限设置功能，明确划分治理主体的权利和责任，实现环保原始数据或数据指纹在环保区块链上流通。

最后，区块链技术可以充分调动多元主体参与环保治理的积极性。区块链能够将多元主体纳入环保治理过程，公众不仅可以参与环保决策过程、开展环保行为监督，还能提供环保污染线索或政策建议；企业或环保创业者可以在环保区块链平台上推介环保项目，并吸引投资者进行投资或赞助；政府环保管理部门还可以在此平台上为公众普及环保知识，增强公众的环保意识。

4. 基于区块链的智慧环保综合管理信息系统架构

当前，区块链与生态环境治理的融合实践主要集中于环境监测、排污权交易等多个具体场景。为充分发挥区块链在环境治理领域的技术优势，可以构建智慧环保管理体系。构建这一管理体系的总体思路是，通过把传感器与相关软件等中介基础设施安装在所有环境监控对象或参与对象的终端，而后利用区块链技术系统整合环保大数据，将环保物联网与公众连接起来，最终形成一个"政府有效监管、公众主动参与、数据真实可靠、运行维护成本低廉、总体绩效显著"的现代化智慧环保综合管理信息系统。

具体而言，这一系统采用异构区块链网络技术，通过纳入环境质量查询系统，以及环境技术和知识普及交流系统，构建智慧生态环境治理的异构区块链网络。智慧环保综合管理信息系统集环境监管、环境质量、环境技术和知识等信息征集和公开功能于一体，实现污染源监管的全覆盖，有效整合各种环保信息，建立环保技术交易市场。智慧环保综合管理信息系统区块链网络如图 4-31 所示。

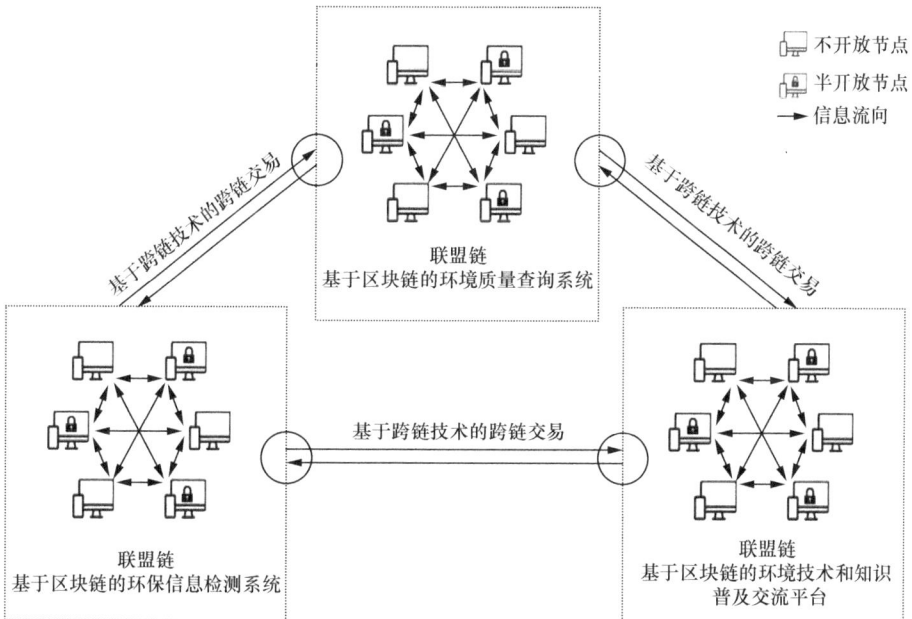

图 4-31 智慧环保综合管理信息系统区块链网络

在环保信息检测系统中，生产污染、生活污染等数据能够被高效传输给政府环保管理部门，实现对污染源全过程的动态查询与跟踪。监控的具体内容包括企业生产资质、排污处理技术、历次监察执法记录等。通过将所有污染数据上链，该系统既支持以企业名称为检索关键词的污染监控，又支持以污染源定义或环保工作为主题的监管方式。

在环境质量查询系统中，利用跨链技术整合使用环保信息检测系统的数据，二次生成空气、水源、噪声等多项环境质量数据，对污染源进行数据采集、存放、传输，最终归入各类分布式环境质量数据中心。在此过程中，主要借助区块链智能合约机制，实现环境数据自动分析处理，并以多样化的形式在平台上公布，以便公众可以及时便捷地查询环境质量信息。

在环境技术和知识普及交流平台中，环保管理部门建立环保教育资料库，增强公众环保参与意识。同时，利用跨链技术让公众真正参与环保污染监管与环境质量监测过程。

（二）区块链搭建能源互联网

能源是国家经济发展的关键。党的二十大报告指出要"完善能源消耗总量和强度调控，重点控制化石能源消费"。当前，随着能源革命与数字技术的发展，以开放、互联、对等、分享为基本特征的能源互联网逐渐成为新一代能源基础设施的发展方向。区块链以其分布式、"去中心化"、不易被篡改、可追溯的特征，在设计思想上与能源互联网高度契合，有望成为能源互联网落地的关键技术。

1. 我国能源领域发展现状

能源是经济社会可持续发展的保证，也是人类生存和发展的基础。近年来，我国能源结构总体上向绿色低碳转型。具体表现为：煤炭消费比重逐年下降，从 2019 年的 57.7% 下降至 2021 年的 56.8%；石油消费占比稳定，但 2019—2021 年的占比小幅下降；清洁能源消费占比逐年增加，2021 年已高达 25.3%。2019—2021 年我国能源消费结构如图 4-32 所示。

此外，电力是我国主要的二次能源形式。改革开放以来，我国电力事业飞速发展，为保障国民经济发展做出突出贡献。目前，我国电力形式主要有依托化石能源的火电，依托清洁能源的水电、风电、太阳能发电及核电。其中，以化石能源为原料的火电在电力来源中长期占据主导地位，非化石能源发电占比逐年上升。

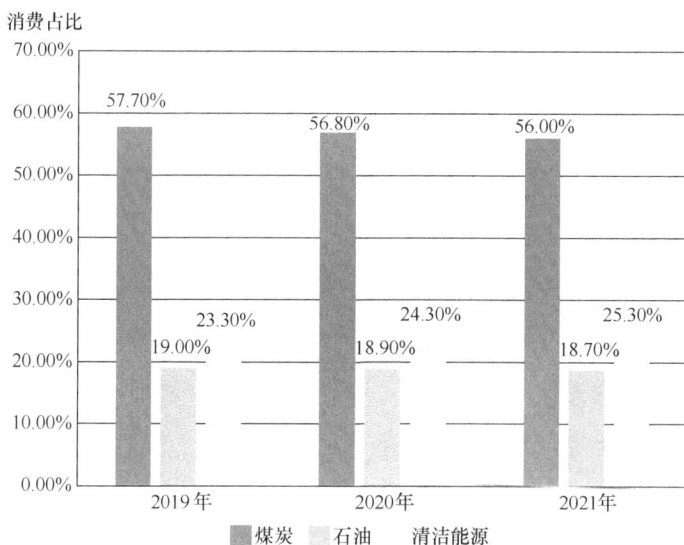

图 4-32　2019—2021 年我国能源消费结构

总体来看，未来我国仍存在明显的能源增量需求。我国应持续推进能源结构改革，特别是要加快能源系统调整，从而形成绿色发展方式和生活方式。

2. 我国能源领域的问题

能源系统作为当今世界最复杂的系统之一，包括生产、交易、运输、消费等多个环节，具有参与主体广泛、业务类型复杂多样、数据体量庞大三大特征。从现有的能源治理实践来看，需要解决数据资源共享、供应链透明、提质增效、多方协同等问题。

第一，能源数据难以融通共享。 能源的生产、经营管理、服务等各个环节将会产生海量数据，而数据的共享和融通是实现能源治理的前提与基础。传统中心化的能源信息管理模式存在严重的"信息孤岛"现象，数据共享难以实现。

如此一来，众多参与主体无法实现信息交互，不利于企业的管理决策，也阻碍了能源治理效率的提升。

第二，**能源供应链过长导致管理困难**。能源产业涉及生产商、销售商、物流、用户等，供应链条跨度大且长。一方面，由此产生信息不对称及各个环节之间复杂的合同流程，严重影响供应链的整体效率。另一方面，能源供应链全链条数据获取难度大，导致各方信任建立困难。

第三，**能源企业亟须提质增效**。受国际石油价格长期低位运行的影响，企业在交易、管理与监管等方面的成本不断加大，由此导致能源企业的利润降低，迫切需要降低运营成本，实现提质增效。

第四，**能源企业协同不足**。能源革命的推进，使我国能源结构呈现多样化格局。为适应大环境变化，能源企业需要与其他企业协同拓展业务，从单一供电或者供煤转变为提供电、热、气、冷等多种能源。然而，当前能源企业由于能源数据共享困难等，企业协同严重不足。

3. 区块链在能源领域的优势

区块链技术能够促进能源数据跨主体共享、优化能源业务的流程、降低能源企业的运营成本、提升企业的协同水平 4 个方面的应用价值，为推进能源互联网建设提供有力的技术支持。

首先，区块链的点对点传输机制和分布式存储技术有助于促进能源数据共享。针对能源领域，区块链能够将能源信息存储和备份在所有节点上，并支持相关数据在节点间点对点直接通信，有效打破"信息孤岛"，并扩大数据共享的广度与深度。

其次，区块链依托智能合约和激励机制等关键技术，有助于优化能源业务的流程。依托能源数据共享与激励机制，区块链能够促进能源产业供应链上 /下游企业数据融通，充分打通能源供应链各个环节的"信息壁垒"。在此基础上，将各个能源企业按照智能合约范式接入能源区块链平台，从而推动能源业务流程的自动化。

再次，区块链共识算法与智能合约技术能够帮助企业提质增效。一方面，借助区块链技术构建能源区块链平台，可以在能源领域实现物质流、数据流、信息流与资金流的高度融合，在优化业务流程、提高运营效率的同时，有效降低企业在能源生产和传输环节的运营成本。另一方面，基于区块链技术构建能源领域全产业链信息共享系统，能够有效降低企业采购过程中供应商搜寻、决策和执行成本。

最后，区块链技术有助于提升能源企业的协同水平。通过区块链技术搭建一套具备统一化和标准化的交易平台，建立数据共享机制，在维持各系统运营与交易方式不变的基础上，促进不同能源系统之间的数据与业务协同，加快提高经营发展的效率。

4. 基于区块链的能源互联网系统架构

目前，现有成熟的信息技术方案从设计思想到工程实施无法全面满足未来能源互联网的建设需求。区块链以其革命性技术特征，在能源领域具有广阔的应用前景，能够与能源互联网建设技术需求相匹配。因此，可以创建一个能源区块链管理系统，通过连通所有能源系统来组建能源管理网络，实现高效管理全国能源的核心目标。

实质上，能源区块链管理系统是区块链技术与能源互联网有机融合的产物，旨在打通能源生产、供应、运输及消费等各个环节的"信息壁垒"。具体而言，这一系统主要包括基础设施层、平台层、服务层及应用层：基础设施层主要存放能源区块链管理系统的底层技术，例如服务器、存储结构等；平台层包括区块链的核心技术架构，同时鉴于能源系统的复杂性，还需要引入人工智能、云计算等多种新技术；服务层主要提供身份认证服务、数据存证服务及溯源服务；应用层则面向各个能源治理场景，例如，分布式电力交易、可再生能源消费、综合能源服务等。能源区块链系统技术架构如图 4-33 所示。

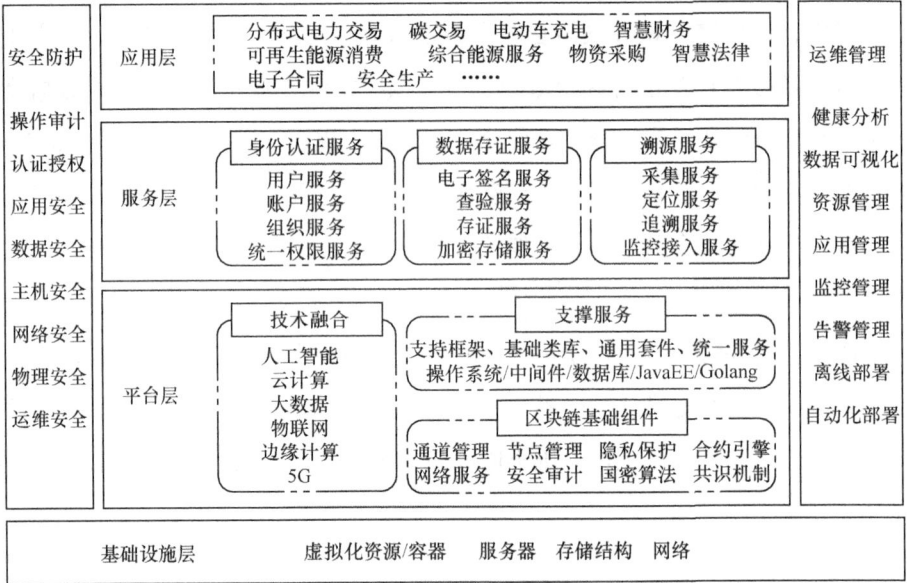

图 4-33　能源区块链系统技术架构

　　在能源区块链系统中，政府、能源企业（包括新能源发电商、能源服务商、能源供应商）、能源用户、金融机构等多个能源领域参与主体作为系统上的节点，利用点对点传输机制和智能合约技术，打造协同化、智能化、数字化和低碳化的能源区块链网络，实现能源交易、能源调度、能源服务、审计监督与数据共享等功能。综合能源区块链系统架构如图 4-34 所示。该系统的特点：首先，通过打通各种能源系统，使能源供给更加高效、柔性、多元和互补，有助于优化我国能源消费结构和实现能源供需平衡；其次，将"源—网—售—荷"全环节信息上链，使各个主体可以在系统中直接进行能源交易，极大地降低了运营成本；最后，区块链技术可以为能源数据传输与共享提供安全可靠的环境，有助于国家能源管理部门对能源领域进行管控，保障国家能源安全。

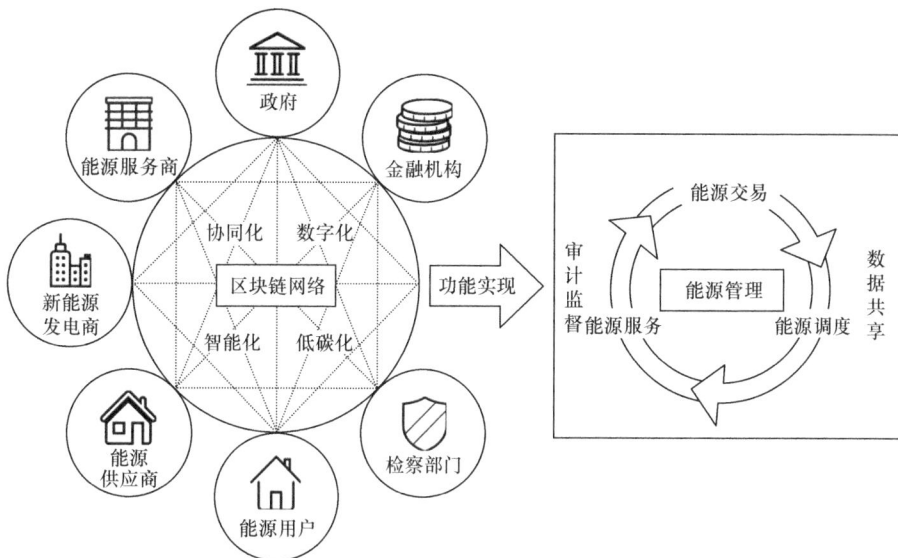

图 4-34 综合能源区块链系统架构

六、本章小结

随着区块链技术的不断发展，其在各个领域的应用范围和应用价值不断提升。区块链的技术特性与电子政务的发展需求高度匹配，可以帮助政府更好地履行职能。区块链技术的可追溯性可以满足当代政府数字化转型及政务信息公开的需要；不易被篡改性可以保证数据的真实有效；非对称加密算法可以保护政府和个人数据的安全；智能合约的应用可以提高政府的管理和服务效率。本章分别阐述了区块链技术在政府 5 个治理职能领域的应用及价值，列举了 10 多个具体应用场景，并为其设计相应的系统架构。

第一，在政府职能转型的过程中，区块链有助于打造让人民满意的服务型政府。将区块链技术作为服务型政府建设的底层技术，打造一个政府服务系统，旨在重塑"一站式"服务模式，推动政府政务服务的创新。

第二，在经济领域，区块链有助于实现国家经济高质量发展。区块链在供应链金融、企业征信管理、电子证照平台建设及税收征管等场景中具有技术优势。根据区块链技术特征，再结合各个场景治理的实际需求，开发出相应的管理系统，能够有效增强政府经济职能履行能力和宏观调控能力，提升经济发展的质量与水平。

第三，在文化领域，区块链有助于深入推进国家文化建设。基于区块链技术优势，将其与教育、知识产权保护及旅游业发展的现实需要匹配，为相应治理场景提供具体的管理系统架构思路，从而更好地满足人民群众日益增长的精神文化的需要。

第四，在公共服务提供上，区块链技术有助于推动我国公共服务升级。立足于当前公共医疗卫生、养老、食品安全各场景的治理困境，区块链技术能够有效解决前述各场景存在的关键性问题，并进一步提升公共服务水平，全面增进民生福祉。

第五，在生态环境保护方面，区块链技术有助于改善国家生态环境治理水平。区块链技术依托自身不易被篡改、可追溯等技术特征构建生态环境保护场景应用系统，能够确保环境治理与能源治理行为"留痕"，进而改善国家生态环境治理能力，提升国家生态环境治理的水平。

第五章

区块链在新兴重大治理领域的应用

　　全球化、国际化、现代化及城市化的持续推进，使新兴治理问题不断涌现。加之我国经济社会飞速发展，价值取向日渐多元化、利益诉求更加多样化，国家治理也面临一系列新问题与新挑战。技术进步是推动治理变革的重要因素，新技术的诞生及其应用推广均会引发社会治理模式的创新与发展。在新一代信息技术蓬勃兴起的大势下，面向现代化的社会治理要实现智能化、精细化转型，必须充分发挥科技对社会治理的支撑作用，以有效提升多元治理场景需求下的社会治理能力。

　　现阶段，国家治理现代化进程持续推进，新型治理问题与之伴生，因此需要借助数字技术倒逼治理模式变革，优化治理水平。对此，党的十九届四中全会提出加强和创新社会治理必须建立健全以科技为支撑的社会治理体系，实现数字技术全链条、全周期、全方位融入社会治理。区块链技术作为一项变革与创新传统管理制度和公共治理方式的新兴数字技术，对促进我国社会治理转型具有重要的作用。特别是在面对新时代持续出现和变化的新型治理问题时，区块链技术以其固有的共建性、自发性、共治性和透明性等特征，为推动治理模式的颠覆性变革和解决重大治理问题提供强有力的技术支持。

　　通过对当前公共治理前沿问题进行细致的梳理和汇集，并与区块链技术特征匹配，本章的核心内容旨在为解决各项新兴重大治理领域问题提供新的区块链治理思路。具体而言，立足于乡村振兴、粮食安全、国有资产管理、实现"双碳"目标等新兴重大治理领域的实际治理需求，在系统总结现阶段各个新兴重大治理领域的实践现状和问题的基础上，将区块链技术特征与之结合，并进一步展开新兴重大治理领域的区块链系统架构设计。基于此，推动区块链技术在前述重大治理领域的推广应用，既是实现数字治理和推动数字中国建设的必由之路，又有助于提升国家治理现代化水平，早日建成社会主义现代化强国。

一、区块链技术助推乡村振兴

　　乡村振兴是一项任务复杂且艰巨的系统工程，肩负着乡村现代化的重要使命。区块链作为一项变革与创新传统乡村治理体系和治理方式的重要技术，以其所具有的多中心、可追溯、不易被篡改等本质特征，在乡村振兴领域应用前景广阔，尤其是在推动乡村产业振兴、文化振兴、组织振兴、人才振兴等全方位乡村振兴上大有可为。因此，可以将区块链引入乡村振兴战略实施的过程中，打造一个乡村振兴综合管理系统，为实现农业强、农村美和农民富的乡村全面振兴提供全新的发展思路。

（一）我国乡村振兴发展现状

乡村兴则国家兴。长期以来，全面建设社会主义现代化国家的关键短板在农村。对此，党和国家始终坚持把农业农村发展摆在优先地位，更在近年来对全面加快乡村振兴做出一系列具体战略部署，并在实践中取得丰硕发展成果。乡村振兴战略历史沿革如图 5-1 所示。

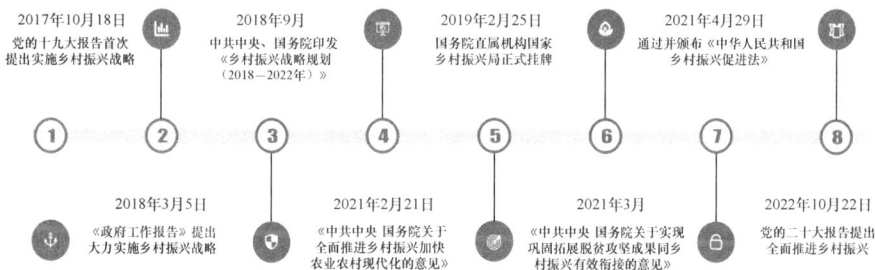

时间	事件
2017年10月18日	党的十九大报告首次提出实施乡村振兴战略
2018年3月5日	《政府工作报告》提出大力实施乡村振兴战略
2018年9月	中共中央、国务院印发《乡村振兴战略规划（2018—2022年）》
2021年2月21日	《中共中央 国务院关于全面推进乡村振兴加快农业农村现代化的意见》
2019年2月25日	国务院直属机构国家乡村振兴局正式挂牌
2021年3月	《中共中央 国务院关于实现巩固拓展脱贫攻坚成果同乡村振兴有效衔接的意见》
2021年4月29日	通过并颁布《中华人民共和国乡村振兴促进法》
2022年10月22日	党的二十大报告提出全面推进乡村振兴

图 5-1 乡村振兴战略历史沿革

具体而言，从乡村振兴战略蓝图擘画上来看，自党的十九大报告首次提出实施乡村振兴战略后，一系列具体实施规划、配套意见相继出台，包括《乡村振兴战略规划（2018—2022 年》《中共中央 国务院关于全面推进乡村振兴加快农业农村现代化的意见》《中共中央 国务院关于实现巩固拓展脱贫攻坚成果同乡村振兴有效衔接的意见》《中华人民共和国乡村振兴促进法》等。这些文件和法律的正式颁布和实施，总体上为乡村振兴战略实施构建起"四梁八柱"。在党的二十大报告中，乡村振兴战略的重要性进一步得到明确，并着重强调要全面推进乡村振兴。

在理论层面上，乡村振兴以产业兴旺、生态宜居、乡风文明、治理有效、生活富裕为总体要求，并按照"三步走"明确乡村振兴阶段性目标任务。这3个阶段的具体任务为：到2020年，乡村振兴取得重要进展，制度框架和政策体系基本形成；到2035年，乡村振兴取得决定性进展，农业农村现代化基本实现；到2050年，乡村全面振兴，农业强、农村美、农民富全面实现。

在实践层面上，自乡村振兴战略被提出以来，各地政府积极响应党和国家号召，高度重视"三农"工作，并将实现乡村全面振兴作为各项工作的重点，从而推动农业农村发展在各方面取得历史性发展成就。

第一，乡村振兴开局良好，乡村面貌焕然一新。一是乡村产业环境明显改善。依托各类完善的产业基础设施，一系列特色种养殖业、农产品加工业、休闲旅游业等新业态不断涌现，乡村产业蓬勃发展、欣欣向荣。二是农村人居环境显著优化。"厕所革命"持续推进，卫生厕所普及率超过70%；生活垃圾和污水处理设施完备，乡村卫生环境干净整洁。三是基础设施提档升级。农村水、电、气、路等设施加快建设，地区教育、医疗公共服务质量与服务能力大幅提升。四是乡村治理提质增效。农村基层党组织领导下的自治、法治、德治"三治"融合的治理体系愈发健全，并正向乡村治理现代化加速迈进。

第二，乡村改革全面深化，发展动力充足。一是乡村振兴战略实施体制机制更加完善。在中国共产党领导乡村振兴战略实施的过程中，通过颁布《中国共产党农村工作条例》和《中华人民共和国乡村振兴促进法》，逐步建立起"中央统筹、省负总责、市县乡抓落实"和"五级书记抓乡村振兴"的领导体制和工作机制。二是农村改革各项任务稳步推进。农村土地流转制度、集体产权制度、宅基地制度基本确立，这对于妥善处理好农民与土地之间的关系发挥着关键作用。三是城乡融合发展体制机制更加健全。城乡居民基本养老保险基本实现对农村适龄居民的全覆盖，且城乡居民基本医疗保险制度也已统一建立。

第三，粮食及重要农产品供给稳定，切实保障国家粮食安全。一方面，我国粮食产能稳步提升。2014—2021年粮食产量均超过6.5×10^{12}千克，特别是2021年粮食产量创历史新高，为6.8285×10^{11}千克，人均粮食占有量为483千克，这已经超过国际公认的400千克粮食安全线。另一方面，农产品品种丰富多样。除了传统粮食作物，我国棉、油、糖、胶等作物稳定发展，且肉、蛋、奶、水产、果、菜、茶等各类产品供给充足。

第四，农业科技助力农业丰产丰收，农业现代化建设稳步推进。近年来，我国已组建 50 个国家现代农业产业技术体系，设立 47 个国家级重点实验室、100 个农业科学观测试验站，农业科技进步贡献率增长至 61%。在农业科技进步的推动下，我国不仅累计建成 9 亿亩（1 亩≈666.67 平方米）高标准农田，更研发出超级稻、节水抗旱小麦等一系列重大标志性成果，农作物种源自给率超过 95%。另外，农业机械化水平大幅提升，农作物耕种收综合机械化率已经超过 72%。其中，小麦的综合机械化率超过 97%。

总体而言，乡村振兴战略持续推进，我国乡村发展迈向历史新阶段，农业生产能力不断加强，农村生态文明建设显著改善，农村民生全方位升级，农民收入不断增加。

（二）乡村振兴过程中存在的问题

目前，乡村振兴战略在各地如火如荼地开展，且取得了一系列显著发展成就。然而，从各地具体实践情况来看，受限于政策实施时长及各地差异化的发展基础，诸多乡村发展实际与产业兴旺、生态宜居、乡风文明、治理有效、生活富裕的总体目标还存在一定的差距。

1. 乡村振兴协调推进的体制机制尚不完备

乡村振兴资金投入机制及政策协调机制亟须完善。虽然各地按照国家乡村振兴局要求已设立专门的组织机构和配备专职的工作人员，开始探索推行乡村振兴战略，但仍沿用以往精准扶贫的体制机制，可能导致与乡村振兴任务不匹配。

2. 农民主体地位不突出

在现阶段乡村振兴战略实施的过程中，农民参与不足导致主体地位不明显。事实上，农民不仅是乡村振兴的直接受益者，更应当成为乡村振兴的主体。

3. 产业发展亟须提档升级

从乡村产业发展的实际情况来看，无论是"个人到户"产业还是村集体经济产业，普遍存在发展规模小、科技含量低、经营效益差等问题，在乡村振兴阶段需要进一步优化升级。

4. 人才队伍建设不足

大部分农村年轻人选择外出务工或者在有一定积蓄后直接定居城镇，农村人口结构总体上呈现以妇女、儿童、老人为主的特征。

5. 乡村生态环境有待改善

"十三五"期间，我国完成农村环境综合整治的行政村累计超过 15 万个，超额完成国家既定的目标。但我国农村生态环境治理依旧存在"底子薄""欠账多"的情况，特别是农村生态环境保护还面临一些难题亟待解决。

（三）区块链何以助力乡村振兴

随着我国驶入全面乡村振兴、加快推进农业农村现代化建设的快车道，区块链技术凭借其强大的公共治理价值，不仅能够有效突破乡村发展现实困境，更在助力乡村产业振兴、文化振兴、组织振兴、人才振兴、生态振兴等方面发挥着重要作用。

1. 有利于乡村产业振兴

产业振兴是乡村全面振兴的经济基础。区块链技术能够利用其自身的优势助力农村多元产业有机融合发展。例如，在现代农业建设方面，可以将区块链技术应用到农业生产和畜牧业养殖中，利用其不易被篡改和数据可追溯等特征实现产品追溯，发展乡村智慧种养业。在区块链技术的支持下，只要将产品生产到流通的各个环节的数据进行上链处理，集成产品二维码，消费者就可以使用"扫一扫"功能追溯产品。另外，随着乡村旅游业的迅速发展，区块链技术能够推动传统旅游模式转型。基于点对点传输机制，跳过第三方中介机构，区块链将乡村旅游运营主体与游客直接相连，不仅可以扭转游客在旅游信息中的劣势地位，还可以为乡村旅游运营主体节省中间成本。

2. 有利于乡村文化振兴

文化振兴是乡村全面振兴的精神根基。区块链技术在繁荣乡村文化、培育文明乡风方面大有可为。一方面，乡村以区块链为底层技术搭建乡村优质文化宣传与保护平台，通过对传统优秀文化的弘扬和集成，增强广大人民群众的文化自信及对乡土文化的认同感。另一方面，利用区块链各个节点之间相互作用、相互联系的作用机制，推动各个地方甚至各个主体对乡村文化展示、传播与服务大众等方法进行交流与合作，从而推动乡村文化繁荣发展。

3. 有利于乡村组织振兴

"治理有效"是乡村全面振兴的社会基础。区块链技术可以在乡村治理过程中实现多元主体协同共治，推动乡村实现治理有效。自治、德治、法治"三治合一"作为现阶段乡村治理的目标指引，强调各个主体的共同参与及协同共治。对此，区块链技术首先依托其多中心治理特征，能够广泛动员村民、村干部及政府相关工作人员共同参与乡村治理，充分激发乡村振兴的内生动力。其次，区块链分布式公共账本能够推动村级公共事务公开化和透明化。既能实现对治理过程的全程监督，又能提升村民参与乡村治理的能力。最后，利用区块链点对点信息传输机制，基层政府及村级组织能够及时有效了解群众的需求，真正实现"想群众之所想，急群众之所急"，将为人民群众服务落到实处，有效提升乡村治理的成效。

4. 有利于乡村人才振兴

人才振兴是乡村全面振兴的核心要义。区块链技术通过打通学习资源共享壁垒和吸引专业人才，提升乡村人才的质量与水平。实质上，乡村人才振兴的任务一方面致力于提升村干部及村民的文化素质，另一方面则要为乡村发展留住和储备一批专业人才。区块链技术的迅速发展，不仅可以实现广泛公开地共享学习资源，还能够依据点对点技术特征精准匹配不同群体乃至不同人的具体学习需求，进而为其提供具有针对性的学习资源。

5. 有利于乡村生态振兴

生态振兴是乡村全面振兴的内在要求和重要内容。以往乡村生态治理模式仅依靠法律法规的约束来实现维持性治理，而区块链能够全方位赋能新时期乡村生态治理工作，突破乡村传统生态治理困境。结合区块链自身技术特征，通过动员多个主体共同参与乡村生态振兴，一方面可以打造扁平化的乡村生态治理组织架构，充分调动相关主体参与的积极性，另一方面也可以对乡村生态环境治理、开发、评估等工作环节进行记录，确保治理过程可追溯，提升乡村生态治理工作的规范性和科学性。

（四）基于区块链的乡村振兴综合系统架构

当前，乡村振兴正向纵深推进，区块链作为一项颠覆性的新兴技术对于推动农业农村现代化建设具有重要意义。乡村振兴领域的区块链技术实践正如火如荼展开，但大多集中于农村普惠金融、农产品溯源等单一的特定场景。随着区块链技术日益成熟与完善，区块链不仅在农村金融领域和农产品领域发展潜力十足，更在乡村振兴战略实施过程中大有可为。

基于区块链的技术特征，可以为乡村振兴战略"量身定制"一个综合管理应用系统，面向政府部门、村级组织、社会企业、村民4类客户，提供涵盖产业发展、生态治理、文化繁荣、组织建设、人才培养的"五位一体"式数字化线上服务。这一管理系统是在乡村事务数据化的基础上，推动乡村治理的数字化转型，进而助力乡村基层治理体系的完善和治理能力的提升，以期在未来更好地服务国家治理体系的数字化和现代化转型。

在此过程中，实现乡村振兴数据集成共享是搭建乡村振兴区块链综合管理应用系统的关键。一方面，要确保乡村振兴相关数据上链。政府部门通过摸排现阶段乡村振兴各项政策的实施情况，围绕乡村振兴政策的内涵和实施重点，将产业、文化、人才、组织和生态等领域的数据实时上链。另一方面，基于区块链的底层技术。首先由数据提供方将乡村振兴相关数据导入区块链信息共享平台上的对应节点，由此实现将待共享的数据信息集成到区块链信息共享平台中。其次，由数据需求方根据自身需求，向区块链信息共享平台提出数据共享请求。最后，由请求审核方对数据需求方身份进行数字验证，同时利用智能合约机制针对用户身份、数据内容制定不同的共享策略，形成数据共享智能协议。乡村振兴数据集成模型结构如图 5-2 所示。

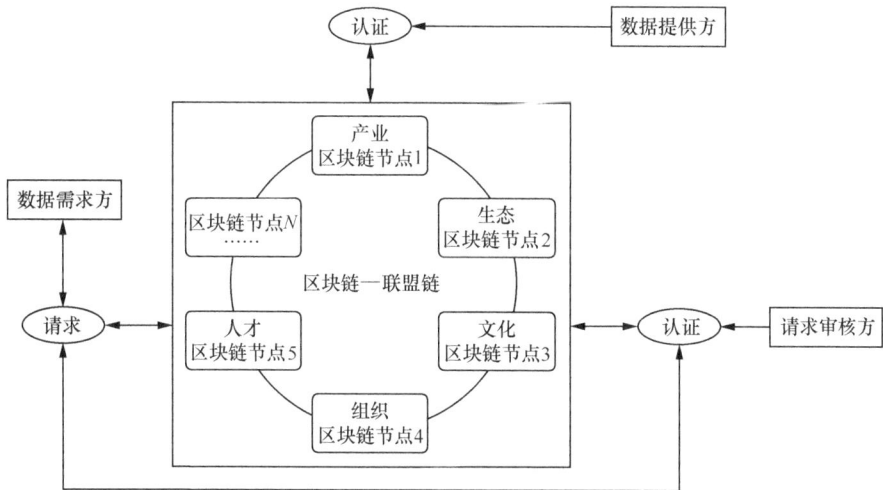

图 5-2 乡村振兴数据集成模型结构

在乡村振兴数据集成共享的基础上，乡村振兴区块链综合管理应用系统进一步使用 TelPaaS（数据可信共享与隐私计算平台）实现"1 系统 + N 场景"的多链应用模式，实现具有中国特色的乡村振兴区块链创新应用。乡村振兴区块链综合管理应用系统如图 5-3 所示。

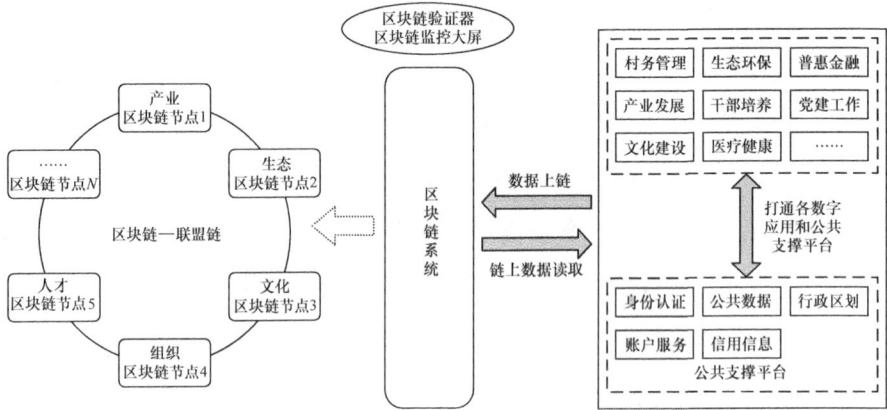

图 5-3 乡村振兴区块链综合管理应用系统

具体而言，乡村振兴区块链综合管理应用系统接入包括产业、生态、文化、组织及人才等在内的多个节点，依托区块链系统进行实时数据上链和读取，并且打通公共支撑平台，为乡村振兴各个业务场景，例如，村务管理、生态环保、普惠金融、产业发展等提供优质服务。如此一来，政府部门、村级组织、社会企业及村民等多方乡村振兴主体均可参与乡村振兴全过程，助力乡村早日实现产业兴旺、生态宜居、乡风文明、治理有效和生活富裕的目标。

二、区块链赋能国有资产监管

国有资产即国家所有的一切资源、财产和财产权利的总和，包括依据法律认定的、基于国家权力取得的、国家各种形式的投资及其投资收益和接受捐赠等各种类型的财产。我国国有资产体量大且分布广，主要分为非金融类国有企业、金融类国有企业、行政事业性国有资产及自然资源等多个领域。国务院国有资产监督管理委员会的数据显示，截至 2021 年年底，全国国资系统监管企业资产总额达到 259.3 万亿元。如此庞大的国有资产体系，如何高效安全的监管成为亟待解决的问题。

在全面推行国有资产管理情况报告制度的背景下[1]，国有资产数据统计的要求更加细致和全面，评价指标体系不断完善，数据的共享和整合成为趋势，建立国有资产监管评价联网系统势在必行。作为一个分布式账本，区块链的"去中心化"、智能合约、不易篡改及可追溯等特性在实现国有资产的高质量高效率监管上大有用武之地。在现有国资监管体系下，借助"区块链＋国资监管"，可以摸清我国国有资产家底，做好"明白账""放心账"，提高国资监管的公开透明度，搭建一个集数据存储、共享的跨部门国有资产监管平台，从而提升公信力。

（一）我国国有资产管理现状

1.国有资产管理客体的运行概况

按照国有资产与社会经济活动的关系划分，可以将国有资产管理客体分为经营性国有资产、非经营性国有资产和资源性国有资产。

经营性国有资产主要指国有及国有控股企业（以下简称国有企业），国有企业履行维护和运营国有资产的职能，在拥有一定的自主管理权外，接受外部监督。据财政部披露，2022年上半年，我国国有企业营业总收入为392935.2亿元，同比增长9.8%[2]。2017—2022年上半年国有企业营业总收入及增速如图5-4所示。2017—2022年上半年国有企业营业总收入细分统计如图5-5所示。

---

1 2019年4月，十三届全国人大常委会第二十八次委员长会议通过了《十三届全国人大常委会贯彻落实〈中共中央关于建立国务院向全国人大常委会报告国有资产管理情况制度的意见〉五年规划（2018—2022）》，紧扣"全面规范、公开透明、监督有力"目标，从实际出发，积极稳妥、分类施策、依法有序推进，经过5年努力，全面摸清国有资产家底，理清国有资产管理体制机制，建立健全国有资产管理情况报告和监督制度，为向全国人民交出国有资产"明白账""放心账"奠定坚实基础。到2022年，基本建立起报告范围全口径、全覆盖，分类、标准明确规范，报告与报表相辅相成的报告体系；基本建立起符合国有资产类别特点、以联网数据库为依托、以评价指标体系为重点、以常委会审议意见处理和整改问责为重要抓手的人大国有资产监督制度；基本建立起横向协作与纵向联动顺畅有序、规范高效的工作机制。

2 统计样本为全国范围内的国有及国有控股企业，包括中央企业、地方国有企业，去除金融类国有企业。下同。所有数据均来源于财政部。

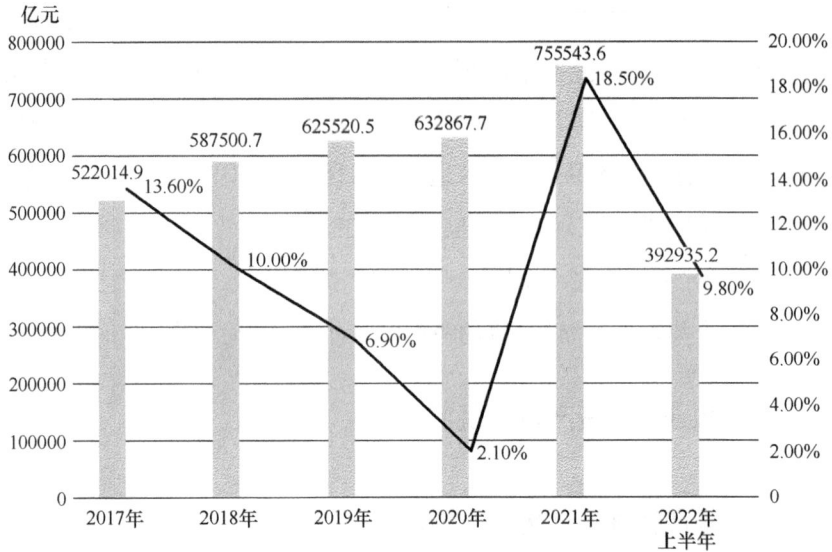

图 5-4　2017—2022 年上半年国有企业营业总收入及增速

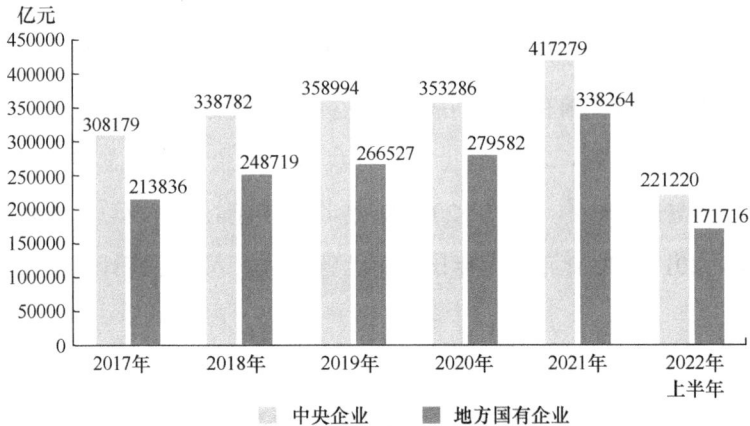

图 5-5　2017—2022 年上半年国有企业营业总收入细分统计

　　2022 年上半年，国有企业利润总额为 22955.1 亿元，同比下降 2.1%。其中，中央企业利润总额为 16457.1 亿元，较 2021 年同期增长 4.3%；地方国有企业的利润总额为 6498 亿元，较 2021 年同期下降 15.2%。从应交税收来看，2022 年上半年，国有企业总应交税费为 3057.4 亿元，同比增长 14.4%；从资产负载率来看，2022 年 6 月末，国有企业资产负债率为 64.5%，上升了 0.2%。

2017—2022 年上半年国有企业利润总额及增速如图 5-6 所示。

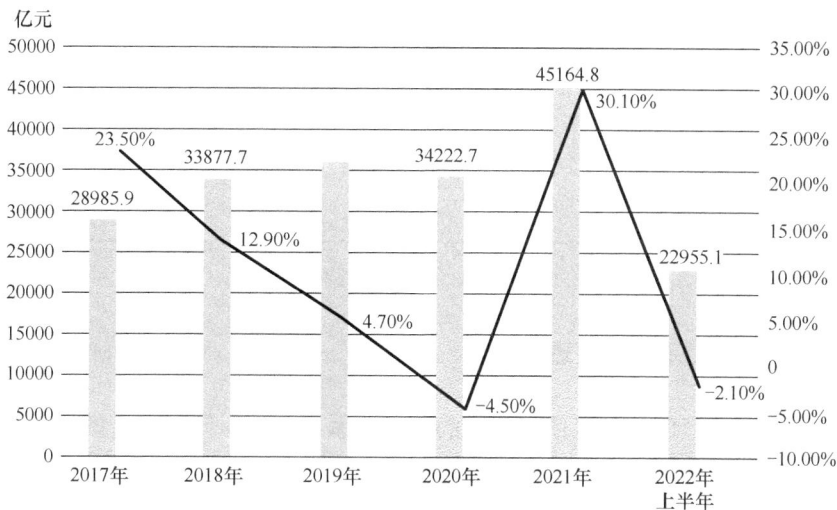

图 5-6 2017—2022 年上半年国有企业利润总额及增速

非经营性国有资产是指国家机关、事业单位和社会团队占有、使用、管理的国有资产总和。据国务院报告，2021 年，我国行政事业性国有资产总额为 54.4 万亿元，其中，中央行政事业性国有资产为 5.9 万亿元，地方总额为 48.5 万亿元；全国负债总额为 11.5 万亿元，中央行政事业单位负债 1.6 万亿元，地方行政事业单位负债 9.9 万亿元；全国净资产总额为 42.9 万亿元，中央净资产为 4.3 万亿元，地方净资产为 38.6 万亿元[1]。

资源性国有资产即国家拥有的土地、森林、水、矿产等自然资源。截至 2021 年年底，全国国有土地总面积 52346.7 万公顷，其中，国有建设用地 1796.3 万公顷、国有耕地 1955.5 万公顷、国有林地 11245.7 万公顷、国有草地 19757.2 万公顷、国有湿地 2178.3 万公顷；全国水资源总量 29638.2 亿立方米；我国共发现 173 种矿产，其中，13 种能源矿产、95 种非金属矿产、6 种水气矿产。2021 年我国主要能源矿产储量见表 5-1。

---

1 数据来源：《国务院关于2021年度国有资产管理情况的综合报告》。

表 5-1　2021 年我国主要能源矿产储量

矿产名称	单位	储量
煤炭	亿吨	2078.85
石油	亿吨	36.89
天然气	亿立方米	63392.67
页岩气	亿立方米	3659.68
煤层气	亿立方米	5440.62

数据来源：自然资源部《中国矿产资源报告 2022》。

2. 现行国有资产管理体制

国有资产管理是国家依据一定的产权关系，依法对国有资产的运营进行全过程管理，涉及国有资产的投资、经营、产权和收益分配等环节。目前，我国现行国有资产管理体制是依据"国家所有、分级管理"的原则构建的双层出资结构体制模式，即由中央政府和地方各级政府作为国家代理人，担任出资人角色，承担出资人职责，享受所有者权益，形成三层委托代理链条。国有资产委托代理链条示意如图 5-7 所示。

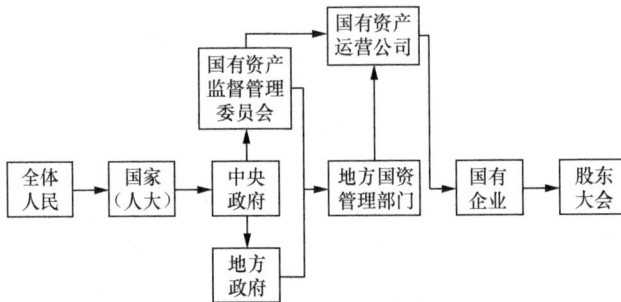

图 5-7　国有资产委托代理链条示意

第一层委托代理关系建立在全国人民与国家间。作为公有制经济的主体，国有资产属于全国人民所有，而国家是受人民委托作为出资人，履行相应的经营、管理和监督国有企业的职责；第二层委托代理关系，即各级政府将国有资产管理权力和职能委托给国有资产监督管理委员会和国有资产运营公司，后者通过将国有资产投资于企业，委派或选任合适的经营者开展具体的经营活动，形成各种国有企业；第三层委托代理关系是作为国有资产的载体，国有企业按照现代企业制度建立股东大会、董事会、监事会和经理层负责具体的经营活动，国有资产管理部门掌握着剩余索取权和控制权，从而实现国有资产所有权和经营权的分离。

在整体管理体制下，为便于管理和经营不同类型的国有资产，各级政府经国务院授权可设立不同的国有资产监管机构和部门。目前，在我国，由各级政府直属特设的国有资产监督管理委员会负责管理经营性国有资产；由各级政府的财政部门管理非经营性国有资产；由各级政府的资源管理部门管理资源性国有资产，例如，水利部门管理辖域内的水资源，国土资源部门管理辖域内的土地、海洋、自然资源等，林业部门管理辖域内的林业资源。国有资产管理机构类型如图 5-8 所示。

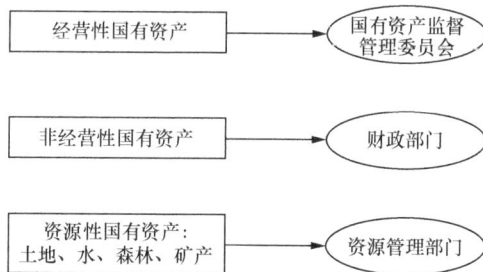

图 5-8　国有资产管理机构类型

（二）我国国有资产管理存在的问题

1. 委托代理问题

我国现存国有资产管理体制下的委托代理关系具有多层级性、复杂性、间接性等特性，国有资产所有者和各级代理管理者间的权利和职责界定模糊。此外，代理链条冗长加剧了委托代理风险，增加了代理成本。

2. 数字化问题

目前，我国已全面推行国有资产情况报告制度，政府部门负责编写报告，全国人大负责报告的审议和问责。在制度引导下，很多地方政府开始逐渐重视国有资产数据收集问题。但国有资产种类众多，涉及国有资产监督管理委员会、财政部门、水利部门、国土资源部门等多个机构和部门及许多相关企业。而各机构和部门之间缺乏统一协调机制和有效沟通渠道，"数据鸿沟"和"信息孤岛"问题仍然存在。在同一政府层级内，政府可以利用较强的行政能力向各机构、各部门获取数据；但在跨政府层级中，上级政府过分依赖下级政府的收集和反馈，存在沟通不畅和信息不对称问题；从全国层面来看，各地方具有自身特色和长期形成的数据管理习惯，整合全国化的数据比较困难。

（三）区块链助力国有资产监管

作为一种分布式数据存储技术，区块链的点对点式传输、"去中心化"、智能合约、共识机制和加密算法等特征可以解决国有资产的数据收集、存储、共享及安全问题。

1. 国有资产信息数据化管理

利用区块链技术可以优化国有资产信息的数据化管理。

第一，有效解决"信息孤岛"问题，实现信息的多维共享。 基于我国国有资产的分权管理现状，引入区块链技术可以明晰各部门的职能边界。区块链的分布式记账功能是"去中心化"的，在获得特定的权限下，用户可以自由使用数据的记录、存储和查看功能。在区块链技术的支持下，各国有资产机构、部门、相关企业等主体可以将数据上传至相应的节点。由于各机构、部门、相关企业使用同一套系统，数据的统计口径和标准会保持一致，进一步提升了数据系统的科学性，使国有资产成为数据化、可视化及可随时监控的指标。

第二，确保数据所有权，实现数据公开透明。 作为一种基础性和战略性资源，数据的真实性、准确性和安全性尤为重要。从采集数据到整理再到存储，每个环节都可能造成数据失真和丢失，数据的真实性和完备性也会受到质疑。区块链的加密算法可以对数据的全过程进行监控管理，解决安全性问题。同时，区块链是"去中心化"的，并不依赖单一的中心化服务器，而是由各用户平等、共享交互，每个参与者都可以查看、验证数据的来源和真实性。此过程在一定程度上保证了数据的完整性、唯一性和公开透明。

2. 国有资产运作管理专业化

国有资产运作管理可以利用区块链智能合约机制实现高效管理。在智能合约机制下，有关国有资产的底层数据被写入，搭建起"区块链＋国有资产"数据库，制定一套完整统一的信息规则。第一，参与主体可以根据自身需求上传和下载相关数据，不需要经过中心化机构审核、批准，且系统可以自动进行数据的换算、记录、存储等智能操作。第二，可以设置绩效考核的智能合约，明确国有资产考核的目标和指标及其相关权重，进行智能化考核，提高绩效考核效率。第三，数据上链，可以及时记录资产的损耗情况，将国有资产管理落实到过程中，形成完善、科学的国有资产管理制度。

（四）基于区块链技术的国有资产管理平台技术架构

基于区块链技术的国有资产管理平台是基于跨部门数据共享，为解决国有资产数据化问题、委托代理困境等问题，构建"大国资"格局而建设的统一的共享的国有资产管理平台。在基于区块链技术的国有资产管理平台中，政府及国有资产管理机构和部门可以根据自身的需要对辖域内的国有资产信息进行整合，更快、更准确地形成区域国有资产管理情况报告；全国人大可对报告的真实性进行验证，并可随时进行监督管理活动，及时发现和解决问题；全国人民利用公开的国有资产数据库，可以更好地发挥自身的监督权。

首先，搭建底层信息记录和存储平台。采用先试点后扩容的方式，打造全国性的、一体化的国有资产数据共享渠道。具体而言，在试点阶段，以中央为起点，连接各省（自治区、直辖市），搭建完善的执行框架，包括硬件、技术、人员及操作流程和规划等；在扩容阶段，向下延伸至市、县（区），注意增加系统操作的相关培训，同时不断完善和建设平台的计算能力、容量及操作规范，打造全国统一的国有资产信息记录和存储平台。其次，搭建应用层。一是设置国有资产数据的记录、存储和验证流程、规则及相关业务流程，打通底层数据库和应用层壁垒；二是对不同用户身份设置不同权限，使各部门的权责范围清晰；三是创建网站、App、小程序等多个终端，满足不同用户的终端偏好和习惯，方便其可以随时随地进行数据的上传、查阅、下载和验证。最后，进行个性化和精细化数据处理。一方面，需要统一口径，对不同类型的国有资产数据进行整合，形成精细化的标准数据库；另一方面，也可以根据主体需要设置个性化的信息存储，保留灵活的边界。

基于区块链技术的国有资产管理平台如图 5-9 所示。

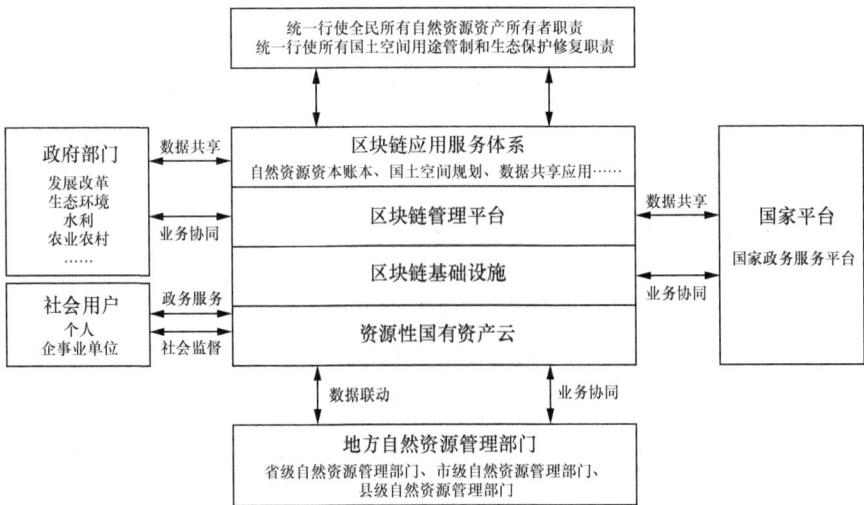

图 5-9　基于区块链技术的国有资产管理平台

在基础设施层，利用资源性国有资产云，引入区块链技术，建立横向连通各职能部门和机构，纵向贯穿中央、省（自治区、直辖市）、市、县（区）四级的统一的资源性国有资产联盟链。在管理层，搭建区块链管理平台，利用分布式记账、智能合约、加密算法等实现各部门的授权和接入，建立相应的合作和协议机制，实现链上链下业务协同。在应用层，解决数据统计口径不一致和更新不及时问题，提供资源性国有资产的清查、核算业务，实现链上数据共享和验证，提供资源性国有资产的确权登记服务，搭建可信的电子证照平台。

三、区块链助力"双碳"目标

气候变化是人类共同面临的挑战。作为一个负责任和有影响力的大国，我国一直致力于在碳减排方面做出贡献，也取得了显著成效。碳排放活动具有时间和空间双重尺度特征，要实现"双碳"目标，需要多方参与，构建全面、高效、可信的治理体系和多维度的监管体系。数字经济与绿色低碳的深度融合，将是我国经济高质量发展的新引擎。2022 年 3 月，国家能源局印发的《2022 年能源工作指导意见》中指出："加快能源系统数字化升级，进行'区块链＋能源'创新应用试点"。区块链作为一个"去中心化"的数据库，具有智能合约、数据公开透明、过程可追踪、不易篡改等优势，是构建共信、高效的治理体系的重要技术手段，可以实现碳足迹全生命周期的可信记录和碳排放全要素的可信流转，成为达成"双碳"目标较好的解决方案。

（一）我国碳排放现状

我国高度重视二氧化碳排放增加对气候造成的影响，实行了相对严格的环保政策，逐步实现了碳排放量增速的下降（基本维持在 5% 以下[1]）。

从碳排放量的细分行业来看，2020 年我国碳排放量排名前三的行业为燃煤电气、钢铁和水泥，3 个行业的碳排放总量超过全国的 60%。其中，燃煤电气是碳排放最大的行业，碳排放量为 35.39 亿吨，占全国碳排放总量的 34.11%；其次是钢铁行业，碳排放量为 15.98 亿吨，占全国碳排放总量的 15.4%；最后是

---

1 数据来源：《中国碳中和发展报告（2022）》，由中国林业生态发展促进会、社会科学文献出版社、中国碳中和发展集团联合发布。

水泥行业，碳排放量为 11.12 亿吨，占全国碳排放总量的 10.71%[1]。

过量的碳排放会引发全球气候变暖、温室效应、极端恶劣天气等严重的全球性问题。如何降低碳排放成为各国亟待解决的问题。"双碳"是指"碳达峰"和"碳中和"："碳达峰"即二氧化碳排放量达到峰值；"碳中和"即通过调整产业结构，优化能源体系，调整和控制碳排放总量，最终实现二氧化碳在人类社会与自然环境内的产销平衡。

中金研究院总结我国实现碳中和的方案为"碳中和之路＝碳定价＋技术进步＋社会治理"，可以简单概括为"两个轮子驱动、两大领域发力、一个核心抓手"。"两个轮子驱动"即发挥政府和市场的协同作用，平衡好政府与市场的关系，政府协助建立更好更顺畅的碳交易市场；"两大领域发力"即减排政策和消纳共同发展，从源头控制碳排放量；"一个核心抓手"即建立完善、有序、高效的碳交易市场。实现"双碳"目标过程复杂且繁复，不仅需要建立一个具有公信力的公开透明的平台，还需要提升个人和企业的环保意识。

（二）实现"双碳"目标存在的相关问题

"双碳"目标的出台给我国产业升级带来了极大的机遇，但同时也带来了挑战。由于碳排放治理过程涉及众多利益主体，且业务类型多、业务流程复杂、链条长等，我国实现"双碳"目标面临以下两个重要问题。

1. 数据问题

碳排放数据的生成是有多个主体参与、多利益主体分配和多种信息交互的，各个主体间存在"信息孤岛"，数据共享范围较小，主体间的业务往来深度不够，以及数据的所有权问题和隐私、安全等问题。多种数据问题的存在，不仅影响了多交易和参与主体间的信息交互速度、深度，还影响了核心数据的共享程度，导致企业决策和管理缺乏有效的数据支撑，数据的战略价值很难得到有效发挥。

1　数据来源：2021 年《网易研究局碳中和报告》。

2. 碳排放交易市场问题

目前,作为实现"双碳"目标的重要手段,碳排放交易市场运行仍存在以下问题。

第一,碳排放交易的标准不统一且产品单一化严重。碳排放交易市场即充分发挥市场的价格机制以控制碳排放总量,一般由交易所、企业(需控制排放量)和监管机构等多主体组建而成,允许参与交易的控排企业将自身的碳排放权作为商品在碳交易市场上流通和进行交易。此外,不同地区的碳交易市场的交易标准和规则存在差异,这导致碳交易市场实际上成为区域内的内部交易,减排企业跨地区交易成本变高。

第二,碳排放市场的交易主体间存在严重的信息不对称问题,从而容易导致市场错配。一方面,减排企业对交易物的认知并不明确,加之各企业各自掌握的数据不全面,双方又缺乏信息共享机制,很容易造成交易市场中交易双方的错配、交易数量和价格的错配,最终可能导致碳排放交易市场的低效甚至无效。另一方面,环保部门和相关的政府机构由于对企业的情况了解不够全面和清晰,因此对企业的碳排放的分配额度和机制也不够明确和科学,进而导致企业在交易过程中也很难确定具体的交易数量和预计交易额度。

第三,我国碳排放交易市场还处于起步阶段,有些部门为稳定和协调市场,会对碳交易产品进行定价或控制价格,但这会隐藏碳交易产品的真实价格,碳排放市场可能很难实现高效运转。

(三)区块链服务"双碳"目标

区块链的技术特征可以服务于"双碳"目标下的企业生产过程监控和改造、政府监管和决策,进而促进参与主体间的可信协作。具体表现在以下 3 个方面。

1. 构建实时、可信的碳监管环境

区块链的数据结构和存证机制可以解决碳排放治理中的流程差、信息不对

称和"信息孤岛"问题；借助区块链的不易篡改技术特征，可以为"双碳"数据打上时间戳，确保其可信度；碳排放治理过程中的数据隐私可以得到保证，监督成本降低，构建以区块链为核心技术的可追溯的碳排放监管体系，从而进行科学、高效的碳排放治理。碳排放不仅涉及碳排放交易过程，也涉及对企业排污的监管。作为碳排放的重要环节，监管可以保证企业的低碳减排落到实处。作为底层数据库，区块链会记录有关碳排放交易的所有信息，包括碳排放企业的碳排放配额、碳排放交易具体信息（例如，交易双方、交易时间、交易份额、成交价格、交易流程等）。基于此，环保部门可以利用链上数据库获取某个企业当前排放额度并对其进行精细化、常态化监控。

2. 赋能产业升级

"双碳"目标不仅在于控制碳排放量以应对气候变化，还在于创新低碳技术或实现产业升级转型。基于区块链技术创建的碳排放数字化治理平台可以协助企业建立规范且符合标准的碳核算流程，实现碳减排目标的透明化，优化企业业务流程，有效控制企业运营成本和提升企业内部的运作效率；通过区块链技术，企业将更注重绿色低碳项目；借助区块链技术，可以优化企业生产流程，提升能源效率，促进企业碳减排目标的实现，从而实现产业升级转型。

3. 构建高效的碳交易平台和市场

碳排放权交易流程分为碳排放数据报告、第三方核查、配额分配、买卖交易和履约清算 5 个环节。具体而言，整个碳排放交易的完整过程是：企业需要在每年的规定时间内，按照相关规定形成并报送企业年度碳排放报告，随之，由独立的第三方机构审核碳排放报告内容；获得排放配额的企业可以根据自身需求自行决定是否进入碳交易平台，进行碳排放权交易；碳排放权交易由多个交易主体和非市场主体共同参与，各企业间需要对碳排放权的份额、价格等进行协商，达成协商后，企业需要进行履约清算，上缴与其经核查的上年度碳排放总量相等的排放配额。

在整个碳排放权交易过程中，无论是第三方机构的核查还是交易前企业间的协商阶段都会花费较高的交易成本，且效率低。将区块链技术引入碳排放权交易过程后，可以利用区块链技术的智能合约技术特征来解决交易成本过高的问题。例如，通过设置达成交易的预期碳排放份额和金额来实现智能交易，即当参与交易的企业提交碳排放交易份额和金额并满足设定的预期值后，碳排放交易会自动执行并完成后续的碳排放权流转、确权等过程。此外，还可以利用区块链区分、管理交易主体，实时追踪高碳排放企业和绿色节能企业的碳排放情况和管理模式，明晰和精准地定位整个碳排放市场的价格、供需情况和交易模式。区块链可以在最短的时间内发现不合规现象，避免人为的数据篡改或错误，从而实现碳排放交易市场的全生命周期的追踪和溯源。

（四）区块链助力"双碳"系统架构

以区块链为核心技术，可以搭建一个以政府监管部门、企业、重点工业园区、碳排放交易机构等多主体参与的联盟链。区块链赋能"双碳"系统架构如图 5-10 所示。

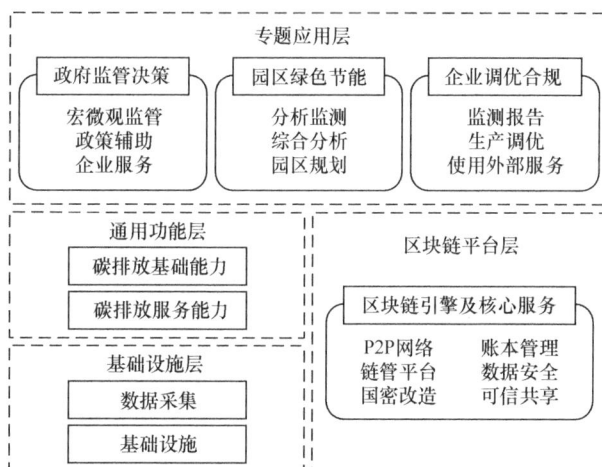

图 5-10　区块链赋能"双碳"系统架构

基础设施层：该层为"区块链＋双碳"系统的软硬件基础设施部分。一是采用物联网设备对接、手动输入、业务系统接口对接等方式以实现系统和碳排放企业、政府部门等数据对接，打造底层数据库。二是接入云计算、5G等信息技术，为"区块链＋双碳"系统保驾护航，提升其高速率、高安全性、及时性和海量存储等性能。

区块链平台层：该层为整个系统架构的核心板块。接入区块链可实现对碳排放相关数据的整合，统一标准化数据格式，兼容结构化数据和非结构化数据。同时，利用分布式账本、共识算法等技术特征可确保区块链各节点间数据的正常访问，并做好与上层应用的技术衔接，使系统稳定、高效运转。

通用功能层：区块链平台层通过数据采集、分布式账本、智能合约等技术特性为通用功能层形成有力的技术支撑。尤其是利用区块链搭建的数据库为各类与碳排放相关业务应用和场景落地提供基础支撑。例如，碳排放基础能力模式可以根据接入企业的用电、水、油、煤等情况及其利用效率等，自动计算企业的碳排放量，并对其进行预测，为政府的碳排放配额决策提供参考数据；碳排放服务能力模块可以为不同的主体提供基础性和个性化的服务，例如，为政府监管提供可信数据、为企业提供碳排放预警等。

专题应用层：该层以"多元化服务＋用户自定义"为核心以充分满足用户在不同场景中的应用需求。"区块链＋双碳"系统可以提供政府监管决策、园区绿色节能和企业调优合规3种预设场景。政府、企业、第三方监管或认证机构等都可以在该"区块链＋双碳"系统中实现快速对接，高效率、低成本地实现自身需求与"双碳"业务的结合。

近年来，多家区块链公司进行探索，例如，基于"星火·链网"骨干节点的区块链碳效监测平台如图5-11所示。该平台是在工业和信息化部和中国信息通信研究院的指导下，基于工业互联网标识解析赋能企业"双碳"实现的标准化产品。该平台借助标识解析公共服务能力，实现碳效数据统一编码和采集，通过连通企业生产经营数据和电力、经信等相关部门统计信息，依据监测指标进行计算和分析，实现碳排放量、碳效值实时动态监测和"碳足迹"的定位。星火主链可提供数字身份、数据核验等通用服务，建设稳定、安全、高效的信息传递基础设施，保证碳交易数据的安全、准确，满足碳核查存证跨区域、跨系统、跨机构协作、互信、共享的需求，也可以在骨干链上建设碳核查存证服务平台，通过骨干节点与星火主链实现碳核查存证的跨链互通互信。

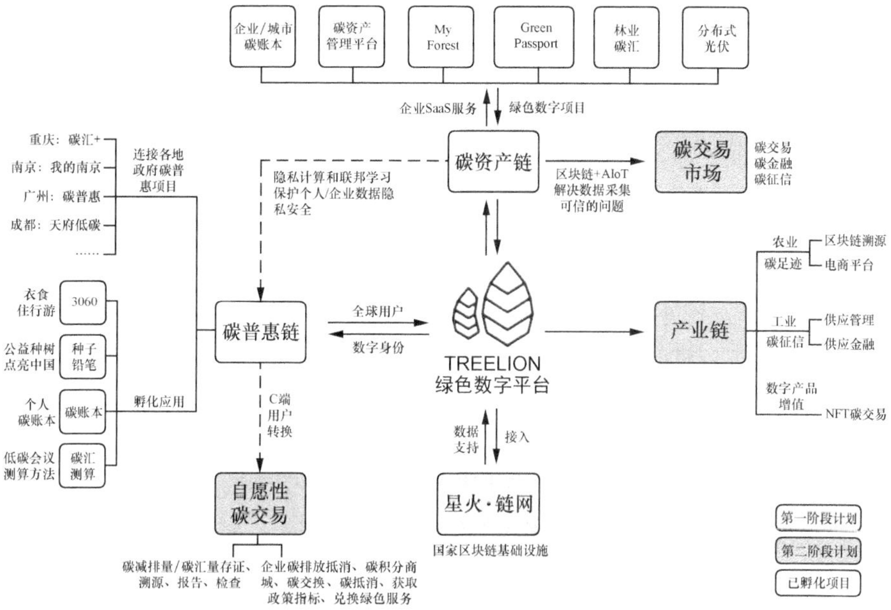

图 5-11 基于"星火·链网"骨干节点的区块链碳效监测平台

对政府而言，"区块链 + 双碳"系统的优势在于让政府监管变得简单且高效。建设区块链碳效监测平台有助于区域内企业有效开展碳盘查，也有助于省级主管部门进行高效精准的碳核查和碳排放权管理，助力地方实现绿色高质量发展。在传统监管模式下，一方面，企业可篡改或隐瞒其碳排放数据；另一方面，政府监管机构或第三方核查机构核验碳排放报告数据真实性的难度极大、成本极高。传统业务流程如图 5-12 所示。如果将非真实的碳排放数据流转至政府监管机构或第三方核查机构或碳排放交易市场，会严重影响碳排放监管和碳排放交易的公信力。在"区块链 + 双碳"系统中，企业提交的碳排放数据会上链存证且不易篡改，如有需求，政府监管机构、第三核查机构和交易机构可对数据进行真实性验证。区块链改进监管流程如图 5-13 所示。

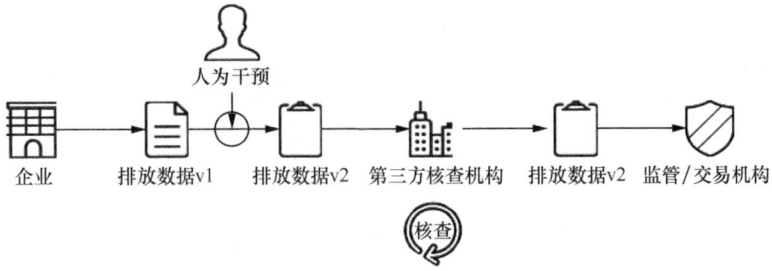

图 5-12　传统业务流程

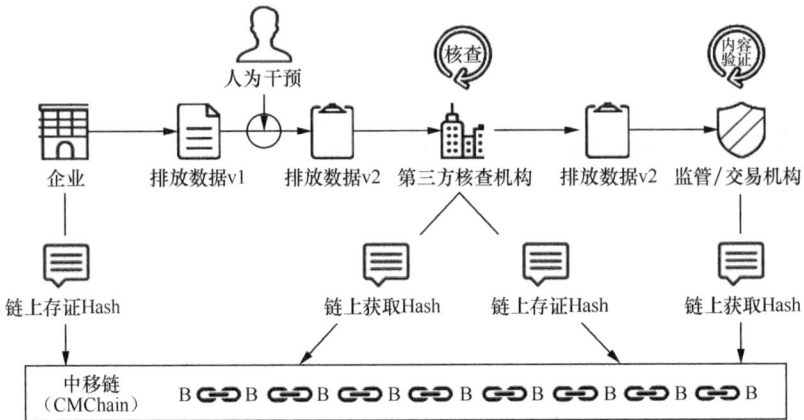

图 5-13　区块链改进监管流程

四、区块链确保粮食安全

粮食既是国民生存最重要的生活品，也是事关社会、国计民生、国家安全的战略物资，粮食安全问题始终是党和国家高度重视的重要战略问题。党的十八大以来，党中央提出了"确保谷物基本自给、口粮绝对安全"的新粮食安全观，确立了"以我为主、立足国内、确保产能、适度进口、科技支撑"的国家粮食安全战略，力图走出一条具有中国特色的粮食安全之路。

2019 年 10 月，国务院新闻办公室发布的《中国的粮食安全》白皮书中指出，要实现粮食安全，走中国特色的粮食安全之路需要稳步提升粮食生产能力、保护和调动粮食种植积极性、创新完善粮食市场体系、健全完善国家宏观调控、大力发展粮食产业经济、建立粮食科技创新体系等。加强建设粮食生产、储备和流通能力，加快建立链条优化、衔接顺畅、运转高效、保障有力的粮食安全保障体系，以有效地应对外部冲击。

在这一需求下，区块链技术可以成为建设链条优化、衔接顺畅、运转高效、保障有力的粮食安全保障体系，以提升粮食生产、储备和流通能力的重要和有效手段。借助区块链技术可以构建从生产到储备，再到流通的全过程体系，打造粮食安全链，确保粮食数量安全、质量安全和结构安全。

（一）我国粮食安全现状

在我国，粮食安全始终是一个重要话题。中央一号文件和《政府工作报告》中多次提及粮食安全问题，包括粮食产量、播种面积等。粮食安全是指确保任何人在任何时候既能买得到又能买得起所需要的基本食品。这要求国家需要保证稳定发展的粮食生产、数量充足的粮食储备、价格稳定的粮食市场、安全健康的粮食质量等。

一直以来，为实现粮食安全，我国坚持实行最严格的耕地保护制度，确保18亿亩（1亩≈666.67平方米）耕地红线不能碰，执行国内保障粮食基本自给的方针，实施"藏粮于地、藏粮于技"战略，抓住耕地和种子两个关键点，不断通过农业供给侧结构性改革和体制创新以提升粮食综合生产、储备和流通能力，建立更高层次、更有效率、更高质量和更可持续发展的粮食安全保障体系，走出一条稳健、宽广的中国特色粮食安全之路。

（二）我国粮食安全面临的问题

1. 粮食的供给侧压力问题

目前，我国保粮食产能持续增效任务艰巨。首先，我国粮食增产受到资源环境的刚性约束。随着我国经济的快速发展，工业化和城镇化的快速推进，现有耕地生产压力持续增大；同时，随着城镇居民、工业用水的增加，农业用水空间也被缩减。其次，从农民的积极性来看，农民通过外出务工获得的工资收入远高于务农获得的经营性收入，且粮食作物的经济效益低于经济作物，农民务农的积极性不高。同时，以家庭为单位的粮食种植和管理方式存在盲目跟风种植的情况，极易导致区域性的粮食供需失衡，造成粮食价格的波动，威胁粮食安全。

2. 粮食的质量和结构安全问题

粮食必须是"良食"，粮食质量问题也是粮食安全的重要方面。随着生活水平的提高，人们越发追求粮食的高品质和多样化。无论是城镇居民还是乡镇村民，都更偏向于优质大米，长此以往，我国就会出现粮食的质量安全隐患。过度依赖进口，一方面，会对国内粮食市场产生冲击；另一方面，极易受国际形势动荡和社会灾难的影响，从而产生粮食安全风险。

作为一个复杂综合的概念，粮食包含多样化的稻类、麦类、豆类、薯类等。尽管各类粮食品种具有可替代性，但不同的群体对粮食品种有不同的偏好和个性化需求。粮食品种结构问题虽然可以依靠国际循环调节，可是一旦外循环不畅通，也会出现相应的粮食安全问题。

3. 粮食的技术安全问题

依靠科技创新实现粮食增产能力不足。科技创新是农业发展的根本出路，是粮食安全的重要保证，只有依靠农业科技创新，才能实现粮食的高产、低耗、生态和优产。但我国在高性能农业机械设备研发和投入仍要提升，培育高产粮食品种的核心技术亟待突破。传统粮食生产主要依靠口耳相传的种植经验。随着经济的发展，现代种植、良种培育、农药化肥和加工技术日益精进，这些技术也成为粮食增产和提质的关键手段。农业技术一旦落后或被其他国家注册专利，种植粮食的成本将直线上升，增产和提质也将难上加难。

4. 粮食的调配和储备问题

我国粮食的跨区域调配和储备能力仍有待提升。在传统的粮食供应链中，农民直接向粮贸商或者粮食经纪人售卖其剩余的粮食，但是由于想要获得更多收入，农民经常选择持粮观望，从而容易错过最佳销售期。虽然"粮安工程"大幅改善了储粮企业的信息化程度，但储粮企业业务单一，仓库仅用于收储。

由此可见，未来粮食生产的各种约束条件在不断增加。未来国内粮食生产要在更严苛的环境制约和经济压力下，用更少的水土等资源生产出更多更优质的粮食，保障粮食安全依然任重道远、不容松懈。

（三）区块链协助粮食安全

区块链以其独特的技术特征，可以解决现有粮食安全行业存在的很多问题。具体而言，区块链技术能够为粮食安全问题提供以下3个方面的助力。

1. 构建全国性的耕地数据库

在传统方式中，各地在上报耕地数据时，可能存在人为统计失误、统计口径不一致等情况。引入区块链技术可以构建全国性的耕地数据库，统一统计口径，实现标准化数据管理，政府也可以通过该数据库对各地耕地的数量、质量、位置等信息进行实时监控。且数据一旦上链，数据不易篡改，能够形成数据可追溯体系，在后续的核查中出现问题时也可以及时、准确地追踪相关责任人，实现智能化管控。

2. 实现智能化储粮

引入区块链技术可以科学地提供粮食储备所需的各种基础数据，使粮食储备的具体数据上链，实现智能化储粮。

3. 保障粮食数据安全

通过应用区块链技术，单个粮库的数据可上链，与监管部门、国家粮食和物资储备局、中国储备粮管理集团有限公司等主体进行数据共享。区块链的"去中心化"和防篡改功能还可以保证粮库原始数据的真实性，避免出现数据被随意篡改的情况，不断发展与完善我国粮食安全的监管体系。

（四）"区块链+粮食安全"平台架构

基于区块链技术的粮食安全平台具有粮食安全信息上链、库存粮食汇总统计、库存粮食监督管理、粮食质量安全查询和粮食质量安全追溯等应用功能，可以实现粮食产业的现代化管理，构建动态职能、高度透明的粮食链，全过程、全方位地保障粮食安全。"区块链+粮食安全"平台中包括服务用户方和服务提供方两类主体。服务用户方即粮食行业的主管部门及粮食生产和流动过程中的企业，例如粮食生产企业、粮食收购企业、粮食加工企业、粮食销售企业和粮食储备企业等。服务提供方包括服务用户方在内的涉及粮食安全的各类组织和个人等。"区块链+粮食安全"平台总体架构如图5-14所示。

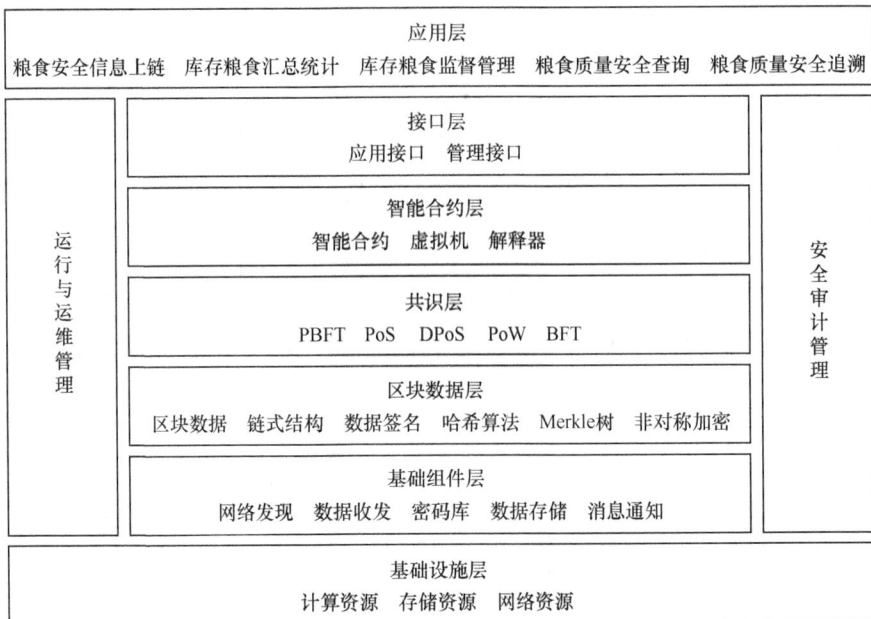

应用层
粮食安全信息上链　库存粮食汇总统计　库存粮食监督管理　粮食质量安全查询　粮食质量安全追溯

运行与运维管理	接口层 应用接口　管理接口	安全审计管理
	智能合约层 智能合约　虚拟机　解释器	
	共识层 PBFT　PoS　DPoS　PoW　BFT	
	区块数据层 区块数据　链式结构　数据签名　哈希算法　Merkle树　非对称加密	
	基础组件层 网络发现　数据收发　密码库　数据存储　消息通知	

基础设施层
计算资源　存储资源　网络资源

图5-14　"区块链+粮食安全"平台总体架构

"区块链+粮食安全"平台实现了粮食流通全过程的安全管理，为消费者提供了安全可靠的粮食安全追溯服务，保障了消费者的合法权益。在粮食收购环节，粮食收购企业在粮食生产基地的协助下，对收购的粮食进行标识并上链，包括产地、日期、质量等，创建粮食安全信息区块数据链；在粮食物流环节，粮食物流企业利用物联网技术收集粮食质检情况、运输方式及环境，以及其他运输详细信息等数据，对粮食安全信息区块数据实现更新；在粮食加工环节，粮食加工企业对粮食进行加工后，补充粮食检测、加工方式、包装时间和包装方式等信息；在粮食销售环节，粮食销售企业和零售商补充销售时间、销售价格等信息；在粮食存储环节，粮食储备企业将粮食质检、出入库、存储环境等信息上链。当发生粮食安全事故时，粮食安全主管部门可以从区块链中快速获取整个粮食流动过程的信息，快速定位出现问题的环节，从而确定责任主体并及时召回有问题的粮食，避免造成更大的影响。

五、区块链重构公共数据资产服务与交易模式

数字时代来临，公共数据作为一种新型生产要素和基础性资源，日益展现出强大的市场价值和发展潜力。若能将公共数据加以有效利用，不仅能发挥其对数据要素引导与资源配置的积极作用、推动数字经济的长效发展，更对于提升国家治理体系与治理能力现代化具有重要意义。"十四五"规划中特别提出，要"加强公共数据开放共享"，并且"鼓励第三方深化对公共数据的挖掘利用"。然而，数据自身具有海量、增速快、易复制扩散、管控难度高等多重特征，使传统生产要素的交易模式已经无法满足当下公共数据多元化共享与交易的实际需求。对此，区块链可以凭借其技术集成优势，实现数据交易的高安全性、分布式存储、数据操作的可追溯性及数据的多维度挖掘，从而在提升公共数据开放水平的基础上，打造一种全新的公共数据资产服务模式。

（一）我国公共数据发展现状

随着数字经济的飞速发展，数据作为生产要素的价值被持续挖掘，并成为加快推动数字经济发展的关键动力。公共数据是现代数据资源体系的重要组成部分，是指依照法律法规授权具有管理公共事务职能或提供公共服务的国家机关、事业单位或其他组织在依法履职或者提供公共服务过程中收集和产生的数

据。因此，公共数据囊括国民经济发展过程中生产生活的各个方面，蕴藏巨大的经济和社会价值。当前，虽然我国对公共数据发展的重视程度日趋增加，并制定了一系列公共数据开放政策和建设了一批地方公共数据开放平台，但总体上公共数据治理停留在主动开放及探索利用阶段。

具体而言，从政策发展脉络来看，国务院在 2015 年 8 月出台《促进大数据发展行动纲要》，首次提出要稳步推动公共数据资源开放。随后，国家相关部门又在以政务信息、政府信息、政府数据、政务数据等主题的文件中，对公共数据开放做出一系列具体规定，旨在提升公共数据开放水平。国家公共数据政策概览见表 5-2。

表 5-2　国家公共数据政策概览

时间	名称	主要内容
2015年8月	《促进大数据发展行动纲要》	稳步推动公共数据资源开放
2016年12月	《大数据产业发展规划（2016—2020年）》	在全国建设若干国家大数据综合试验区，在大数据制度创新、公共数据开放共享等方面开展系统性探索实验
2017年2月	《关于推进公共信息资源开放的若干意见》	要求推进公共信息资源开放，加强规划布局等
2017年5月	《政务信息系统整合共享实施方案》	加快公共数据开放网站建设
2017年6月	《政务信息资源目录编制指南（试行）》	对政务信息资源的目录编制、管理进行规定
2018年1月	《公共信息资源开放试点工作方案》	确定北京市、上海市、浙江省、福建省、贵州省为试点地区，开展公共信息资源开放试点工作，并确定了重点开放领域
2020年4月	《关于构建更加完善的要素市场化配置体制机制的意见》	推进政府数据开放共享。优化经济治理基础数据库，加快推动各地区各部门间数据共享交换，制定出台新一批数据共享责任清单。研究建立促进企业登记、交通运输、气象等公共数据开放和数据资源有效流动的制度规范
2020年4月	《关于构建更加完善的要素市场化配置体制机制的意见》	
2021年6月	《中华人民共和国数据安全法》	国家制定政务数据开放目录，构建统一规范、互联互通、安全可控的政务数据开放平台，推动政务数据开放利用

在中央政府的大力倡导与推动下，我国地方政府开始建设公共数据开放平

台作为公共数据开放的重要载体和管理平台。根据《中国地方政府数据开放报告——省域（2021 年度）》显示，截至 2021 年 10 月，我国已有 193 个政府数据开放平台，其中省级平台 20 个（不包含直辖市与港澳台），城市平台 173 个（含直辖市、副省级与地级行政区）。特别是在 2017 年 5 月《政务信息系统整合共享实施方案》出台以后，全国地级及以上政府推出的数据开放平台数量出现明显增长态势，从 2017 年 20 个增长到 2021 年 10 月的 193 个。历年地级及以上数据开放平台数量增长情况如图 5-15 所示。

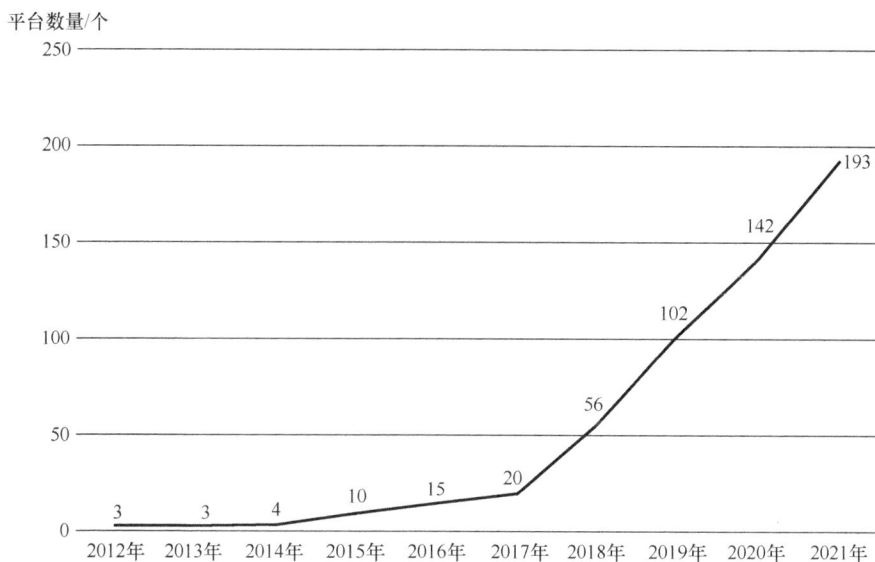

图 5-15 历年地级及以上数据开放平台数量增长情况

从基于数据开放平台的应用情况来看，目前共有 14 个省（自治区、直辖市）已经开发出基于公共数据的应用，涉及政务服务、金融服务、交通出行、医疗卫生、教育科技、文化休闲等多个领域。其中，广西壮族自治区以 140 个高应用量，稳居首位；北京市以 107 个应用量，排名第二；紧随其后的是山东省和广东省，应用量分别为 105 个和 102 个。而这些公共数据应用类型主要包括移动应用、Web 应用、小程序、分析报告和创新方案，且主要面向公民或企业提供服务。

就公共数据交易而言，以佛山市和贵阳市为代表的部分地区对公共数据流通进行尝试性探索，旨在激发出公共数据要素更多的市场化可能性。通过梳理发现，现阶段的公共数据产品市场交易的商品，实际主要分为 3 个大类：公共数据集交易（包括公共数据集的交易和开放）、公共数据产品交易和公共数据服务交易。其中，公共数据集交易由政府或授权委托单位负责管理，且交易过程中会涉及公共数据所有权的转移，往往这类数据属于不涉及个人隐私或商业秘密的可公开数据，例如气象数据、统计数据等。后两种公共数据交易则不会涉及数据所有权的转移，但可以通过多方安全计算、可信环境、联邦学习等多种隐私计算技术，实现数据流转。

（二）我国公共数据流通存在的问题

当前，我国公共数据资源总量占全国数据资源总量的四分之三以上。这一体量庞大的数据资源一旦得到充分释放和深度重复挖掘，将会对国家数字经济发展乃至经济发展转型起到强有力的推动作用。然而，我国公共数据开发利用仍存在以下 3 个问题。

第一，公共数据确权和定价较为困难。在权利归属方面，虽然部分地区已经明确将政府数据资源归属为国家或当地人民政府所有，但单就公共数据的所有权归属、权利行使、收益分配等问题还没有在国家法律层面予以明确。此外，公开透明的价格是商品流通和交换的前提和基础，但公共数据难以形成统一的市场定价。一方面，公共数据交易作为一个新兴领域，缺乏长期实践检验的公平定价机制；另一方面，数据的价值依附性导致数据要素价值大小难以估量，且公共数据权属问题对数据要素供给者及其实际贡献也难以明确。这一系列数据权属及其定价规则不清问题，已经成为公共数据流通交易和数字经济发展的最大制度障碍。

第二，公共数据开放水平及质量不高。由于公共数据的开放程度有限，大量公共数据处于"沉睡"状态，公共数据的应有价值不能得到充分挖掘。此外，鉴于我国公共数据开发利用正处于探索时期，各地公共数据开放平台在建设过程中的内容目录设置和统计标准不一，且普遍存在不稳定、颗粒度粗、质量不高等问题。这些公共数据开放不充分、不协调、不平衡的问题，将会影响公共数据开发利用的效果。

第三，公共数据安全隐患仍然存在。公共数据开放与利用是实现公共数据要素市场化配置的关键环节，但如何安全地开放、利用公共数据是当前数据流通亟待解决的关键问题。然而，我国公共数据的安全隐患仍然存在，例如，在数据存储和流通环节，可能会出现数据泄露的风险。这不仅会造成个人隐私数据和企业核心机密泄露，更有可能导致国家秘密数据外泄，严重危害国家安全。在公共数据利用的过程中，也有可能存在不合规应用的风险，进而导致开放数据被误用或滥用，严重损害公共利益和第三方利益。

（三）区块链推动公共数据交易模式变革

现阶段，数据要素市场化改革逐渐成为数字政府建设的重要环节。而公共数据交易领域对于交易过程使用的不易篡改、可追溯、非对称加密等技术的强烈需求，使区块链成为推动公共数据流通的优选技术。区块链的天然技术优势不仅可以在一定程度上解决数据交易面临的诸多问题，而且能够助力大数据交易产业的发展。

1. 有助于解决公共数据确权和定价问题

面对公共数据确权和定价问题，可以将区块链与公共数据相结合，形成公共数据资产，即"公共数据＋区块链＝公共数据资产"。公共数据之所以难以商品化，在于其可复制性的特征。商品的价值取决于生产这个商品所花费的社会必要劳动时间，那么区块链上的公共数据的所有权可以确定由原始公共数据上链者拥有。当公共数据所有权确定以后，结合现有公共数据第三方平台预定价、协议定价和拍卖定价等定价方式，进而将公共数据置于区块链上开展公开透明交易。在此基础上，随着公共数据在区块链上交易量的累积，可以进一步在实践中为公共数据交易定价探索更加合适的定价机制与模式。

2. 基于公共数据溯源改善数据质量

区块链技术以其特有的非对称加密、不易篡改、可追溯等技术特性，能够实现公共数据交易行为追溯，进而有效防止数据篡改行为。长期以来，由于数据流通加工方、使用方的分离，数据交易没有恰当的手段稽核及管控，无法实时校验授权的真实性。利用区块链技术，用户不仅可以明确区分公共数据流通产业链上的各个角色（拥有方、使用方、中介方等），更能实现数据来源溯源、数据交易查询。而且，用户凭借区块链的加密举证技术可以实现对数据是否经过查阅、篡改、复制留存等内容进行权威验证。

3. 规范公共数据交易过程

区块链基于对公共数据交易全生命周期的完整一致的记录和可信存证，使公共数据交易过程中构建一种新型信任机制，用户可以不依赖第三方在区块链系统中进行安全有序的交易。同时，由于区块链公共数据交易过程公开透明、安全可靠、不易篡改，并且自带时间戳技术属性，将区块链技术用于公共数据交易能够对交易全过程进行规范。基于区块链技术形成的全新的公共数据交易模式对于数据交易有极大的促进作用，这主要表现在：一方面，公共数据交易的安全得到有效保证，有助于提升交易量；另一方面，在区块链上进行公开透明的公共数据交易，可以更好地维护数据交易秩序。即便出现交易异常或者违法交易行为，利用区块链技术的特性，监管部门、公证机构、司法鉴定机构、法院等部门可以通过链上数据存证进行联合惩戒，以保证公共数据交易的公平公正。

4. 提升公共数据安全性

公共数据内容广泛，海量数据盲目聚集后的风险加剧，数据泄露、数据篡改、数据滥用等安全风险压力巨大，信息茧房、大数据杀熟与权益侵犯，以及平台企业大数据垄断等新问题层出不穷。区块链技术应用到公共数据领域，能够有效提升公共数据的安全性。具体而言，采用区块链技术分布式记账和加密算法，既可以实现已上链公共数据不易篡改和多节点数据备份，又促使政府部门、市场主体、个人等公共数据交易参与主体处于同一条链上，以便实现基于不同权限共同管理同一条链上的公共数据信息。在此过程中，一旦数据进行修改，上链信息修改操作将被全部记录下来并不易消除，监管部门可以及时发现并追溯操作行为的所有信息，从而杜绝数据造假。

（四）基于区块链的公共数据资产服务系统架构

在数字政府建设纵深推进的过程中，政府公共数据开放平台汇集了体量庞大、价值丰富的数据资源。这些公共数据资源不仅能够支撑政府治理和公共服务，具有"治理要素"的属性，而且能够服务于市场主体的生产经营和服务创新，具有"生产要素"的属性。因此，为深入激活和挖掘公共数据资源潜力，突破现阶段公共数据流通与交易的实际困境，用区块链技术建立起更加公平、透明、安全和高效的公共数据交易体系，可以推动公共数据流转、释放公共数据治理价值。

基于区块链技术打造的公共数据资产服务系统，有助于实现可信、安全、透明的公共数据交易。基于区块链的公共数据资产服务系统架构如图5-16所示。

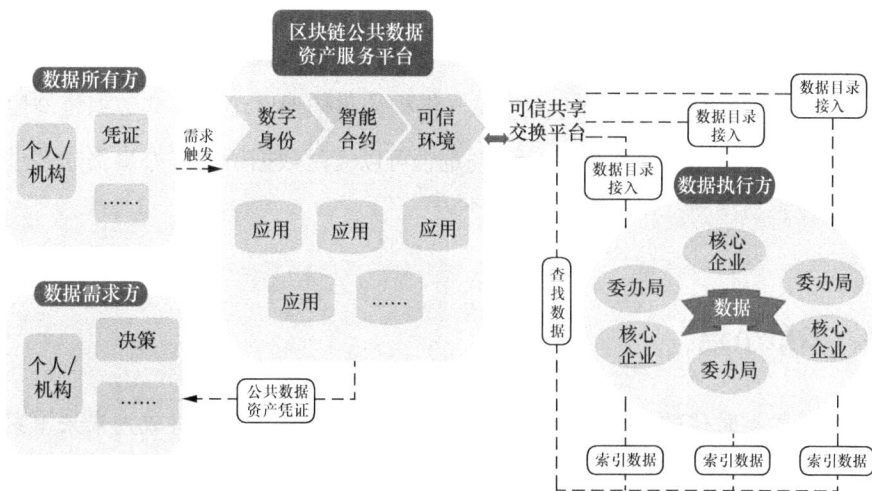

图 5-16 基于区块链的公共数据资产服务系统架构

具体而言，这一系统主要由 5 个部分构成，即数据所有方、数据需求方、数据执行方、区块链公共数据资产服务平台和可信共享交换平台。其中，数据所有方是指拟使用自身公共数据的办事人（包括个人 / 机构）。数据需求方（包括个人 / 机构）是为数据所有方办事的具体主体。数据执行方是指通过与政府数据管理部门合作引入的各委办局、核心企业等主体，可授权并调用机构或个人等数据所有方的可信数据。区块链公共数据资产服务平台是在可信环境技术和区块链底层技术的基础上，结合数字身份机制和智能合约机制搭建的面向具体场景的服务平台。可信共享交换平台是连通区块链公共数据资产服务平台和数据执行方的中转平台，主要负责接入数据和传输数据。

基于区块链的可信公共数据交易的主要流程如下。

第一步，数据所有方（包括个人 / 机构）在需要利用公共数据办理相关事务时，可以向区块链公共数据资产服务平台提出需求申请。

第二步，待收到需求申请后，区块链公共数据资产服务平台利用数字身份机制验证数据所有方身份。

第三步，验证通过后则可以接入可信共享交换平台，促使数据执行方采取相应的行动，将办事所需数据完整上传至可信共享交换平台。

第四步，区块链公共数据资产服务平台对可信共享交换平台回传的相关数据，在可信的交易环境中触发智能合约机制，为这些数据颁发公共数据资产凭证。

第五步，数据需求方（包括个人 / 机构）将依据区块链公共数据资产服务平台提供的公共数据进行决策，研判是否可以满足数据所有方办事需求并进行相应操作。

六、本章小结

随着数字时代的到来，数字治理体系和治理能力现代化将成为未来国家治理体系和治理能力现代化的重要抓手和依托。现阶段，区块链技术作为一项新型信息技术，逐渐成为我国经济社会发展的关键技术支撑，且各个领域均已开始探索"区块链+"发展路径。就公共治理领域而言，区块链依托智能合约、点对点信息传输及时间戳等一系列底层技术，在应对层出不穷的新型治理问题时具有突出优势。本章立足于当前乡村振兴、国有资产管理、"双碳"目标、粮食安全、公共数据交易 5 个新兴领域的治理实际，结合区块链技术特征，旨在为这些新兴领域的复杂问题提供区块链解决思路。

第一，区块链技术能够在破解乡村振兴困境的基础上，实现乡村产业振兴、人才振兴、组织振兴、文化振兴、环境振兴。因此，基于区块链技术打造乡村振兴综合管理系统，形成具有中国特色的乡村振兴区块链应用，能够加快实现全面的乡村振兴。

第二，在国有资产监管领域，随着我国国有资产总体量不断攀升，实现国有资产数字化高效管理成为当前实践领域的关键。针对国有资产现存的委托代理问题、"大国资"格局问题及数字化问题，区块链提供全新治理思路——通过构建统一的数字化国有资产管理平台，利用平台上的真实数据实现对各类国有资产的全链条、全方位管理。

第三，在"双碳"目标下，应对全球气候变化，需要构建安全、可信、准确的碳排放量和数据质量保证。区块链以其特有的技术优势，赋能"双碳"目标，构建一个多方主体参与的、涵盖碳排放全过程的联盟链，以实现多主体间的互信和高效互动。

第四，在粮食安全领域，粮食安全问题作为国家安全的重要基础，事关国计民生。利用区块链技术可以构建"区块链+粮食安全"平台，对粮食安全的全过程进行智能化监控和预警，不仅可以有效地监控粮食存量，还可以保证粮食质量安全。

第五，在公共数据交易领域，公共数据作为新兴的生产要素，流通交易是其价值变现的重要手段。针对当前公共数据交易领域存在的确权、定价、流通等诸多掣肘性困境，区块链凭借其不易篡改、可追溯、时间戳等技术特性，有助于打造一种全新的公共数据资产交易与服务模式，实现公共数据的公开、透明、规范交易。

第六章

区块链技术的发展与未来

目前，区块链已进入 3.0 发展时代——可编程社会系统时代，并以共享、不易篡改、可追溯、透明、无特权节点的特征对传统技术进行革新和颠覆。在这个阶段，区块链的关键性技术难题被解决、全领域生态级别的底层系统开始出现、各个垂直行业开始应用区块链，其底层协议在保证"去中心化""去信任中介"的同时，也提升了商用级别的性能。可以说，区块链的应用在 3.0 发展时代已经远超金融领域，通过与大数据、人工智能等技术的融合，实现了技术持续创新，扩展到人们生活的方方面面，为解决各行业的信任问题、实现信息共享、分布式存储和连接数据，实现全方面的大数据治理提供了解决方案。

一、区块链的发展趋势

作为一种新型互联网技术，区块链建立在同行而非大型机构之间的信任之上，通过提供更新、更安全的方式处理和存储数据，不需要政府授权即可获得第三方信任。区块链技术的发展已在很大程度上与其在各领域的成功应用有关，而且随着技术治理的影响越来越大，区块链也不断被应用和拓展到新的治理领域。

（一）区块链的研究趋势

随着区块链技术在公共治理领域中的作用凸显，相关研究越来越丰富。

为进一步把握区块链在不同分支的研究趋势，本章基于起止年份、年发表量统计了中国知网在"区块链"领域热度排名前二十的区块链研究分支主题词下的论文发表篇数，并生成区块链不同分支的研究趋势折线图。不同分支研究增长趋势如图 6-1 所示，不同分支的研究趋势见表 6-1。

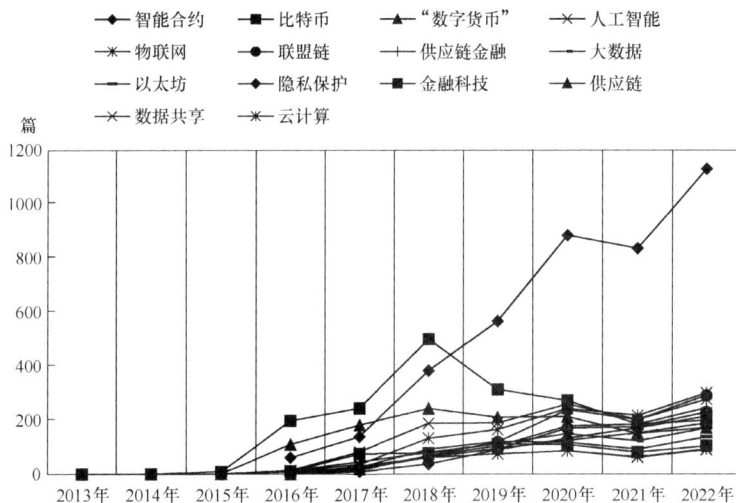

图 6-1 不同分支研究增长趋势

表 6-1 不同分支的研究趋势

（单位：篇）

	2013年	2014年	2015年	2016年	2017年	2018年	2019年	2020年	2021年	2022年
智能合约				63	140	383	567	885	837	1132
比特币	1	1	11	199	245	500	313	272	185	199
"虚拟货币"（此处指"数字货币"）			3	112	183	243	210	213	151	172
人工智能			2	16	84	188	189	259	202	277
物联网			1	13	37	133	165	243	217	300
联盟链				13	18	69	119	238	202	291
供应链金融				6	16	68	105	178	185	245
大数据				15	47	81	113	150	123	170
以太坊				10	26	93	121	118	93	138
隐私保护				1	10	38	90	133	171	214
金融科技				12	77	78	112	110	82	105
供应链				2	20	63	95	125	152	189
数据共享				3	31	62	76	87	63	91
云计算				3	31	62	76	87	65	93

图 6-1 清晰地展示了当前区块链不同分支的研究趋势。在区块链所有研究分支中，智能合约的增长趋势最为显著，远远领先其他分支领域。作为区块链最先应用的比特币在 2018 年达到研究顶峰之后，开始呈现下降趋势。与此同时，区块链技术的应用领域开始呈现多元化趋势。表 6-1 显示，我国区块链研究兴起于 2013 年，当时主要集中在比特币领域。2013—2015 年，区块链技术开始扩散到"虚拟货币"、人工智能、物联网等领域。2015 年后，区块链在多个分支的研究兴起，并呈不断增长态势。

（二）技术发展：不断进步的区块链技术

1. 零知识证明

零知识证明（ZKP）的出现早于区块链，其初见于 1985 年发表的《互动证明系统的知识复杂性》一文。它是一种密码学技术，是指在不需要透露任何信息的情况下，允许证明者和验证者两方证明某个提议的真实性，即验证者能够在证明者不提供任何有用信息的条件下对某个论断的真实性进行验证。当今社会，个人身份信息与手机号、身份证号、银行卡号等相互关联，只要知道其中一条信息，就能通过关联信息获取更多的个人信息。因此，尽管区块链利用地址表示交易双方，以达到匿名的目的，但通过链上和链下信息的双向绑定（例如，很多交易场所将绑定了链上的地址与链下的银行卡、支付宝账户等用户信息绑定）可以很便捷地追溯真实世界中的交易双方的信息，从而使用户匿名性受到破坏。但是，ZKP 却能够在隐藏发送方、接受方及交易金额等信息的条件下，利用零知识证明机制，隐藏交易双方的地址、交易细节，以保障交易有效。

目前，ZKP 分为交互式和非交互式两种。首先，ZKP 的基础是交互式的，它要求验证者不断对证明者的"知识"进行提问，通过证明者的回答让验证者相信其确实知道这些"知识"，但由于双方可以提前"串通"，证明者在不知道答案的情况下依然能通过验证。因此，这种简单的验证方法并不能使人相信证明者和验证者都是真实的。于是，非交互式 ZKP 出现，这种验证方式避免了交互式过程中"串通"的可能性，但需要额外的机器和程序来确定试验的顺序。

在区块链应用中，尤其是在公共区块链的背景下，ZKP 保证了用户信息的隐私和安全。当前，ZCASH（大零币）就是使用零知识证明机制来保障交易的有效性，其方法是通过零知识简洁非交互式知识论证（zk-SNARK），将交易记录上的双方和金额都进行加密隐藏，在防止交易细节泄露的情形下对交易进行验证。在实践中，ZCASH 交易分为透明地址交易和隐藏地址交易，透明地址交易的输入、输出是直接可见的 NOTE 信息，而在隐藏地址交易中，输入和 / 或输出的地址和金额则是隐藏的。

ZCASH 摒弃之前的 UTXO[1] 验证方式，而使用一种基于 UTXO 的 NOTE（支票）新方式来表示当前账户对资产的支配权。NOTE 是由所有者公钥 P_k、所拥有金额 v 和唯一区分支票的序列号 r 组成，表示为 NOTE=(P_k, v, r)。与 UTXO 不同的是，NOTE 账户余额的存储方式由"未消费的交易输出"变成了"未被作废的 NOTE"。

2. 提升基础协议性能

在区块链借鉴计算机网络通信体系架构 OSI[2] 的基础上，将区块链逻辑架构划分为 3 层——Layer0、Layer1 和 Layer2。区块链逻辑架构如图 6-2 所示。

Layer0 是指区块链的底层协议，主要包括物理层、数据链路层、网络层和数据传输层，作为信任引擎，支撑上层的高性能"去中心化"应用。Layer1 是指区块链的基础协议，使用不同的共识机制，具有不同程度的安全性、速度和分散性，能够为其他网络和应用程序提供基础，大致包括数据层、网络层、共识层和激励层，例如比特币、以太坊、Solana（SOL）或 Avalanche（AVAX）主流公链都属于 Layer1 的范畴。在 Layer1 中，原生"虚拟货币"可用于支付服务交易费用，流动性可以随着使用量的增加而增加。Layer2 是一个提升以

---

1 UTXO：Unspent Transaction Output，未消费交易输出。
2 OSI：Open System Interconnection Reference Model，开放式系统互联参考模型。

太坊网络（Layer1）性能的整体解决方案，主要分布在合约层和应用层。

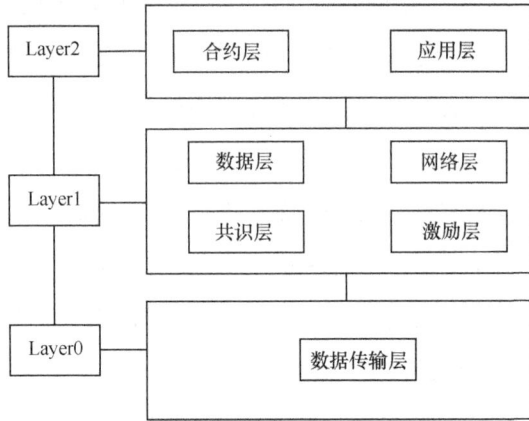

图 6-2　区块链逻辑架构

我们通过区块链解决问题，需要所有节点达成共识，来为所有节点提供安全性，并在信任的环境中保证 DApp 共识效率。但达成共识系统并不可能同时提升其效率，提升安全性需要增加网络节点，而节点同步共识的效率会降低。在以太坊网络中，Layer1 的主要作用是确保网络安全、"去中心化"及最终状态确认，达到"状态共识"其核心是通过智能合约设计的规则进行仲裁，以经济激励的形式将信任传递到 Layer2 上。Layer2 则以追求更高效的性能为目标，可以替代 Layer1 承担大部分计算工作。因此，Layer1 提供关键性能、安全性，并将其在 Layer2 上放大。近年来，越来越多的项目基于 Layer2 搭建，其核心是让多个参与方通过某种方式实现安全交易，将交易行为从主链（即 Layer1）上分离，降低 Layer1 的负担，提高业务处理效率。但是，在某种程度上，Layer2 还需要依赖 Layer1 作为仲裁方来保障其安全。在这个过程中，Layer2 虽然只做到局部共识，但是基本上可以满足各类场景的需求。

3. 多链扩容

为了完成"去中心化"，区块链要求全网节点共同维护数据、检验交易，达成 PoW 共识，并要求节点做无价值的计算以"争夺"记账权，这虽然造成了许多存储和计算的浪费和冗余，但是为了维护区块链的安全性却是必要的。

由于区块链具有分布式和"去中心化"的特性，只依赖一个由验证和认证所有交易的参与节点组成全球 P2P，导致其无法实现扩展，即无法及时处理大量的交易。区块链系统的吞吐量取决于两个决定性参数：区块大小 B（每个区块中可以包含的交易数据量）和出块间隔时间 T（系统挖出一个新区块所需的平均时间）。在比特币交易中，B=1MB，T=600s，比特币每秒平均吞吐量为 3TPS[1]，吞吐量非常低。虽然区块链系统想要通过增加 B 来包含更多交易，或者减少 T 以实现快速出块，或者同时控制 B 与 T，但由于这些参数不能随意更改，从而无法达到真正的扩容效果。在区块链应用实践中，缺乏可扩展性使密码学货币系统很难被深度应用。

区块链的分布式特性是解决这些问题的关键，在实践应用中，只要区块和交易在节点之间瞬时传播就能快速地挖出大量区块，直到达到特定 CPU 和闪存阵列性能的上限。但是节点分布在世界各地，网络则成为区块链扩容瓶颈的关键。网络中的节点以对等的方式通信，这与其高吞吐量、低时延的目标相悖。一是信息在网络中从一个节点传输到另一个节点，需要进行多跳，而网络中每个节点互不信任，使每一跳需要独立验证其所传播的信息，验证过程通常需要执行密码学运算，从而增加时延并影响吞吐量；二是区块链网络中不同节点的性能差异大，关键路径上的单个慢节点会导致传播时间膨胀；三是随机形成的 P2P 中的节点无法保证网络达到最优的传播效果。

目前，区块链应用逐渐以技术驱动替代利益驱动，将来有可能转变为需求驱动，从而实现大规模的商业效益和社会效益。因此，区块链扩容势在必行。在当前的技术条件下，区块链扩容有其本身发展方向和设计方案，主要分为 3 层。区块链扩容方式如图 6-3 所示。

---

1 TPS：Transactions Per Second，每秒传输的事物处理个数。

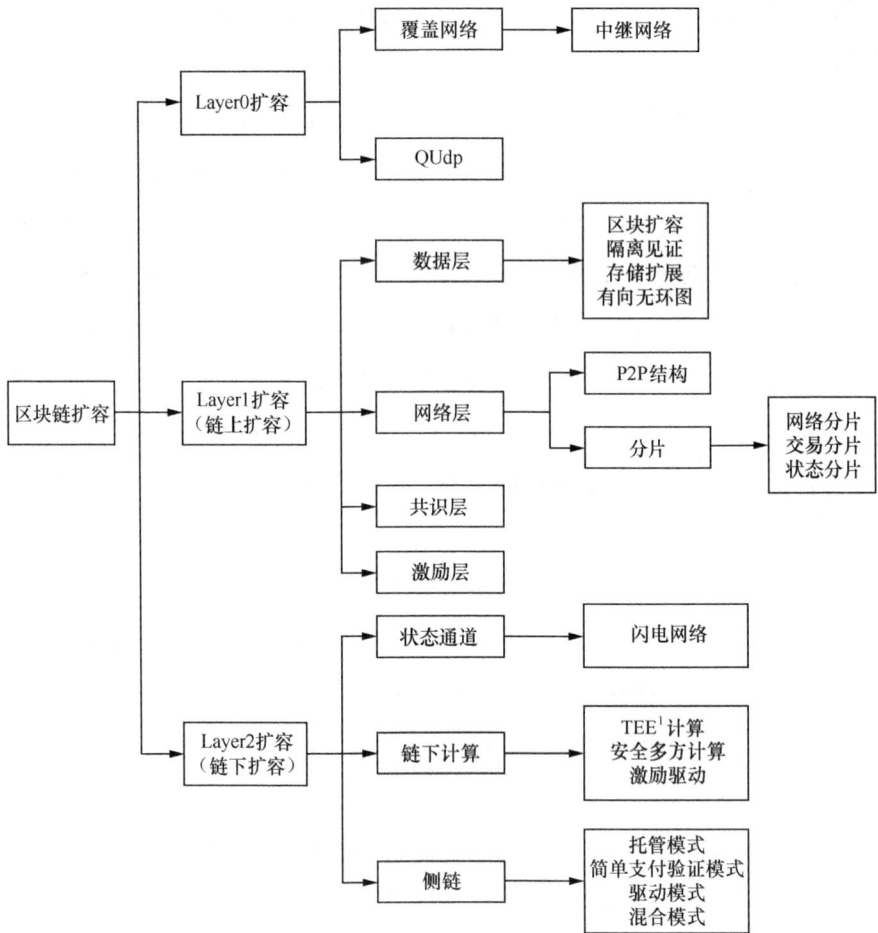

注：1. TEE（Trusted Execution Environment，可信执行环境）。

图 6-3　区块链扩容方式

　　当前通用的是 Layer1 扩容技术和 Layer2 扩容技术。Layer1 扩容技术是通过改进区块链本身来实现的，即通过改进共识协议，将区块链自身速度提升得更快、容量扩张得更大。区块链本身是一个集成项目，由多个部分组成，自下往上分别是 P2P、共识机制、虚拟机、编程语言，每一部分都有很大的改进空间。Layer2 扩容技术是将计算移到链下，在交易双方之间打开一个支付通道，让买卖双方交换资金，同时记录中间结余，然后在区块链上进行交易结算，其目的是减少主链上的冗余数据。

（三）应用拓展："区块链 +"的兴起

区块链是继互联网技术后的又一个颠覆式创新成果，已从单一的"虚拟货币"功能延伸到经济社会的多个领域，实现多种功能"区块链 +"对行业产生了众多影响。

1."绿色区块链"倡议

2018 年 7 月 4 日至 5 日，在日本东京主办的区块链技术大会上，区块链生态环境被提上重要日程。BitKop 作为我国首个提倡"绿色区块链"概念的交易平台，在区块链技术大会上积极倡导要"抵制垃圾币，抵制传销币，抵制非法网络入侵，还区块链一个 TokenSky"，将"绿色区块链"的概念落地。目前，区块链已经影响了许多绿色发展领域，蕴含着许多创新技术和投资机遇。区块链技术在解决环境问题，推动可持续发展方面作用显著。"绿色区块链"落地领域如图 6-4 所示。

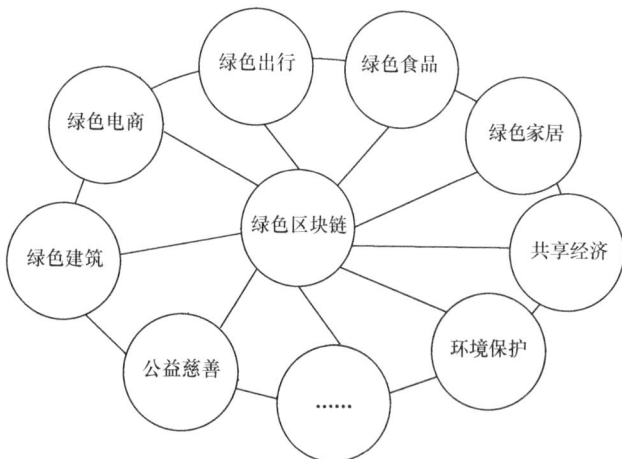

图 6-4　"绿色区块链"落地领域

当前，我国大力提倡绿色发展，促进经济增长和环境保护同时兼顾。近几年，我国各级政府通过设立专项资金、减免税收等手段刺激市场企业向可持续发展转型，区块链发展也与时俱进，紧跟国家绿色发展政策，具有更广阔的发展前景。

区块链技术能够促进环境保护问题的解决。有些企业为了逃避罚款会篡改污染排放数据，区块链能够在很大程度上改善这一现象，通过采用分布式数字账单，数据入链后不易篡改，能够整合分布式环保数据，保护数据安全。同时，这一技术还能签署智能合约，根据环保指标规定，区块链系统会自动执行惩罚或者给予奖励，减少耗费大量人力核查的过程。绿色产业是现代经济持续发展的关键一步，而区块链与绿色产业的有机结合，可以解决绿色产业长期存在的技术欠缺和生态机制不完善的弊病，为绿色产业发展提供坚实的确权方式、价值流通及完善的激励机制。

目前，市场上存在的大多数区块链遵循比特币基础设施，并使用 PoW 作为验证交易的共识机制。这要求用户解决复杂的数学难题，并且需要巨大的计算能力用于验证、处理交易及保护网络。然而，计算机解决这些问题所消耗的能量已经达到历史最高水平。2020 年，一家研究机构估计比特币交易能耗可能飙升至丹麦的全年用电量，再加上冷却计算机所需的能量，成本会成倍增加。出于"绿色"环保考虑，2023 年大量企业开始区块链的"绿化"尝试。

为了解决这一问题，许多区块链支持者正在开发更有效的共识算法，以减少能源消耗，其做法是引入能耗较低的 PoS，依靠 PoS 而不是 PoW 来产生共识的模型。PoS 涉及参与者在网络中的权益和将验证任务随机分配给节点的算法组合，使参与者达到降低能源消耗的目的。这相较于比特币的 PoW 模型消耗的能源减少了约 99.5%。作为仅次于比特币的第二大区块链，以太坊也在2022 年转向 PoS 模式，来提高能源利用效率。

2. 非同质化"代币"

2021 年，非同质化"代币"（NFT）成为区块链较热门的应用趋势之一，主要集中在艺术领域。NFT 是一种可用于有形资产和无形资产的防篡改数字所有权证书，交易资产的来源、所有者的历史、售价及介于两者之间的一切事务都可以在区块链上公开验证，实现不需要信任的在线交易。作为存储在区块链上不可互换的数据单元，NFT 可以使用"虚拟货币"进行交易，更重要的是其首次将稀缺性原则引入数字资产，并通常以数字艺术、照片、视频和音频的形式出现，为全新的交易类型奠定了基础。以 Bored Ape Yacht Club 为例，这是一组 10000 个猿猴卡通形象的 NFT 艺术收藏品。随着一些收藏品价值在 NFT 市场上价格飙升，NFT 已成为非常受投资者欢迎的领域。

Beeple 创作的《前 5000 天》等艺术品在区块链上的交易价格将"数字代币"的概念牢牢嵌入公众意识。音乐行业是最先接受 NFT 的行业之一，艺术家们可以将他们的歌曲"代币化"，直接出售给买家，还可以通过 NFT 将一首歌曲细分为具有多个独特副本的 NFT，从而为买家提供一小部分原曲，例如，肖恩·蒙德兹、格莱姆斯等艺术家发布了 NFT 格式的歌曲并进行出售。此外，NFT 可以自动向唱片公司、音乐家、经理和所有相关方支付版税。

2021 年 9 月，《服饰与美容 VOGUE》时尚杂志推出了两个 NFT 数字封面，标志着时尚杂志进入 NFT。

在游戏中，Axie Infinity 和 MIR4 等开始对游戏内的资产和角色进行"代币化"，允许玩家"创造"属于他们自己的 NFT 生物，并可以把这些 NFT 生物送入游戏中战斗，游戏内的资产"代币化"第一次表明游戏玩家是他们物品的真正所有者，可以在 NFT 市场上出售这些物品，获得"虚拟货币"，并从游戏中提取现实世界的价值。随着 NFT 概念的发展，NFT 可能会成为虚拟世界的重要组成部分，并在此过程中获得新的用例。

NFT 并不仅限于艺术领域，也正在不断向其他交易领域扩展。酿酒商 William Grant & Sons 利用 NFT 出售威士忌；耐克创造了自己的 NFT 的服装和鞋类；2021 年，Facebook、微软、Nvidia 开始倡导元宇宙概念，并可能为创新 NFT 带来大量商机。

NFT 所具有的内容所有权、来源证明是其创造虚拟经济的一项重要优势，许多创作者都在努力将数字作品"货币化"和认证化。尽管 NFT 与艺术界的联系最为密切，但将来 NFT 会被越来越多地用于线下商品和其他真实资产价值（例如房地产）的交易。

3. 元宇宙

元宇宙这一概念最早出现于 1992 年尼尔·斯蒂芬森出版的小说《雪崩》中的 "Metaverse"。Meta 是指 "超越" 和 "元"，verse 是指 "宇宙"。因此，"Metaverse" 是指一个超越宇宙的世界。元宇宙代表完全沉浸式的三维数字环境和更具包容性的网络空间，在技术的辅助下，元宇宙将会成为一个跨越所有表征维度的共享网络空间，一个和现实世界关联的虚拟世界。

2021 年 8 月以来，元宇宙概念引起了一些全球各大公司的注意，其革命性的意义备受各界期待，由此开启了元宇宙的热潮。日本社交巨头 GREE 宣布将开展元宇宙业务；英伟达发布会上出场了十几秒的 "数字替身"；微软在 Inspire 全球合作伙伴大会上宣布了其元宇宙解决方案。作为真实世界的延伸与拓展，元宇宙为真实世界带来了巨大的投资机遇。

作为元宇宙的技术基础，5G、VR、AR、云计算、大数据等都是元宇宙众多环节里的一部分。近年来，这些技术的爆发式发展为元宇宙的实现提供了基础。元宇宙建立需要的是一个生态，不仅需要较长的周期，更要改变人们当下的生活方式和习惯。

2021 年 7 月，Facebook CEO 扎克伯格表示，Facebook 将在 2025 年前全面向元宇宙公司转型。Facebook 斥资 100 亿美元将公司重命名为 "Meta"，并开始制定元宇宙发展战略；微软也公布了与 Microsoft Mesh 合作的大型元宇宙计划，通过 Teams 和 Xbox 控制台更新，允许不同空间位置的人们加入协作、共享全新的体验。为了抢占元宇宙发展先机，耐克宣布推出基于 Roblox 虚拟世界的 Nikeland，用户可以在 Nikeland 中创建头像、体验体育游戏及购买虚拟耐克商品。扎克伯格认为元宇宙支持加密和 NFT，因此需要发展一种新的治理形式。他认为："最重要的是，我们需要帮助元宇宙建立生态系统，以便更多的人在未来不仅可以作为消费者受益，还可以作为创造者受益。" 这表明在区块链这一开放治理系统中，每个成员都是利益相关者。

元宇宙之所以在短时间内备受各大科技企业关注，得益于以下功能。

① 由无代码世界构建驱动的用户生成内容，而不是由少数人制造的现实。

② 一个功能齐全的经济体，所有参与者都可以交易某些具有特定价值的商品或服务。

③ 如同现实世界一样，拥有由个人或企业创造的内容和各种体验。

④ 如同现实世界中个人生活体验一样，用户可以随时登录。

⑤ 采用增强现实、虚拟现实、混合现实及扩展现实技术开发 3D 表达式。

在 Facebook 创建元宇宙之前，一些企业早已开始实践元宇宙功能。Matterport 公司帮助企业以数字的方式捕捉空间中的 3D 图像，将其上传到云端，用户可以随时随地进入他们最喜欢的虚拟商店。2021 年 3 月，美国 VR 游戏平台 Roblox 借助"元宇宙第一股"的光环在纽交所成功上市，首日股价即暴涨 54.4%，仅用一年时间，Roblox 估值就从 40 亿美元翻至 450 亿美元，市值迅速膨胀 10 倍。

许多使用区块链技术运行的新平台使用 NFT 和"虚拟货币"来构建、拥有和货币化创新的"去中心化"资产。如果没有区块链技术的支撑，元宇宙就不完整，因为一切数据会存储在中心化网络中，而这得益于区块链作为数字来源在全球范围内运作的能力，加密技术使"去中心化"成为可能。Decentaraland 是元宇宙运用的典型例子，它是一个使用以太坊区块链的 3D 虚拟现实"去中心化"平台，可以为用户提供保护和安全，并允许用户掌握自己的数据。

Winklevoss 筹集 4 亿美元构建 Meta 的元宇宙体验，其创始人相信"去中心化"元宇宙将为用户创造更大的可能性。Winklevoss 联合创始人卡梅伦·温克莱沃斯在接受采访时说："有一条中心化路径，例如 Facebook 或 Fortnite，距离成为元宇宙仅一步之遥，这完全没问题。但还有另一条道路，那就是'去中心化'的元宇宙，我们相信在元宇宙中有更多的选择、独立性和机会，并且有保护个人权利和尊严的技术。"

目前，中心化元宇宙或"去中心化"元宇宙是否会成为最受欢迎的替代方案还有待观察，但这两种都需要解决数据的准确性和可靠性的问题，这正是区块链能发挥作用的地方。在元宇宙中，区块链可以将用户数据存储在防篡改的共享账本上，保证数据的安全性。同时，区块链账本的可公开验证能够使这一新虚拟环境获得更多的信任。

4. 智能合约

2021 年，区块链的使用率有所增加，这得益于智能合约技术的发展。智能合约是第二代区块链技术的核心，是部署在区块链上的一系列可执行数字协议，兼顾区块链与合约的双重属性，具有"去中心化"、不易篡改、可编程和法律化等特点。智能合约本质上是两方或多方之间的协议，以计算机代码的形式记录在区块链上，并使它对所有各方都不易篡改并且防篡改。当满足设定的预定条件时，区块链会自动执行智能合约，从而在没有任何中介的情况下实现不需要信任的协议。目前，智能合约被广泛应用于金融、数字资产管理等诸多领域。近年来，智能合约算法让那些没有能力对区块链网络进行持续研发投资的企业，也可以使用区块链服务。越来越多的企业支持智能合约开发并受益。例如以太坊、根链及 Hyperledger Fabric。Zion Market Research 统计的数据显示，到 2030 年，全球智能合约市场预计增长到 98.5 亿美元——银行、供应链、保险和房地产领域的应用将越来越多，这是该行业发展的主要驱动因素之一。

智能合约是具有多种应用的多功能工具。保险公司可以使用智能合约简化簿记，并自动发放保险支付。2017 年以来，法国保险巨头 AXA 一直通过 Fizzy 使用智能合约，Fizzy 是一种航班延误保险产品，利用以太坊执行智能合约，自动补偿延误超过两小时的航班。

智能合约在简化具有多个摩擦点的流程方面很有效，可以使财产转移和自动化记录，从而提高流程的效率和透明度。Ujo Music 是一个建立在以太坊上的平台，利用智能合约使艺术家能够直接向粉丝出售自己的音乐。此外，智能合约还可以简化版税支付，自动将版税发送给所有相关方。

5. "去中心化"自治组织

"去中心化"自治组织（DAO）是基于区块链核心思想衍生的一种新型组织形态，是区块链解决信任问题的附属产物。目前，DAO 越来越受欢迎，开始成为中心化公司或等级制度的继承者。因此，在 DAO 中，参与者以分散的方式共同投资和管理项目的组织，没有传统组织那样的固定结构，也不受任何人的管辖。DAO 没有领导者，而是根据设置为代码的一组规则进行治理。这些代码作为智能合约被存储在区块链上，并在每次决策时自动执行。此外，大多数 DAO 被托管在以太坊上，具有开源、自主和透明等特性，决策通过社区内的共识来完成。

DAO 呈现"去信任""去中心化"的设置结构，可以很容易地适应当前基于有限责任公司等中心化组织建立的法律框架。2021 年，美国怀俄明州通过了一项法律，承认 DAO 为法人实体。DAO 致力于研究如何通过社交"代币"进行在线协作，建立虚拟社会经济的激励措施，这是未来最真实的社交社区，每个成员都可以为社区的发展做出贡献。因此，DAO 可以通过经济奖励、新社会资本形式和治理来适应集体所有制功能。典型代表为成立于 2021 年的 PartyDAO，它是一个通过集体竞价和分散所有权来完成交易的互联网合作社。

6. 多技术集成发展

当前，许多区块链公司已在 API 级别启用集成技术，以减少开发人员的编码要求，并邀请用户快速创建区块链应用程序。区块链的功能越来越多地被集成到其他核心技术中，包括业务应用程序、数据库及混合产品。将该技术集成到核心技术中，有助于提高产品的易用性，使其成为数字化转型的替代方案。

区块链与物联网技术的集成发展。区块链是物联网的效率性、可扩展性和标准化的推动者，能够创建不同机器之间的交互记录和事务历史记录，其分类账本和数据库的自动化、加密和不可变特性，有助于解决许多围绕安全性和可扩展性产生的各种问题。在 5G 建设完成之后，各种智能化、联网装置与电器之间的连接性更强，这促进了各种电器搭载区块链的需求。例如，在医疗保健领域，支持区块链的物联网设备允许患者对这些设备的数据进行访问，该技术使物联网设备具有预防网络攻击的性能，也提供用户访问数据的详细记录；在供应链中，智能合约支持的区块链系统可以根据物联网传感器测量的特定条件自动支付。

区块链与人工智能的集成发展。区块链与人工智能的融合发展是大势所趋，二者在实践中以不同的方式处理数据，人工智能通过分析数据产生洞察力，而区块链则可以实现安全存储和数据共享。人工智能在数据分析时面临的问题与其模型如何决策有关，借助区块链的优势，可以跟踪人工智能决策模型的数据来源，查看从数据输入到输出的全过程，通过增加信任将决策和相关数据点记录在区块链上，审查 AI 模型的决策过程将变得更加容易。此外，区块链和人工智能也可以结合起来用于保护数据、创建多样化的数据集和实现数据货币化。

区块链与区块链即服务（BaaS）的集成发展。BaaS 基于 SaaS 模型，是基于云网络的第三方，允许客户基于云计算解决方案在区块链上构建、托管和运营自己的区块链应用程序和相关功能，帮助其更快地开发应用程序、降低维护成本。区块链的开发、研究及测试工作涉及多个系统，时间和资金等成本问题是制约区块链发展的关键因素，如果利用云计算平台搭建测试环境，则这些问题将迎刃而解。云计算与区块链的融合发展催生了云服务市场 BaaS 服务，不仅开拓了区块链的应用领域，而且也给云计算市场带来了巨大变革。大型科技公司可以将区块链应用到自身的业务中，使用户能够使用区块链开发相应的数字产品。

2015 年 11 月，微软率先宣布在 Azure 云平台中提供 BaaS 服务，向用户提供最简洁、高效的区块链集成开发环境，并于 2016 年 8 月正式对外开放。

2016 年 2 月，IBM 公司推出区块链服务平台，开发者使用在 Bluemix 上的新区块链服务，能够访问完全集成的开发运维工具，并用于在 IBM 云上创建、部署、运行和监控区块链应用程序。

2016 年 5 月，亚马逊与区块链领域的最大投资者之一 Digital Currency Group（DCG）合作，为 DCG 所投资的公司提供 BaaS 平台，从而保证这些公司和客户能在安全的环境下互动，这些客户涉及金融机构、保险公司和技术等行业。

二、区块链面临的风险与挑战

区块链具有提升运行速度、节约成本、简化运营和提高效率的作用，并被广泛应用于各个领域。但是，区块链仍然是一项不成熟的技术，随着其应用的持续深入，诸多风险与挑战也逐渐暴露。区块链面临的风险如图 6-5 所示。

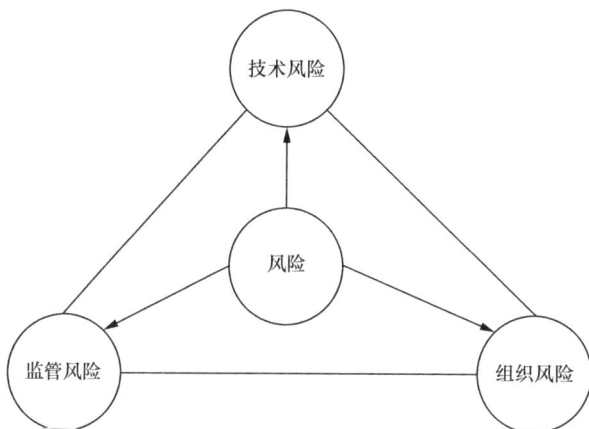

图 6-5　区块链面临的风险

（一）技术风险

区块链技术的起步与发展时间仅十余年，技术成熟度不高，容易受到外界的入侵和攻击，这将对区块链本身及其存储的数据安全造成威胁。区块链集成了私钥加密算法、工作量证明等多种技术，这些技术本身存在一些难以解决的技术弊端，整合到区块链技术中可能会造成综合性的技术问题。

1. 扩展、速度与稳定性问题

可扩展性可以视为区块链上节点和客户端的数量，节点数量是区块链部署过程中的一个重要问题——应该使用多少个节点来启动服务，客户端的数量是工作负载的一个核心问题——一个用户的期望请求及大小是多少。在技术上，任务类型的区块链都有可扩展性的限制。无许可区块链共识机制的开放性允许任何用户加入，因此通常涉及数千个节点，其问题在于它们通常会遭受较长的交易时延，并且无法扩展到现实世界的客户端交易；有许可区块链则可以用较少的时延扩展大量客户端，但这些客户端依赖区块链服务器。

由此可见，区块链的主要技术挑战是缺乏可扩展性，这可能给区块链的运用带来巨大压力，尤其是公共区块链。传统交易网络每秒能够处理数千笔交易，例如Visa每秒能够处理的交易超过2000笔。然而，两个最大的区块链网络——比特币和以太坊在交易速度方面远远落后于Visa，比特币区块链每秒仅可以处理3～7笔交易，以太坊每秒仅可以处理大约20笔交易。对私有区块链来说，缺乏可扩展性不是一个问题，因为网络中的节点是专门设计用在受信任方环境中处理交易的。

大多数无许可区块链假设区块链网络是一个同步网络（即所有副本都知道消息传输时间），但这一假设并不实际。为了使系统安全且活跃，必须有大量的节点积极参与，因此这一系统在小规模或私人环境中的正确性会受到质疑。大多数许可区块链协议假设区块链网络是一个同步网络，网络时延和处理时延受到所有节点未知上限的限制。假如网络中的每个节点最终都会响应，而给定节点没有响应，其他节点将根据协议进行处理，提供答案并确保网络不会无限期的延迟，这种方法的缺点是带来了性能问题和安全问题。如果对方通过某种方式操纵网络时延，即使系统中的所有节点都是正确的，也可能导致节点行为不端或放弃信息，系统可能会停止处理任何请求。一个潜在解决方案是使用异步共识算法，由于节点的响应时间没有上限，协议可以抵御各种攻击，该领域的研究目前正在持续进行中。

区块链的复杂性、加密性及分布式特性可能导致交易缓慢且烦琐，与现金或借记卡等传统支付系统相比，区块链交易可能需要一段时间来处理。当网络上的用户数量增加时，转换需要更长的时间来处理，处理交易过程可能需要几天的时间，从而导致交易成本比平时高，也限制了网络上的用户数量。

从P2P架构来看，区块链的稳定性主要靠大量节点来维持，因为一旦交易成本增加或其他一些不可抗逆因素出现，大量节点可能退出网络交易，从而导致网络不稳定。

目前，全能的区块链系统并没有出现。尽管已经提出改进时延、吞吐量、可扩展性等措施来满足不同需求，但每个方案都做出了权衡，例如，为了减少消息交换的节点数量，共识协议需要多个步骤来完成，即通过更长的时延来实现高吞吐量。因此，如果要实现区块链的全部潜力，必须充分考虑和权衡其可扩展性、效率性和稳健性。

2. 区块链的安全隐患

从密码学来看，区块链技术使用了大量密码学的知识，其安全性也高度依赖密码学知识。密码学为区块链中的数据不可伪造、不易篡改、可公开验证及用户隐私保护提供了保障，主要体现在防止交易数据被篡改，对网络节点进行身份认证，通过多重签名实现多人共同管理账户中的比特币交易、使用动态加密技术保障用户隐私安全等。在区块链的交易中，交易数据的安全和用户的隐私保护是其能够兴起和发展的充分必要条件。区块链利用密码学技术对信息进行加密，使其在一定时间段内无法被破解，但随着计算能力的提高，早期区块链的安全加密信息可能会被破解。具体来说，区块链的安全隐患包括私钥丢失、错误实现和协议被攻击 3 个方面。

（1）私钥丢失

区块链技术以不可逆和不可伪造为特点，但这是以私钥安全为前提的。当前私钥的安全保障仍存在很多问题。在区块链系统中，私钥的补发与管理和区块链的分布式特征是相互冲突的。私钥由每个用户自己生成和保管，私钥的信息只有用户持有，一旦私钥丢失，用户便无法对账户中的资产做任何操作。已有的多重签名在某种程度上能够解决部分问题，但要设计配套的密钥管理和使用体系，操作会非常复杂，因此国际通用的多因素认证体系实施效果并不好。同时，在区块链系统中，私钥认证缺乏可信的计算环境，实际上，区块链上大部分资产的因素验证的实际环境达不到理论上的可信要求。这增加了私钥暴露的风险，而且很多时候为了追求使用方便，用户不得不向不可信的计算环境妥协，对于低价资产还可以接受，但区块链交易资产往往价值非常高。

（2）错误实现

尽管区块链的算法在理论上是非常完善的，但在实现上也会有各种错误。区块链应用了大量密码学技术，属于算法高度密集性工程，出现错误在所难免。例如，虽然 RSA 算法理论很完备，但是 NSA 向 RSA 公司提供了一种随机数生成算法用于密钥生成，这种辅助算法能够轻松破解别人的加密信息。如果出现这样的漏洞，整个区块链系统将可能面临崩溃的风险。

（3）协议被攻击

比特币的成功与其强大的算力分不开。然而许多区块链系统的算力还无法与比特币相比，因此没有足够的算力来保证区块链系统的稳定性。从 PoW 上来看，区块链系统中只有少数数据节点时，其 PoW 可能存在一定风险，并导致整个区块链系统瘫痪和失效。在共识算法中，用户很容易超过全网节点 50% 的算力，这将导致基于 PoW 的区块链面临 51% 的外部攻击问题，并拥有成功篡改和伪造区块链数据的能力。这也是一个有效攻击以太坊的方法，Krypton 平台曾就遭受过这种攻击。如果"51% 的算力攻击"持续下去，存储在区块链的信息将会出现泄露和被篡改的危险，基于区块链的信任应用将受到强烈冲击。另外，区块链本身的分布式特性也会导致其整体升级困难，一旦出现严重的外部攻击就会对区块链系统造成长时间的负面影响。

（二）监管风险

近年来，初始"代币"发行、稳定币和 DeFi 协议表明了当前规则和法规在处理该领域时具有明显的局限性。同时，现有监管制度无法跟上区块链技术的快速发展，这给区块链推广应用带来了许多挑战。

1. 数字资产特性带来金融监管的问题

传统的互联网平台推行实名制，通过线下的和线上的 IP 统一实名构建网络信用体系，从而打破互联网"法外之地"的境遇。然而，区块链是一个真正匿名社会下的信用构建，假设每个人都遵守信用，所有交易都是以匿名的方式进行,但其匿名性的优势也是导致监管困难的关键。这对非法交易来说是"天堂",由于难以知道用户的真实身份,尤其是在"虚拟货币"及其交易方面,各种网络犯罪/非法交易出现,例如诈骗项目、市场操纵要求将"虚拟货币"作为赎金等。

"虚拟货币"不适用于现行假币识别与处理,仿冒"虚拟货币"也难以被追踪核查。2021年9月,中国人民银行发布《关于进一步防范和处置虚拟货币交易炒作风险的通知》,明确指出"虚拟货币"及其相关活动的属性,提出应对"虚拟货币"交易炒作风险的工作机制,加强对交易炒作风险的监管。

2. 数据隐私和内容的监管问题

随着人们对个人隐私保护的逐渐重视,隐私保护成为推广区块链应用的一大挑战。区块链具有公开且易于验证的网络交易历史记录的优势,尤其在公共区块链网络中,这一优势更加明显。但作为一个人们日常交流交易的网络平台,区块链掌握了大量的用户信息,其优势也能转化为劣势,难以保护用户的隐私,用户面临个人信息泄露的风险。因此,很多企业出于保护其商业秘密和其他敏感信息,会不愿意接受区块链协议。

3. 智能合约带来的法律有效性问题

目前,我国区块链监管问题主要集中在金融领域,监管对象以比特币、以太坊等为主,这需要对区块链系统所有的可用范围进行考虑,而不仅仅在金融方面。但是,目前对整个区块链生态圈的监管,世界各国仍处于积极探索阶段,尚未有通用的评价标准和体系对区块链的技术性能和效率、可扩展性、安全性等问题尚未有明确的评价标准和体系进行详细规范。因此,亟待建设一套系统的分类标准,使区块链生态圈的监管规范化、标准化。

当前区块链监管问题最突出的领域是传统法律制度不适用于以智能合约为代表的区块链系统。以首次币发行融资(ICO)的监管为例,近年来ICO融资手段逐渐暴露出不合规问题,但相关市场监管法规尚未完善。智能合约的出现不仅是对传统货币的颠覆,更是对传统社会信用体系的颠覆。智能合约在执行合约时，不需要第三方个人和组织进行保障，可以自我执行，违约被认为是不可能的事情，重新构建了社会生活的新信用体系。这种信用体系建立在所有用户自觉履行契约的基础上，但显然并不是所有人都能遵循网络契约，因此，这种新信用体系是非常脆弱的。

4. 分布式记账下的监管主体分散问题

虽然全球各主要国家都在加快布局区块链研发，但行业仍未形成统一的技术标准体系，因此区块链技术在应用和推广方面受到很多限制。实际上，大部分国家对区块链持谨慎的态度，大多相关监管法规基于项目情况接入现有的监管体系，甚至有些国家直接禁止区块链资产发行或交易，对区块链的态度更为保守。

2019 年 1 月，国家互联网信息办公室发布《区块链信息服务管理规定》，表明我国对区块链监管走向成熟。之后，尽管国家陆续出台许多加快推动区块链技术和产业创新发展的支持政策，但是区块链监管没有明确的主管部门，现有监管大多是基于业务范围来明确监管主体。

（三）组织风险

无论是政府组织、企业制度的建立，还是互联网世界的发展，都是延续中心化机制，但随着交往节点越来越多，数据的使用成本也逐渐增多。2008 年，以比特币为载体的区块链技术出现，为解决管理中心化的问题提供了一个解决方案。区块链运用密码学技术对数据进行加密，运用自动化脚本组成的智能合约进行编程，使用分布式操作以及经济激励等手段，在系统中实现每个节点不添加第三方信任，就能实现点对点交易，解决管理中心化所产生的低效率、高成本及数据安全等问题。然而，区块链应用在节约中心化成本并逐步提高金融安全性的同时，也需要考虑是否过度消耗"电子成本"。

1. 区块链的"运行成本"

区块链降低交易成本的优势对政府很有吸引力。对数字平台而言，区块链可以降低启动新市场的成本，提高审计交易的有效性，但其"去中心化"的特性也可能带来新的问题。相对于集中式应用程序中所具有的相同保证，区块链通过不变性保证数据完整性可能是溢价的。实践发现，无许可区块链的交易成本比集中式交易成本更高，即使控制了云服务使用费，程序的运行成本也要高得多。

此外，区块链运行的"时间成本"也极高。区块链的规模与效率成反比，与能耗成正比，这是区块链未来发展亟待解决的问题。在比特币支付中，一般10分钟才能完成1次支付确认，至少需要1小时才能确保支付交易的不可逆转。相比之下，银行的网银支付或支付宝等第三方支付通常都是秒级完成。因此，从整体性来看，使用区块链要权衡成本收益，选取最优化的方案。

2. 区块链的"生产力悖论"

区块链网络执行点对点交易的速度和有效性需要付出高昂的成本，某些类型的区块链成本可能更高，之所以出现这种低效率，是因为每个节点都在自己的数据副本上执行与其他节点相同的任务，并试图成为第一个找到解决方案的节点。

在数据使用效率方面，随着数据的爆炸式增长和交易次数的频繁进行，出现区块不断膨胀、交易效率低下等问题，众多使用者之间的非理性竞争会产生"囚徒困境"的博弈结局。同时，在 PoW 共识过程中，超额的算力被认为是多余的。此外，由于所有权为一个中心节点所有，缺少对其他节点的激励，不利于发挥其他节点的工作效率，并且随着网络规模的扩大，个人处理的回报可能会减少，这意味着区块链应用程序必须利用网络效应为消费者或整个行业提供价值，否则将是无效应用。

3. 区块链中的"分利集团"

区块链将信任和权威置于分散的网络中，而不是集中在一个强大的中央机构中，对大多数人来说，这种做法可能会让人感到不安。到目前为止，我们仍然不确定哪些群体、哪些领域可能会遭到区块链的破坏。

三、中国策略：公共治理与区块链技术的深度融合

尽管区块链面临许多挑战和问题，但其发展趋势势不可挡。2021 年，科技领域对区块链的认可度和需求达到前所未有的高度，在未来甚至还可以突破。一方面，技术进步不仅可以促进企业更好地发展，还可以有效地处理决策、许可计划及支付交易。在未来几年内，跨多个区块链网络进行互动的可扩展治理模型可能成为企业内部区块链环境的一个重要现象；另一方面，区块链技术也在不断改变政府的治理方式，助力政府提高效率、优化服务、风险管理、科学决策、资源整合、发展生产、民主治理等。基于此，随着区块链应用在各个领域的渗透，国家和社会必须高度重视区块链技术的发展，推进区块链技术与社会治理融合。

（一）总体规划与顶层设计

1. 充分认识区块链的革命性价值

党的十九届四中全会明确把坚持和完善共建共治共享的社会治理体制作为推进国家治理体系和治理能力现代化的关键举措。作为互联网技术发展的技术集成，区块链既是一种数据结构的组织形式，也是一种解决问题的技术方案，其"去中心化"、分布式、信息可追溯等特点对政府治理具有革命性作用。从内容上来看，区块链包含分布式存储、点对点传输、共识机制、"加密算法"等技术运用，核心是如何在分布式存储和"去中心化"结构中实现信任机制的有效运行，系统数据的共建、系统管理的共治和系统成果的共享与共建共治共享的社会治理体系具有内在的一致性。

首先，社会治理需要每个社会成员共同参与，从而实现治理资源集中，催生社会治理的内生动力。区块链系统具有开放性的特点，任何个人或组织都可以通过一定的算法程序向区块链系统添加新数据，实现数据共建，运用区块链技术赋能社会治理，为每个社会成员参加社会治理提供技术支持。**其次，作为**

一种分布式系统，区块链具有"去中心化"管理的作用，依靠系统中每个节点的确认，明确参与者的管理责任和管理内容，实现系统各部分协同有序运转。同时，不同节点之间的数据是平等的，不依赖于特定监督机构就能够实现管理系统内部的自动化监督，因此每个社会成员都是区块链系统的治理者。最后，区块链的非对称数据加密构造使其享有唯一的数据录入或修改权，也可以通过节点网络地址和账户公布，让每个节点都能获取完整的数据，进而实现数据的共享。因此，社会治理可以将区块链视为一种有效的技术手段，从而实现共建、共治、共享三者连接，达到社会治理现代化的目标。

区块链在处理海量化、复杂化、瞬间化信息的问题上表现出前所未有的优势和潜能，对政府治理方式的转变产生了深刻影响。首先，推动"行为治理"向"数据治理"转变，政府可以通过对海量大数据的挖掘，把握公共事务发展动向，为政府决策和治理体制设计提供有益的参考。其次，推动"管理型治理"向"参与型治理"转变，区块链系统可以帮助政府建立一套具有开放性、多元化、区块化的治理体系，充分调动多元社会主体的参与积极性。最后，推动"中心化治理"向"网络化治理"转变，区块链系统可以帮助政府建立一种"去中心化"的信息处理和权力运行机制，适应不断变化的网络结构、不断变化的治理内容的治理需要，促进治理资源与网络社会结构的精准匹配。

2. 统筹规划区块链发展布局

区块链是新一代信息技术的重要组成部分，是分布式网络、加密技术、智能合约等多种技术集成的新型数据库软件。作为世界信息技术的前沿性焦点，区块链引领新一轮的技术变革和产业变革。近几年来，区块链及其产业在全球范围内快速扩张发展，延伸到数字金融、智能制造物联网、智能制造、供应链管理、数字资产交易等多个领域，展现出广阔的应用前景。因此，我国需要立足新时代发展需求，从宏观目标、具体任务、重点工程、落实保障等多个角度系统推进区块链技术发展。

在宏观发展目标上，构建一套系统完整的区块链管理与监督机制，在核心技术、基础设施、标准制定、专利布局、产业发展、融合应用、协同监管等方面协同并进，加快建设国家级区块链发展先导区和区块链技术研发高地、制度创新高地、产业集群高地、人才集聚高地。

在具体任务和重点工程上：重视区块链技术创新，加强区块链基础设施建设，攻克区块链关键核心技术，建设区块链标准体系，推动区块链与新基建融合发展；培育区块链产业，科学规划区块链园区布局，推动区块链技术与产业协同创新发展，培育区块链人才、资本、知识等要素市场；赋能数字经济发展，推动制造业数字化转型升级，加快推进数字乡村建设，推动数字文化创新发展，推动区块链与金融领域融合创新；创新社会治理模式，加快数字政府建设，全面提升民生服务水平，推进新型智慧城市建设；提升区块链安全监督水平，加强区块链基础设施安全监管，加强区块链生态安全监管，强化金融安全监管，加强内容安全监管。

在落实保障上：加强组织领导，中央层面要加强对区块链发展全面领导，统筹协调区块链发展中的重大问题，研究重大政策、重点工程和重要举措，推动区块链健康有序发展；各级政府和相关部门制定符合当地发展需求的详细规划方案，有序推进各项任务落实；优化发展环境，营造良好的产业准入制度，在保证质量和安全的前提下，鼓励新产业、新业态、新模式的发展；深化开放合作，鼓励区块链企业与政府、高校及科研机构合作研发与交流，构建区块链创新资源合作网络；营造良好的社会氛围，充分发挥主流媒体与新闻网站的宣传作用，积极向社会公众科普宣传区块链相关知识，增强社会对区块链技术的认同。

2020 年以来，科学技术部联合相关部门开展"十四五"国家重点研发计划任务布局研究工作，面向 67 个部门和 2400 多家科研单位，广泛征集 1.6 万份重大研发需求，形成了"十四五"期间的国家重点研发计划。同时，我国提出"新型基础设施建设"来拉动经济增长，通过链网协同缓解全球经济下行风险。其中最重要的一环是，面向 5G、AI、资产数字化、"虚拟货币"等产业应用场景构建"星火·链网"，支持区域产业优势在技术创新、公共服务、产业生态、监管支撑和国际治理等方面可持续发展和优化，进而实现制造强国和网络强国。作为基于现有国家顶级节点的建设，"星火·链网"将以代表产业数字化转型的工业互联网为主要应用场景，为持续推进行业数字化转型，推动区块链应用发展和提高自主创新能力提供引擎作用。

3. 设立"以人为本"的发展目标

《"十四五"公共服务规划》指出，新一轮科技革命正在持续深入发展，区块链、大数据、云计算、人工智能、物联网等新技术不断涌现，要利用新技术推进数字化服务普惠发展，鼓励新技术赋能公共服务，为人民群众提供更智能、更便捷、更优质的公共服务；要探索"区块链+"在公共服务领域的应用，鼓励支持数字创意、智慧就业、智慧医疗、智慧住房公积金、智慧医疗、智慧法律服务、智慧旅游、智慧文化、智慧广电、智能体育、智慧旅游、智慧文化、智慧养老等新服务模式发展；推动智慧服务平台与线下服务联动发展，加快信息无障碍建设，切实解决困难、特殊群体运用智能服务的困境，实现共享数字生活；支持智慧公共服务机构对接基层、边远和欠发达地区。

区块链技术已经在社会得到广泛应用，公共服务是区块链落地最多的场景，通过打破公共服务中的数据壁垒，解决信任问题，可极大地提高办事效率。例如，区块链电子票据作为政府和企业之间创新的应用，可以解决传统发票的一票多开、多报、信息造假等问题。此外，区块链应用场景的不断扩展实现越来越多的公共服务事项网上办、掌上办、一次办，使公共服务不断朝着数字化、智能化、透明化、真实化的方向发展。

区块链技术提高了信息透明度，数据向广大人民群众开放，提高了获取数据的公平性，其防篡改性加大了人为操纵的难度，提高了合约的可执行性，这些特性在民生应用中发挥了重要价值。

4. 分层有序推进区块链技术发展

区块链诞生以来，经历了 3 个阶段的变化，分别是：以比特币为代表的货币区块链技术的 1.0 时代、以以太坊为代表的智能合约区块链技术的 2.0 时代、以完备权限控制和安全保障的超级账本为代表的 3.0 时代，每个阶段都有重要的发展。在区块链 1.0 时代，诞生了主要以比特币为主的"虚拟货币"，在金融领域掀起一股浪潮。这一时期的区块链架构分别为数据层、网络层、共识层、网络层、激励层和应用层 5 层。随着"虚拟货币"对"去中心化"的支付变革、区块链底层技术的完善，区块链 2.0 时代出现，这个时代则是以可编程金融为主，更多涉及智能合约方面的创新，例如股票、基金、债券、贷款、清算结算、智能合约等金融产品，各类资产以数据化的方式通过智能合约自动进行，实现资产安全交易。在区块链 3.0 时代，区块链开启在各行各业的应用落地，诞生了很多"去中心化"组织，区块链进入社会治理领域，包括民生、物流、医疗、政务服务等领域，应用范围扩大到整个社会，成为"万物互联"的一种底层协议。

由此可见，区块链发展有其内在规律，国家在推动区块链技术发展时，应在考虑既有发展基础条件、区块链技术本身发展规律等的基础上，系统综合规划区块链技术的发展与应用，完善区块链产业链；应根据当前经济社会发展的需求，有重点、有目的地推进区块链技术发展与应用，最大限度地发挥区块链技术的社会价值。由于我国尚处于区块链技术发展早期，要考虑到当前阶段所具有的新技术、新要求，健康有序地推动区块链技术成长与发展。

（二）突破核心技术，加强基础建设

1. 突破区块链核心技术研发

2022 年 1 月，国务院发布的《"十四五"数字经济发展规划》指出，要加快推动数字产业化，增强关键技术创新能力，瞄准区块链等战略性前瞻性领域发展，发挥我国社会主义制度优势、新型举国体制优势、超大规模市场优势，提高数字技术基础研发能力。2020 年以来，全球数字经济发展显著提速，以 5G 和区块链为代表的"新型基础设施"建设全面铺开，区块链与物联网、大数据、云计算、人工智能等众多先进科技深入融合，在社会众多行业中得到深度运用，推动大量的新技术、新应用、新产品、新模式的产生，产业生态繁荣健康，迸发出巨大的创新活力。然而，区块链的发展并不止步于此，而是持续迎来更大的技术突破，不囿于单一企业或有限的应用生态。

当前，区块链在金融领域的应用比较成熟，支付结算、供应链金融、保险、证券、征信等与区块链技术深度融合，其他非金融领域也在逐渐与区块链技术融合并落地发展，但示范性的区块链应用项目仍然较少。区块链技术的成熟度与技术标准化的程度是区块链能否大规模应用的关键。目前，区块链底层技术不成熟，共识算法等核心技术仍存在一定的问题，并在一定程度上限制了区块链技术的应用。因此，政府和相关企业要继续增加区块链技术研发投入，促进区块链核心技术创新优化，加强区块链在跨链技术、交易效率、隐私安全等底层代码和应用安全方面的创新突破。

2. 加强区块链基础设施建设

2020 年 3 月，新型基础设施建设成为我国的重点发展战略；同年 4 月，区块链被国家发展和改革委员会正式纳入新型基础设施建设，这对推动区块链发展具有重要意义。2021 年 11 月，工业和信息化部发布《"十四五"信息通信行业发展规划》，指出要建设区块链基础设施，以增强区块链服务和赋能的能力，更好地发挥区块链作为基础设施的作用和功能，为技术和产业变革提供创新动力。基础设施建设是一件耗资巨大、关乎国计民生的大事，如果基础设施建设落后，区块链技术的作用难以发挥，相关技术应用也难以落地。作为一项集成性技术，区块链的发展与应用需要其他基础技术作为支撑。

首先，依托已经建成的区块链网络进一步扩充网络节点，持续完善我国区块链基础网络。同时，加快建设安全可扩展的区块链开发部署和测试认证，促进区块链应用场景快速上线、降低开发运营成本。

其次，加快区块链和物联网、工业互联网、云计算、5G 等技术的深度融合，构建高速泛在、集成互联、安全高效、通用高效的区块链技术平台，全面增强区块链技术的数据感知、传输、存储和运算能力，持续推动区块链基础设施演进升级，从而建设国产区块链服务平台，打造区块链大数据共享、协同、管控平台，完善区块链发展综合治理体系。

最后，利用区块链技术推动产业数字化转型，推动交通道路、物流配送、能源开发、市政工程等基础设施智慧化改造，逐步形成网络化、智能化、协同化的融合基础设施，支撑新产业、新业态的全面发展，为经济社会的数字化转型提供有力支撑。

3. 大力培养区块链技术人才

随着区块链行业的深入发展，市场对区块链人才需求也更加清晰，为了满足区块链行业对相关人才的需求，需要从以下3个方面入手：一是紧紧围绕产业需求，加快培养与企业需求匹配的紧缺人才，即理论创新人才、核心研发人才、行业应用人才、实用技能人才等；二是围绕岗位需求，培养能力匹配的人才，根据目前区块链实际岗位要求，有针对性地提升不同岗位需求人才的综合处事能力、专业知识水平、工具使用能力及项目开发能力等；三是围绕人才培养标准，协调各方培养单位，区块链人才培养涉及政府、企业、高校及行业协会，政府应侧重政策激励，企业应侧重实践和就业，高校承担师资培养、课程设计及授课教学，行业协会应侧重制定人才标准和完善培养方案。

"政、产、学、研、用"一体化培养模式是区块链高质量人才培养的必由之路，以产业需求为导向，发挥好政府的引导作用，实现政府、企业、高校、行业协会等主体的统筹和联动，整合各方优势资源，打造区块链产业所需的人才培养平台。

（三）分层推进区块链技术发展

1. "软"技术的"硬"实力：做好区块链技术底层支持

目前，区块链系统仍是基于计算机、网络协议和数据库管理系统构建的，随着区块链初步满足各应用需求，区块链本身的技术问题成为制约其发展的关键。区块链在实现"去中心化"、点对点交易时需要大量计算机介入，其高效率和安全性不可兼得。因此，软硬件一体化、存储引擎、网络架构、共识协议等区块链底层技术的创新需要快速提上日程。

区块链技术赖以生存和发展的底层技术包括存储、加密、时间戳、共识和跨链，是多个技术的集成，区块链应用的性能和效率已经受到这一系列底层技术的影响。区块链需要从依赖传统计算平台转变为匹配合适的底层支撑技术，具体包括：一是不断加强区块链底层技术研究，例如加密签名算法、高性能新型共识机制、智能合约、P2P组网结构、分布式系统与存储、分片技术、跨链技术等，解决区块链本身的技术问题，强化其性能和效率；二是不断加强区块链安全技术研究，例如加密技术、交易溯源技术、账户聚类技术、网络层恶意节点检测、零知识证明等，提升区块链技术的安全可靠性，打造具有全球竞争力、依赖自主技术的区块链开源底层平台。

2. 以国家重大需求为发展突破点

我国政府持续出台了多项支持性、监管性政策助力区块链发展，为了更好地了解当前国家对区块链技术的需求，本书归纳了国家层面出台的推进区块链发展的相关政策（见附录一）。

我国已经对区块链技术的发展和应用做出了指导规划，明确了我国区块链技术的发展重点和总体目标：聚焦区块链领域的紧迫技术需求和关键科学问题，建立自主创新的区块链基础理论体系，突破区块链系统构建与共性关键技术，加强区块链监管与治理技术研究，推动建立区块链与其他前沿信息技术相融合的新一代信息基础设施与服务，开展在重点领域的应用示范，打造具有国际竞争力的区块链技术与产业生态。因此，我国区块链技术发展只有紧跟国家整体战略，加强与制造强国、网络强国、数字中国等国家重大发展战略的协同，以国家重大需求为己任，培育具有国际竞争力的产品和企业，深化实体经济和公共服务领域融合应用，主动谋划，抢占先机，实现产业基础高级化、产业链现代化，推动产业竞争力整体跃升和跨越式发展，才能实现健康有序发展。

3. 以社会治理难点为切入点

区块链在本质上是一套治理架构，其核心是在运用多种技术组合的基础上建立的信任机制与信息连接方式，从而促进社会治理结构扁平化、公共服务过程透明化、提高治理数据可信性和安全性。

实践表明，区块链在赋能社会治理、解决复杂公共问题上具有突出作用。近几年，深圳市推出区块链电子发票，使个人或企业的财务报销得到合理解决；最高人民法院已经承认区块链可以用电子数据来认证手段，保障案件治理的公平性与公正性；北京市公安局也开始在临时车辆号牌管理上运用区块链。此外，知识产权保护一直是政府治理的一大难题，而区块链作为时间戳信息的分布式数据库，可以运用数据库来实现知识产权确权及保护工作，有助于进一步完善我国知识产权保护体系。这些区块链赋能国家治理的实践案例中，国家与区块链技术之间存在较强的交互需求。

国家治理体系及治理能力现代化的建设是一个长期的过程，颠覆性、革命性的新技术出现为其提供了改革机遇，区块链技术发展要率先应用于国家、社会治理的难点，真正服务于国家建设，为广大人民群众带来福祉。

4. 分层有序推进区块链应用

当前，我国区块链大规模商业推广应用还存在不足。一方面，区块链技术尚未成熟；另一方面，区块链的特点决定了其与不同应用场景还需要进一步深度融合。因此，相关部门需要结合区块链技术特点，有目的、有计划、渐进式地推动区块链技术发展，不断积累区块链发展经验。

一方面，根据各地资源禀赋条件，分区域合理推进。我国幅员辽阔，各地发展条件差异大，不同地区发展状况因当地经济、教育、文化状况而异，各地对区块链的建设进度和发展重点也不相同。为了更好地了解我国各地的区块链推进情况及规划，基于我国 31 个省（自治区、直辖市）的区块链发展规划（见附录二），本文根据 31 个省（自治区、直辖市）的区块链发展方向进行了分类整理，我国 31 个省（自治区、直辖市）对区块链发展进行了规划，在总体上呈现"东部领跑、中部并跑、西部追赶"的梯度趋势，这与各地的经济发展水平息息相关。东部地区经济、教育及相关基础设施条件较好，集中于开发区块链前沿技术，试验多样化的区块链应用场景，是引导区块链产业及应用变革的先驱。中部地区经济、教育及相关基础设施条件稍弱于东部，更多集中于区块链技术与各行各业的深度融合运用，发展产业集群，也有些省份（例如湖南省）在构建区块链发展管理机制。西部地区由于经济、教育和相关基础设施建设较为落后，注重区块链试验区示范建设，期望发挥其示范引领作用，但也有些省份注重区块链标准研究，例如四川省和贵州省，前者是西部经济中心，后者则是国家大数据中心所在地。需要说明的是，无论是经济发达省份，还是经济欠发达省份都非常注重区块链技术与本省重点、特色产业的深度融合运用，只是囿于条件限制，应用场景和深度有所不同。

另一方面，分行业推进区块链应用落地。金融是区块链重要的应用场景，但由于早期技术不完善，难以大规模应用，只在跨境贸易支付、供应链金融等金融衍生领域应用服务。随着区块链与物联网、大数据、5G 等技术的融合应用，区块链商业应用基础设施逐渐完善，区块链应用场景已经逐步从过去的金融领域向实体经济领域延伸，覆盖医疗、能源、农业、物联网、公益慈善、汽车交通、娱乐等非金融领域，涉及各行各业。同时，区块链技术与实体经济广泛融合，传统实体经济可以利用区块链技术来降低成本，提升协作效率，激发实体经济增长，进一步调整市场结构，基于共识机制与智能合约技术的新生态系统将与现有产业融合，升级现有的商业模式、业务模式及监管模式。

（四）数字经济：区块链应用的新模式与新业态

2021 年，工业和信息化部、中共中央网络安全和信息化委员会联合发布《关于加快推动区块链技术应用和产业发展的指导意见》，提出要将区块链技术应用于工业互联网的标识解析、边缘计算、协同制造等环节，培育新模式、新业态。作为一种新的互联网技术，区块链技术具有强大的渗透性、颠覆性、扩散性，能够为经济社会的高质量发展提供多源头供给、科技支撑和新成长空间。

1. 促进数字资产领域繁荣发展

作为一种持续发展的新技术，区块链技术推动了新型商业模式的出现，尤其是在数字资产领域，区块链对数字资产给予重新解释，并为其带来了巨大的发展机遇。

区块链在数字资产领域的应用是一个大的方向，大致可以分为以下 3 类："虚拟货币"、数字化金融资产及各类可数字化金融资产。"虚拟货币"包括比特币等；数字化金融资产包括数字化的股票、私募股权、众筹股权、债券、对冲基金，以及所有类型的金融衍生品（例如期货、期权）等各类金融资产；各类可数字化资产包括不动产、数据资产、知识产权、艺术品、奢侈品、文化遗产、企业资产、城市资产等。区块链可以实现这些资产的数字化表达，其哈希指针构成时序单链表存储结构，使用区块链表达合约，在一致性、防篡改性、抗抵赖性和可靠性方面大幅提升，降低了安全风险和维护成本，也方便了用户之间的交易。

区块链逐渐引领信息互联网走向价值互联网，实现互联网价值的真实体现与透明转移。区块链技术正在构建真正值得信任的互联网，能够在网络中建立点对点信任，中介很难干预价值传递的过程，实现公开信息与保护隐私、集体决策与个体利益的统一，从而提高价值交互的效率并降低成本。

2. 更新传统产业发展模式

区块链技术改变了许多行业的商业模式，传统工业、销售等领域运用区块链技术，可以实现颠覆性发展。目前，区块链技术已经催生出新零售、新制造等新产业、新业态、新模式。

在新零售方面，区块链新零售可能成为零售行业解决"网购"冲击的可行方案。零售行业可以通过区块链系统中的多方参与，共同维护同一个数据源的形式以获取用户的信任。商品供应链参与方越多，共同维护的数据越多，可以给消费者带来扎实的数据信任基础，还有助于打破不同系统之间的"信息壁垒"；区块链的匿名性特点及其信息保护技术可以保证用户隐私；区块链的"去中心化"、分布式存储特征有利于回避人为造假、数据损失等问题。

在新制造方面，区块链具有改善库存管理、便捷安全的付款、改善用户参与度、优化业务流程、降低运营成本、构建可信体系等优势，其与制造业的融合应用，可以支撑制造行业数字化转型和产业高质量发展。

（五）多元协同推进区块链发展

区块链进入 3.0 时代，其广泛应用使各国政府、科技企业、金融机构等高度重视区块链技术的发展，但区块链技术与其他领域的融合发展，需要社会各方协同推进。

1. 政府完善宏观政策引导体系

2020 年，我国区块链产业政策迎来井喷式增长，我国各级政府发布区块链相关政策至少 600 部，是 2019 年的近 8 倍，所涉行业领域包括经济、金融、监管、物流、政务、农业等。同时，多项政策强调区块链与大数据、人工智能、云计算等前端技术的交互联动。2021 年，我国区块链相关产业的扶持政策更是遍地开花，我国各级政府发布的区块链相关政策达 1101 部。在政策的鼓励下，我国区块链技术相关专利申请位于世界前列，仅 2021 年申请量就占全球申请总量的 84%。这些政策的出台为我国区块链发展创造了优良的制度环境。

2. 多部门协同共建创新体系

2021 年，中共中央网络安全和信息化委员会等 16 个单位联合印发《关于组织申报区块链创新应用试点的通知》，提出区块链创新应用试点涉及实体经济、社会治理、民生服务、金融科技四大类 16 个领域。这些领域是社会各界重点关注的领域，需要多方社会力量参与协同。

因此，我们要构建一个政府部门、链条参与方、技术提供方等利益相关方组成的协同创新体系，加强各主体之间的互联互通、共建共享、业务协作。在技术创新方面，创新主体之间要沟通交流，避免各类新技术的"孤岛式"发展；在政策扶持上，政府各部门要沟通交流，避免重复建设，提高资源利用效率；在发展思路上，利益相关方之间要充分沟通，构建具有聚变效应的综合性区块链技术网络；在标准制定方面，利益相关方共同参与标准制定，促进区块链行业的规范化发展；在产业应用方面，探索多元主体参与、多业务协同、跨地区合作、数据有效共享的应用模式，深入开展"区块链＋"行动，按照基础设施、行业应用和综合服务三大板块合理布局，深化区块链运用场景，促进区域内区块链技术基础设施集约化、均衡化布局，形成规模化生产的跨链数据交换能力，共同推动整个产业生态良性发展。

3. 企业创新区块链技术与应用

企业既是区块链技术创新的核心主体，也是区块链技术应用的主要主体。企业能在第一时间把握消费市场对区块链应用的需求，进而引导消费者反映对区块链应用的需求。区块链行业正在蓬勃发展，企业要紧跟时代潮流，找准自身战略定位，一方面，为迎接区块链带来的运营工作方式、经济运作方式变革做好准备；另一方面，为推进区块链技术场景运用、完善区块链产业链奠定基础。

从消费市场来看，消费者对区块链在各个领域的应用需求呈不断增长趋势，典型代表有数字金融、非同质化"代币"、数字藏品等。Blockdata 数据显示，管理资产排名的全球前 100 家银行中，超过半数的银行已经拥有某种类型的区块链和"虚拟货币"敞口。2021 年世界经济论坛洞察报告显示，分布式账本技术和智能合约将在传统市场造成 867 万亿美元的颠覆性收入，全球企业都在调整发展战略并争取迅速把握区块链经济的发展机遇。

从企业本身来看，企业是推动区块链技术发展的重要力量。许多具有前瞻性的企业早已采取重要措施主动创新创造区块链技术及其应用场景。就国外企业而言，IBM 和 Linux 基金会早在 2015 年就创建了如今应用广泛的公有链项目 Hyper ledger，其极大地推动了区块链技术发展并占据技术与市场高地；Facebook 在 2019 年发布天秤币（Libra）"数字虚拟货币"，为金融基础设施全球化奠定了基础。就国内而言，腾讯、京东、蚂蚁金服等互联网科技公司也结合自身业务推出自己的区块链产品，例如区块链数字存证平台、区块链防伪溯源平台等，进一步推动了我国区块链产业的发展。

4. 深化社会各界对区块链的认识

此前，并没有得到社会的一致认同，人们对区块链的认识不到位。第一，大量社会公众对区块链的认识存在偏见，在大多数人看来，"去中心化"、不易篡改等属性就是区块链的全部，但实际上，真正的区块链比我们理解的复杂得多，且其技术应用并不是我们所认为的这么简单。目前，学术界对区块链也没有明确定义，区块链技术不是某一种单一的技术，而是一个系统性的概念，其本身也在持续地发展进化，很难用一个通用定义概括区块链的全部定义。因此，对区块链的理解，需要从行业需求出发，来看待区块链的价值和意义。区块链甚至被一些人等同于虚拟货币，没有真正了解区块链的本质及作用。第二，中共中央政治局于 2019 年就区块链技术发展现状和趋势进行第十八次集体学习之后，各地方政府纷纷出台区块链产业发展规划，增加对区块链产业的政策支持力度，但相对于政策支持上的成熟，区块链的商业化和资本化程度较低。虽然国内很多 IT 企业、金融机构纷纷布局区块链，但投入资源有限且主要应用于非核心业务领域，对区块链技术的应用仍处于初级阶段，相关概念股数量少，营收比其电子产品收入低得多，离真正商用化、市场化还有一段距离。第三，部分地区的政府对区块链的认识和了解不到位，缺乏学习，对区块链技术的安全问题、监管问题、合规问题还没有透彻的理解对区块链发展仍比较犹豫，相关扶持政策和发展力度较为保守。

虽然区块链已经融入社会生活的各个领域，但其仍处于行业发展的早期，政府、企业及相关单位需要引导社会正确认识区块链。首先，政府部门要从思想上发挥统一社会各界对区块链认识的作用，让社会各界认识区块链在技术变革和产业革新的作用。其次，正确认识区块链不等于"虚拟货币"，"虚拟货币"只是区块链的一种应用，当下分布式存储、共识机制、点对点通信、加密算法等底层技术的实现，使区块链在其他领域的应用不断完善。再次，正确合理看待区块链发展进程，作为一种新技术，区块链正在不断突破，出现许多新应用场景，尽管区块链应用还有很多技术性问题尚未解决，但我们应该以包容的态度对待，相信区块链技术将来会走向成熟。最后，相关部门要进一步优化区块链的标准及监管制度，加强区块链行业规范管理力度，为区块链发展营造良好的社会环境。

目前，各地方政府、企业及群众对区块链的认知不断深化，越来越注重技术本身的应用和创新。从技术维度来看，区块链是互联网技术应用层的创新，但并不是万能的，任何片面看待区块链或立刻希望其发挥颠覆作用是不可行的。

（六）强化区块链运用的底线意识和风险意识

作为一项革命性、颠覆性的新一代信息技术，区块链在带来机遇的同时，也带来了很多挑战，例如，区块链应用应该充分考虑技术带来的非理性行为与道德风险。大量用户进入区块链网络节点后，道德选择成为一个社会问题，在区块链平台规则设计、底层技术设计时，要充分考虑道德风险问题。因此，我们要强化区块链运用的底线意识和风险意识，时刻警惕"虚拟货币""虚拟世界"对现实世界的冲击。

1.警惕区块链应用风险

目前已经有大量金融机构开始在内部使用区块链，例如，花旗银行发行虚拟货币——"花旗币"，但区块链在金融领域的应用存在很多技术问题、货币问题及监管问题。

在技术问题方面：由于区块链兴起时间较短，很多底层支撑基础未成熟，分布式存储、加密算法、共识机制等技术蕴含巨大的潜力，但实践应用却大部分停留在理论层面或测试之中，距离实践运用还有一段距离；区块链"去中心化"管理方式颠覆传统生产生活方式，淡化了国家与监管意识，在一定程度上冲击了现行法律安排，共识机制、私钥管理、智能合约等技术本身的问题导致其应用过程中面临数据存储、隐私保护、资源分配、道德缺失等安全问题。

在货币问题方面：区块链承载了高额价值数字资产，其面临的风险挑战比传统互联网系统更加严峻，这可能会产生更大的风险漏洞，极易被不法分子利用，从而给国家和社会造成严重的经济损失。区块链作为一种"去中心化"的数据存储方式，为各种各样交易都提供了一种安全、可追溯的分布式账本，因此，越来越多人加入"虚拟货币"市场，这使金融市场潜藏巨大的风险；比特币的数量有限，且掌握在少数人手里，很容易在将来引发"虚拟货币"的通货膨胀。

在监管问题方面：区块链具有匿名性特征，许多不法分子可以利用这一特征在虚拟世界进行灰色交易、违法交易，尽管区块链具有"去中心化"特性且可追溯，但匿名性使我们只能看到交易动态流向，而无法实名认证参与者，一旦出现违法乱纪行为，很难找到现实的参与者，也会因为无法确定现实人员而造成社会恐慌；由于每个国家的法律不同，一些犯罪分子可以通过区块链技术完成跨服务区犯罪；区块链并没有在虚拟世界和现实世界中建立畅通的桥梁，如果不法分子将现实世界中的信用货币转换成加密"虚拟货币"，政府则无法强制收回。

2. 强化区块链监管的底线意识

安全是区块链未来生命力的保障，如何围绕物理、数据、应用系统建立一套区块链安全保障体系是迫切需要解决的问题。针对区块链风险问题，我们应该强化区块链监管的底线意识，加快构建区块链监管体系，并走向法治化、规范化及全面化，以保障区块链产业健康、可持续发展。

一是否定非法定"虚拟货币"的法定货币地位。比特币作为创新性的支付工具，游离于银行体系之外，不属于传统监管对象，也不具有法定货币地位。就现实情况而言，比特币在法律上应被视为"商品"，其"挖矿"、买卖和使用行为均应进行纳税申报。同时，"虚拟货币"可能会对中国人民银行的作用产生影响，因此，必须设立政府机构监管"虚拟货币"，保持金融系统的完整性，防范"虚拟货币"被用于市场投机、洗钱及其他非法活动。

二是加强对"虚拟货币"的安全监管。区块链监管的重心一直在非法集资、洗钱、传销币等方面，这些是事关社会发展及稳定的重大问题。因此，必须加强国家的安全监管能力，不断落实信息保护、网络信息安全相关法规与制度，保障国家、企业信息安全、个人隐私安全；加快建立区块链产业安全生态体系，支持区块链安全软硬件技术产品研发生产、试点示范和推广应用，组建区块链安全专业化服务队伍；加强对区块链技术的引导和规范，发挥区块链联盟、行业协会等社会组织的作用，加强行业自律，落实安全责任，规范行业行为。

三是加强区块链的风险防控能力。通过落实我国《区块链信息服务管理规定》要求，加强对区块链风险的防控监管。主要内容包括：建立区块链金融风险监管体系，提升金融风险监管和防范水平；重点加强对假借区块链概念开展金融违法犯罪行为的打击力度；加强对区块链信息传播的监管，打击谣言和非法信息传播；加强区块链网络治理，把依法治网落实到区块链管理中，推动区块链安全有序地发展。

在我国，相关监管部门对"虚拟货币"的监管思路高度一致，即积极支持和引导区块链应用与创新，逐渐加强对"虚拟货币"和各类"代币"的监管力度，坚决打击"虚拟货币"发行融资和交易等各类非法行为。目前，我国区块链监管体系的基本框架已经形成，但仍需不断发展和完善。

3. 注重数据质量与时效

在数字经济时代，数据已成为一种重要的生产要素。然而，在信息爆炸时代，海量数据不仅增加了我们信息获取的难度和成本，也使数据存储成为一个大问题。同时，我国大数据发展还处于基础阶段，很多数据得不到充分利用，数据应有的价值得不到发挥，区块链技术的出现为这些问题提供了一个解决思路。

区块链本身是一种数据存储技术，通过网络中所有节点参与来验证信息的真假，从而促进全网共识。将区块链技术应用于大数据中，可以使数据具有不易篡改、时间戳等特性，数据质量提高且可信度高。同时，网络中的数据被赋予极强的弹性，存储量大幅增加，为后期预测分析提供极大的便利。

区块链技术是数字经济时代不可或缺的重要技术，其卓越的数据安全性和质量，改变了人们处理大数据的方式。区块链技术在与实体经济融合发展后，能够记录国民经济社会发展的所有行为数据，这些数据成为非公开的隐私数据，具有极高的商业价值、社会价值和战略价值。因此，在保证数据安全可信、公开透明和有效监管的基础上，加强不同组织之间的合作和数据共享，充分发挥数据价值，促进社会发展。

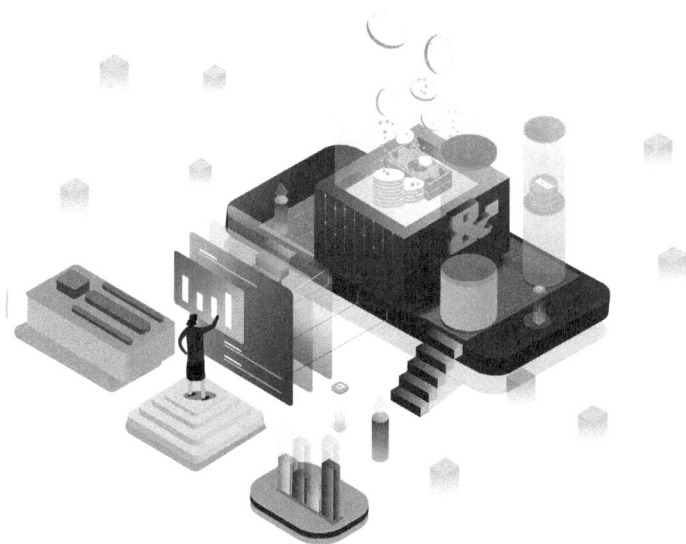

附录一 国家层面出台的区块链发展的相关政策

国家层面出台的区块链发展的相关政策见附表 1。

附表 1 国家层面出台的区块链发展的相关政策

时间	部门	政策名称	核心要点
2022年6月	交通运输部办公厅	《基于区块链的进口干散货进出港业务电子平台建设指南》（交办水函〔2022〕827号）	推动区块链技术与交通行业深度融合发展，建设基于区块链的全球航运服务网络
2022年5月	最高人民法院	《最高人民法院关于加强区块链司法应用的意见》（法发〔2022〕16号）	充分发挥区块链在促进司法公信、服务社会治理、防范化解风险、推动高质量发展等方面的作用，全面深化智慧法院建设，推进审判体系和审判能力现代化
2021年11月	国务院	《提升中小企业竞争力若干措施》	支持金融机构深化运用大数据、人工智能、区块链等技术手段，改进授信审批和风险管理模型，持续加大小微企业贷、续贷、信用贷、中长期贷款投放规模和力度
2021年11月	农业农村部	《农业农村部关于拓展农业多种功能促进乡村产业高质量发展的指导意见》	发挥农村电商在对接科工贸的结合点作用，实施"互联网+"农产品出村进城工程，利用5G、云计算、物联网、区块链等技术，加快网络体系、前端仓库和物流设施建设，把现代信息技术引入农业产加销各个环节，建立县域农产品大数据，培育农村电商实体及网络直播等业态
2021年11月	人力资源社会保障部、国家发展和改革委员会财政部、商务部、市场监督管理总局	《关于推进新时代人力资源服务业高质量发展的意见》	实施"互联网+人力资源服务"行动，创新应用大数据、人工智能、区块链等新兴信息技术，推动招聘、培训、人力资源服务外包、劳务派遣等业态提质增效
2021年10月	中国人民银行、中共中央网络安全和信	《关于规范金融业开源 技术应用与发展的意见》	探索自主开源生态，重点在操作系统、数据库、中间件等基础软件领域和云计算、大数据、人工智能、区块链等新兴技术领域加快生

时间	部门	政策名称	核心要点
2021年10月	息化委员会办公室、工业和信息化部、中国银行保险监督管理委员会、中国证券监督管理委员会	《关于规范金融业开源 技术应用与发展的意见》	态建设，利用开源模式加速推动信息技术创新发展
2021年10月	国务院	《国务院关于开展营商环境创新试点工作的意见》	推进区块链技术在政务服务、民生服务、物流、会计等领域探索应用
2021年9月	交通运输部办公厅	《基于区块链的进口集装箱电子放货平台建设指南》	推动区块链技术与交通行业深度融合发展，建设基于区块链的全球航运服务网络
2021年6月	国务院	《国务院关于印发全民科学素质行动规划纲要（2021—2035年）的通知》	推进科普与大数据、云计算、人工智能、区块链等技术深度融合，强化需求感知、用户分层、情景应用理念，推动传播方式、组织动员、运营服务等创新升级，加强"科普中国"建设，充分利用现有平台构建国家级科学传播网络平台和科学辟谣平台
2021年5月	工业和信息化部、中共网络安全和信息化委员会办公室	《关于加快推动区块链技术应用和产业发展的指导意见》	要聚焦供应链管理、产品溯源、数据共享等实体经济领域，推动区块链技术的融合应用，支撑行业数字化转型和产业高质量发展，推动区块链技术应用于政务服务、存证取证、智慧城市等公共服务领域，支撑公共服务透明化、平等化、精准化
2021年3月	国务院	《中华人民共和国国民经济和社会发展第十四个五年规划和2035年远景目标纲要》	利用区块链技术优势打造数字经济新优势，加快推动数字产业化，推动区块链技术创新，以联盟链为重点发展区块链服务平台和金融科技、供应链管理，政务服务等领域应用方案
2020年11月	文化和旅游部	《关于推动数字文化产业高质量发展的意见》	支持5G、大数据、云计算、人工智能、物联网、区块链等在文化产业领域的集成应用和创新，建设一批文化产业数字化应用场景
2020年4月	教育部	《高等学校区块链技术创新行动计划》	为加快高校区块链技术创新，服务国家战略需求，到2025年，在高校布局建设一批区块链技术创新基地，培养汇聚一批区块链技术攻关团队

续表

时间	部门	政策名称	核心要点
2019年8月	中共中央、国务院	《中共中央 国务院关于支持深圳建设中国特色社会主义先行示范区的意见》	提高金融服务实体经济能力，研究完善创业板发行上市、再融资和并购重组制度，创造条件推动注册制改革；支持在深圳开展数字货币研究与移动支付等创新应用；促进与港澳金融市场互联互通和金融（基金）产品互认；在推进人民币国际化上先行先试，探索创新跨境金融监管
2019年1月	国家互联网信息办公室	《区块链信息服务管理规定》	规范区块链信息服务活动，维护国家安全和社会公共利益，保护公民、法人和其他组织的合法权益
2018年4月	教育部	《教育信息化2.0行动计划》	提出积极探索基于区块链、大数据等新技术的智能学习效果记录、转移、交换、认证等有效方式，形成泛在化、智能化学习体系，推进信息技术和智能技术深度融入教育教学全过程，打造教育发展国际竞争新增长极
2018年2月	工业和信息化部	《工业和信息化部办公厅关于组织开展信息消费试点示范项目申报工作的通知》	积极探索利用区块链技术开展信息物流全程检测，推进物流业信息消费降本增效
2017年12月	国家邮政局	《国家邮政局关于推进邮政业服务"一带一路"建设的指导意见》	与沿线国家交流邮政业和互联网、大数据、云计算、人工智能及区块链等融合发展的经验，联合开展科技应用示范
2017年11月	国务院	《国务院关于深化"互联网+先进制造业"发展工业互联网的指导意见》	促进边缘计算、人工智能、增强现实、虚拟现实、区块链等新兴前沿技术在工业互联网中的研究与探索
2017年10月	国务院	《国务院办公厅关于积极推进供应链创新与应用的指导意见》	提出要研究利用区块链、人工智能等新兴技术，建立基础供应链的信用评价机制
2017年8月	国务院	《国务院关于进一步扩大和升级信息消费持续释放内需潜力的指导意见》	提出开展基于区块链、人工智能等技术的试点应用
2017年7月	国务院	《新一代人工智能发展规划》	促进区块链技术与人工智能的融合，建立新型社会信任体系

附录二　我国 31 个省（自治区、直辖市）的区块链发展规划

我国 31 个省（自治区、直辖市）的区块链发展规划见附表 2。

附表 2　我国 31 个省（自治区、直辖市）的区块链发展规划

省份	政策名称	政策内容
东部（11个）		
北京市	《北京市"十四五"时期国际科技创新中心建设规划》	持续开展区块链基础理论与关键共性技术攻关，抢占区块链技术发展制高点。研发共识机制、分布式存储、跨链协议、智能合约等技术，优化完善可持续迭代的技术架构体系。研发基于精简指令集（RISC）原则的第五代开源指令集架构（RISC-V）的区块链专用加速芯片，进一步提高芯片集成度，提高大规模区块链算法性能。推动区块链芯片规模化应用，保持区块链芯片研究与应用的全球引领地位。组建长安链生态联盟，建设覆盖全社会各行业、各领域的数字化可信协作基础设施
天津市	《天津市科技创新"十四五"规划》	研究智能合约、共识算法、加密算法、分布式系统等区块链技术，构建自主的区块链底层系统，面向物流、金融、"数字货币"、智慧政务、共享经济等场景开展应用示范
河北省	《河北省科技创新"十四五"规划》	提升产业链供应链现代化水平。持续补短板，形成具有更强创新力、更高附加值、更安全可靠的产业链供应链。超前布局区块链、太赫兹、量子通信等未来产业链，抢占发展制高点。强化供应链安全管理，分行业做好战略设计和精准施策，完善从研发设计、生产制造到售后服务的全链条供应体系
辽宁省	《辽宁省"十四五"科技创新规划》	加强新一代信息技术与制造业融合，用数字经济为优势产业赋能增效，打造一批典型应用场景，布局一批智能工厂、智能车间，加快培育网络化协同、智能化制造等新模式新业态。利用区块链等技术，建设面向消费品行业的服务平台，扩大个性化定制产品占比
上海市	《上海市战略性新兴产业和先导产业发展"十四五"规划》	重点突破智能合约、共识算法、加密算法、分布式系统等关键技术，加快建设一批区块链服务平台，推动区块链在金融、商贸、物流、能源、制造等领域示范应用，构建应用场景，形成区块链应用技术体系和产业生态
江苏省	《江苏省"十四五"科技创新规划》	充分发挥江苏省区块链产业基础较好、数据资源丰富、应用场景广阔的优势，重点支持开展加密算法、共识协议、智能合约、分布式传输与网络、用户隐私、数据安全等前沿技术攻关，争取在区块链协议与标准、应用框架、分布式存储与计算、可信执行环境等方面取得标志性成果，形成一批引领区块链产业发展的高质量知识产权。推动区块链技术在先进制造、移动通信、物

续表

省份	政策名称	政策内容
江苏省	《江苏省"十四五"科技创新规划》	联网、数字医疗、现代物流、通信信息安全、金融、智慧农业、政务服务等重点领域率先开展创新应用，初步建成区块链技术标准、服务体系和产业生态链，力争江苏省区块链产业规模、技术创新能力和示范应用水平处于全国前列
浙江省	《浙江省科技创新发展"十四五"规划》	到2025年，将浙江省打造成国内领先、国际一流的区块链技术创新高地、应用高地、人才高地，基本形成技术、应用、标准完备的区块链产业生态，成为国内区块链产业健康有序发展的典范，在全国形成区块链技术与产业发展的"浙江贡献"
福建省	《福建省"十四五"科技创新发展专项规划》	推进数字产业化，提升物联网、大数据、云计算、卫星应用等优势产业，大力发展人工智能、区块链等未来产业，推动集成电路、工业软件、网络通信、核心元器件及关键材料等基础产品迈向中高端，打造具有较强竞争力的数字产业集群
山东省	《山东省"十四五"科技创新规划》	围绕建设数字强省重大需求，开展5G、人工智能、区块链、工业互联网、量子通信、集成电路等领域关键共性技术研究，巩固山东省在高端服务器、高效网络存储、网络空间安全等领域的技术优势，加快建设济南国家新一代人工智能创新发展试验区、山东半岛工业互联网示范区，积极创建青岛国家新一代人工智能创新发展试验区，推动新一代信息技术与经济社会融合创新发展，支撑数字经济核心产业快速发展
广东省	《广东省科技创新"十四五"规划》	推进可信数据服务网络基础设施建设，研发自主可控、互联互通的区块链开源平台。聚焦数学、信息科学、密码学等基础科学和应用科学开展研究，强化共识机制、智能合约、加密算法、分布式存储、跨链及分片等关键核心技术攻关，探索区块链与新一代信息技术融合应用，形成区块链技术研发和产业应用高地
海南省	《海南省"十四五"科技创新规划》	重点发展数字文体、数字金融、数字健康等数字经济，加快区块链产业应用，重点打造游戏动漫和区块链产业集群，高标准高质量建设生态智慧园区，致力于成为数字贸易策源地、数字金融创新地、中高端人才聚集地
中部（10个）		
山西省	《山西省"十四五"新技术规划》	做强做大信息技术应用创新、半导体、大数据、碳基新材料4类支柱型新兴产业，大数据产业包括加强5G基站、大数据中心、基于区块链的数据平台等信息基础设施建设，布局数字基础设施建设先行区和数据要素高效流通先行区
内蒙古自治区	《内蒙古自治区"十四五"科技创新规划》	推进数字内蒙古建设，提升数字化生产力，推动经济社会各领域数字化优化升级。大力发展软件与信息服务业和电子信息制造业，培育发展大数据、区块链、人工智能、云计算、

省份	政策名称	政策内容
内蒙古自治区	《内蒙古自治区"十四五"科技创新规划》	物联网等新一代信息技术产业，加快数字产业园区建设。推动数字经济和实体经济深度融合，实施数字化转型伙伴行动、上云用数赋智计划，加快传统产业数字化网络化智能化改造，推进服务业数字化
吉林省	《吉林省科学技术发展"十四五"规划》	开发基于高性能计算环境的科技创新服务体系关键技术、新一代人工智能关键技术、大数据分析应用关键技术、区块链与现代社会治理融合技术以及量子科技领域关键技术，强化智慧城市、智慧医疗、智慧交通、智慧基建等多场景应用技术
黑龙江省	《黑龙江省"十四五"科技创新规划》	推动数字经济和实体经济深度融合，围绕大数据和人工智能、工业互联网、智能化软件、集成电路、移动通信、区块链、网络安全等重点领域开展技术创新和应用研究，加快重点产业数字化、绿色化、智能化改造，支撑"数字龙江"建设。开展区块链同态加密、可控匿名性区块链隐私保护、区块链对称加密、基于区块链的客户识别（KYC），区块链数据优化及存储、链间协同，区块链数据共享、共识框架构建，链上智能合约设计，基于区块链的社会公益场景应用，基于区块链小额跨境支付与智能证券等关键技术的研究
安徽省	《安徽省"十四五"科技创新规划》	推动互联网、物联网、大数据、人工智能、云计算、区块链同各产业深度融合，促进平台经济、共享经济健康发展。支持企业兼并重组，防止低水平重复建设
江西省	《江西省"十四五"科技创新规划》	大力推进智慧监测，推动物联网、区块链、人工智能、5G通信等新一代信息技术与监测行业的深度融合
河南省	《河南省"十四五"科技创新和一流创新生态建设规划》	布局北斗应用、量子信息、区块链、生命健康等未来产业。实施产业基础再造工程，推动高端化、智能化、绿色化、服务化改造，突破一批基础零部件、基础材料、基础工艺、产业技术基础等短板，促进创新产品迭代升级和规模应用
湖北省	《湖北省科技创新"十四五"规划》	将加快布局区块链等前沿产业，推动区块链与人工智能、大数据、物联网等技术的深度融合，加快区块链技术创新、应用创新、模式创新，建设有全国影响力的区块链创新发展集聚区
湖南省	《湖南省"十四五"战略性新兴产业发展规划》	到2022年，全省区块链发展管理机制形成，自主知识产权的区块链技术成果和技术专利数量进入全国前8位，创建3个以上国家级创新平台、3个以上国家级和省级区块链产业创新示范园区；培育形成10家具备较强实力、国内领先的区块链龙头企业，规模以上区块链企业达100家；推动1000家以上传统企业业务"上链"，推动公共服务企事业单位数据"上链"，政务数据共享率达50%以上

续表

省份	政策名称	政策内容
广西壮族自治区	《广西科技创新"十四五"规划》	把握信息技术全方位跨界融合趋势，坚持技术研发、产品研制和融合应用，加强人工智能、5G、区块链、北斗导航、物联网、大数据云计算、智能终端、高端应用软件等领域关键技术攻关，重点在新一代人工智能领域实施一批科技重大专项，促进新技术和新产品研发与应用，抢占新一代信息技术创新制高点
西部（10个）		
四川省	《四川省"十四五"高新技术产业发展规划（2021—2025年）》	建设西部金融中心，创新贸易金融服务，争取设立科创金融改革试验区，探索形成贸易金融区块链标准体系。合规有序发展供应链金融，推广跨境金融区块链服务平台
重庆市	《重庆市科技创新"十四五"规划（2021—2025年）》	探索形成贸易金融区块链标准体系，推广跨境金融区块链服务平台，加快区块链等新兴技术研发，探索相关技术和产品创新应用，发展数字经济新业态
贵州省	《贵州省"十四五"科技创新规划》	围绕电子信息产业发展的科技需求，深化5G、大数据、云计算、人工智能、数字孪生、数据中台、区块链等核心技术与应用创新，数据治理、数据安全关键技术，大数据安全和隐私研究、多源数据融合技术集成、可视化大数据分析、数据共享服务平台、跨学科领域交叉的数据融合分析与应用等大数据技术；区块链标准研究；机器学习、新型人机交互、机器视觉等人工智能技术；网络集约平台建设关键技术，数据库、操作系统、嵌入式软件等及网络工程、信息安全等技术；信道编码等新一代通信技术；即时信息交互、移动控制等物联网技术
云南省	《云南省"十四五"科技创新规划》	为建设区块链应用试验场和聚集区，打造全国区块链产业高地，加快建设区块链新型基础设施建设；加强区块链政务应用引领；培育区块链产业应用市场；打造区块链应用示范标杆；支持云南省区块链中心建设运营；推动区块链信息服务主体做大做强；支持区块链企业上市；加大基金支持力度；加强区块链人才培养和引进；打造区块链交流平台
西藏自治区	《西藏自治区"十四五"时期科技创新规划》	面向"数字西藏"发展需求，开展智能终端、云计算与大数据、工业互联网等关键技术的转化与应用，加强软件、新一代通信网络与5G技术等关键技术的集成转化与应用，推进智慧应用、物联网、人工智能与区块链等关键技术在产业发展、民生改善、社会治理、边境防控等领域的场景驱动创新和应用示范，促进创新链和产业链深度融合

省份	政策名称	政策内容
陕西省	《陕西省"十四五"科技创新发展规划》	重点突破基于区块链的数据存储安全技术、数据链信息"去中心化"融合共享技术、面向区块链应用的高效同态流密码技术，区块链与数字经济、民生服务、社会治理等领域深度融合的关键核心技术
甘肃省	《甘肃省"十四五"科技创新规划》	加快数字产业化和产业化数字化，发展培育大数据、云计算、人工智能、区块链等核心数字产业集群；抓好工业互联网平台培育工程，实施庆阳金山云西北总部、兰州鲲鹏计算、海康威视区域总部等数字重点产业项目
青海省	《青海省"十四五"科技创新规划》	促进云计算、大数据、物联网、区块链、人工智能等新一代信息技术与实体经济深度融合应用，推动高端装备制造、智能生产制造、智慧城市建设、数字文化等领域发展。依托青海省能源资源优势，布局发展大数据产业，面向全国提供数据存储、大数据分析计算、数据挖掘等"一站式"服务，加快青海省工业互联网平台建设，助推"数字青海"建设
宁夏回族自治区	《宁夏回族自治区科技创新"十四五"规划》	围绕打造西部有一定影响力的电子信息产业集聚高地的需求，重点开展智能终端、云计算与大数据、工业互联网等关键技术的转化与应用；开展电子元器件、电子仪器仪表、软件、新一代通信网络与5G技术等关键技术的集成转化与应用；开展智慧应用、物联网、人工智能与区块链等关键技术的集成转化与应用，催生出一批新产业、新模式、新业态，有效支撑"产业数字化、数字产业化"。在供应链管理、数字资产、现代物流、能源电力、安全应急、公共服务等领域开展区块链技术的融合应用技术研发
新疆维吾尔自治区	《新疆维吾尔自治区科技创新"十四五"规划》	打造区域科技创新引擎，发挥乌昌石国家自主创新示范区和丝绸之路经济带创新驱动发展试验区示范引领作用，为丝绸之路经济带核心区高质量发展提供强劲动力。布局南北疆科技创新网络，全面支撑"一港、两区、五大中心、口岸经济带"建设，全面服务于丝绸之路经济带核心区建设和向西开放总体布局。拓展"一带一路"开放合作空间，发挥新疆区位优势，积极融入国际国内创新网络，丰富合作交流载体，提升合作交流层次，增强创新开放合作整体效能

参考文献

[1] 郭磊. 区块链技术初探 [J]. 保密科学技术，2020（1）：11-16.

[2] 张偲. 区块链技术原理、应用及建议 [J]. 软件，2016，37（11）：51-54.

[3] 郭上铜，王瑞锦，张凤荔. 区块链技术原理与应用综述 [J]. 计算机科学，2021，48（2）：271-281.

[4] 乔光华，祝孔青，赵德忠，等. 基于区块链的学历认证和学位认证模式研究 [J]. 经营与管理，2018（3）：142-146.

[5] 张永升. 区块链传播媒介与艺术设计 [J]. 内蒙古艺术，2017（2）：90-93.

[6] 邵奇峰，金澈清，张召，等. 区块链技术：架构及进展 [J]. 计算机学报，2018，41（5）：969-988.

[7] 邓建鹏，邓集彦. 稳定币 Libra 的风险与规制路径 [J]. 重庆大学学报（社会科学版），2020，26（2）：141-152.

[8] 黄波. 非同质化代币数字艺术作品的版权风险与防范 [J]. 出版发行研究，2022（6）：59-64.

[9] 朱白，李寅. 基于区块链技术的数字图书馆场景化分层应用模型 [J]. 湖北农业科学，2020，59（18）：127-133.

[10] 许月，张夏晨，高捷. 高校智慧校园与区块链技术的建设研究 [J]. 传播力研究，2020（16）：182-183.

[11] 李妃养，黄何，张宏丽. 区块链技术在技术成果交易领域应用探索 [J]. 科学管理研究，2020，38（3）：55-60.

[12] 黎茂林，王黎黎. 基于家用呼吸机的健康管理云平台设计与实现 [J]. 医疗卫生装备，2020，41（11）：34-39.

[13] 周全兴，李秋贤，樊玫玫. 基于智能合约的三方博弈防共谋委托计算协议 [J]. 计算机工程，2020，46（8）：124-131，138.

[14] 王发明，朱美娟. 国内区块链研究热点的文献计量分析 [J]. 情报杂志，2017，36（12）：69-74，28.

[15] 侯周国，梁欢. 区块链技术发展现状及特色应用研究 [J]. 科技创新与应用，2019（30）：18-20，23.

[16] 韩璇，袁勇，王飞跃. 区块链安全问题：研究现状与展望 [J]. 自动化学报，

2019，45（1）：206-225.

[17] 钱平凡，钱鹏展．分享经济：助推经济发展的新的老模式 [J]．发展研究，2016（12）：4-12.

[18] 吕雯．数字城市建设迎来区块链 [J]．小康，2020（1）：28-30.

[19] 李康震，陈刚，周芮．区块链技术在侦查领域中的应用研究 [J]．信息资源管理学报，2018，8（3）：81-92.

[20] 胡鹏辉，高继波．新乡贤：内涵、作用与偏误规避 [J]．南京农业大学学报（社会科学版），2017，17（1）：20-29，144.

[21] 虞雀．区块链在游戏产业的应用前景研究 [J]．中国市场，2018（25）：58-59.

[22] 曾学清．地方政府可持续发展战略绩效评估 KPI 体系构建 [J]．中南林业科技大学学报（社会科学版），2010，4（4）：30-33.

[23] 孙士奇．区块链技术的发展及应用 [J]．信息系统工程，2018（10）：85-86，88.

[24] 王铿．区块链：引领我们进入协同社会的下一代互联技术 [J]．中国金融电脑，2018（1）：36-39.

[25] 王锴，于萌．成为"精明买主"：基于区块链技术的政府购买服务研究 [J]．求实，2020（5）：44-57，110.

[26] 刘双印，雷墨鹭兮，王璐，等．区块链关键技术及存在问题研究综述 [J]．计算机工程与应用，2022，58（3）：66-82.

[27] 李九斤，陈梦雨，徐玉德．区块链技术在金融领域应用的研究综述 [J]．会计之友，2021（22）：137-142.

[28] 辛艳双，陈思，韩修远．一种基于 ICE 的远程协作实现方案 [J]．电脑与电信，2019（4）：61-65，69.

[29] 赵明慧，张琭，亓晋．基于区块链的社会物联网可信服务管理框架 [J]．电信科学，2017，33（10）：19-25.

[30] 谢家贵，李海花．区块链与工业互联网协同发展构建新基建的思考 [J]．信息通信技术与政策，2020（12）：38-45.

[31] 龚钢军，张心语，张哲宁，等．基于区块链动态合作博弈的多微网共治交易模式 [J]．中国电机工程学报，2021，41（3）：803-818.

[32] 王本刚．一个关于公共治理的三维分析框架 [J]．东南传播，2013（2）：34-37.

[33] 曾正滋．公共行政中的治理：公共治理的概念厘析 [J]．重庆社会科学，2006（8）：81-86.

[34] 李嶒 . 基于区块链 3.0 架构的身份认证系统 [J]. 宿州学院学报，2019，34（11）：70-76.

[35] 张亮，刘百祥，张如意，等 . 区块链技术综述 [J]. 计算机工程，2019，45（5）：1-12.

[36] 姚珂珂 . 区块链及其应用研究 [J]. 北方经贸，2019（9）：123-125.

[37] 梅雅鑫，刁兴玲 . 区块链从 2.0 迈向 3.0 时代需去伪存真与实体经济深度融合 [J]. 通信世界，2018（27）：48-49.

[38] 郭叶斌，徐欣 . 基于区块链的加密云存储平台模型研究 [J]. 软件导刊，2020，19（1）：221-224.

[39] 舒航，张高煜，赵厚宝，等 . 区块链技术研究综述 [J]. 福建电脑，2019，35（1）：1-3.

[40] 宋奇 . 谈区块链发展迅雷链克展示 3.0 时代技术优势 [J]. 计算机与网络，2018，44（5）：33.

[41] 李董，魏进武 . 区块链技术原理、应用领域及挑战 [J]. 电信科学，2016，32（12）：20-25.

[42] 贾开 . 区块链治理研究：技术、机制与政策 [J]. 行政论坛，2019，26（2）：80-85.

[43] 唐衍军，杨宇 . 区块链技术助力审计监督全覆盖 [J]. 国网技术学院学报，2017，20（6）：26-29.

[44] 王世伟 . 关于智慧图书馆未来发展若干问题的思考 [J]. 数字图书馆论坛，2018（7）：2-10.

[45] 王毛路，李莉莉 . 区块链行业创新应用概述 [J]. 软件和集成电路，2018（11）：38-42.

[46] 周慧文 . 各国电子政务公共服务功能定位的理论与实践 [J]. 图书情报知识，2004（5）：76-78.

[47] 韩广华 . 区块链技术背景下图书馆版权交易模式的变革 [J]. 河南图书馆学刊，2020，40（1）：129-131.

[48] 朱婉菁 . 区块链技术驱动社会治理创新的理论考察 [J]. 电子政务，2020（3）：40-53.

[49] 徐明 . 浅析区块链在供应链金融中的应用 [J]. 中外企业家，2018（33）：76.

[50] 陈水生，谢仪 . 数字治理价值的偏离及其复归：基于"数字抗疫"的案例研究 [J]. 电子政务，2023（2）：18-30.

[51] 磨惟伟 . 发达国家区块链技术战略部署及对我国网空治理策略的几点启示 [J]. 中国信息安全，2017（2）：84-87.

[52] 王元地，李粒，胡谍 . 区块链研究综述 [J]. 中国矿业大学学报（社会科学版），2018，20（3）：74-86.

[53] 林小驰，胡叶倩雯 . 关于区块链技术的研究综述 [J]. 金融市场研究，2016（2）：97-109.

[54] 周全兴，李秋贤，樊玫玫 . 基于智能合约的三方博弈防共谋委托计算协议 [J]. 计算机工程，2020，46（8）：124-131，138.

[55] 李嶒 . 基于区块链 3.0 架构的身份认证系统 [J]. 宿州学院学报，2019，34（11）：70-76.

[56] 刘敖迪，杜学绘，王娜，等 . 区块链技术及其在信息安全领域的研究进展 [J]. 软件学报，2018，29（7）：2092-2115.

[57] 郭学沛，杨宇光 . 区块链技术及应用 [J]. 信息安全研究，2018，4（6）：559-569.

[58] 黄华威，孔伟，彭肖文，等 . 区块链分片技术综述 [J]. 计算机工程，2022，48（6）：1-10.

[59] 贾开 . 区块链治理研究：技术、机制与政策 [J]. 行政论坛，2019，26（2）：80-85.

[60] 李佩蓉，崔旭，郭斌 . 从电子政务到治理现代化：国内 20 年来数字政府研究进展：基于 CiteSpace 知识图谱分析 [J]. 辽宁行政学院学报，2023，25（1）：36-45.

[61] 胡剑，戚湧 . 基于区块链跨链机制的政务数据安全治理体系研究 [J]. 现代情报，2023，43（9）：85-97，164.

[62] 巢乃鹏 . 国外区块链技术的政府实践与治理 [J]. 人民论坛·学术前沿，2018（12）：44-50.

[63] 张志胜，张俊 . 改革开放以来的农村公共服务：供给谱系与演进趋向 [J]. 大连海事大学学报（社会科学版），2020，19（6）：84-89.

[64] 王春晖 . 信息通信业在海南自由贸易港的作用 [J]. 中国电信业，2020（7）：10-12.

[65] 刘宗媛，刘曦子 . 区块链在溯源领域的应用 [J]. 网络空间安全，2019，10（11）：7-14.

[66] 胡扬 . 区块链技术与国家财政治理 [J]. 吉首大学学报（社会科学版），2020，41（2）：128-136.

[67] 张双阳 . 智慧社区及其信息化建设 [J]. 环渤海经济瞭望，2018（12）：22.

[68] 陈奕青，张富利 . 大数据环境下的国家治理与风险应对 [J]. 广西社会科学，2021（3）：16-25.

[69] 谢治菊，范飞 . 区块链扶贫监管：优势、风险和路径展望 [J]. 电子政务，2020（10）：74-87.

[70] 吕睿智 . 数字货币的交易功能及法律属性 [J]. 法律科学（西北政法大学学报），2022，40（5）：64-76.

[71] 蒋勇，文延，嘉文 . 白话区块链 [M]. 北京：机械工业出版社，2017.

[72] 路彩霞 . 区块链发展现状与安全风险管控措施探讨 [J]. 网络安全和信息化，2022（4）：25-27.

[73] 李强，舒展翔，余祥，等 . 区块链系统的认证机制研究 [J]. 指挥与控制学报，

2019，5（1）：1-17.

[74] 王炜，蔡羽茜.技术驱动、人才赋能与需求导向：中国数字政府建设的三个关键维度：基于电子政务发展指数的分析 [J].行政论坛，2022，29（6）：58-66.

[75] 耿亚东.数字中国建设背景下政府数字化转型路径探析 [J].治理现代化研究，2023（1）：56-63.

[76] 赵成杰，申世越，姜蓉.1+X 证书制度何以创新推进：基于区块链技术的研究 [J].职教通讯，2020，35（12）：32-37.

[77] 朱婉菁.基于区块链技术的多中心协同治理：技术促生的制度可操作化 [J].电子政务，2021（5）：58-70.

[78] 任文琴，李珍刚.公共危机应急管理中的跨地区数据共享机制构建：基于整体性治理的理论分析 [J].社科纵横，2020，35（9）：75-81.

[79] 李兵，魏阙，宋微，等.以浙江特色小镇为导向的吉林省特色园区建设模式探索 [J].中国商论，2018（18）：137-139.

[80] 靳涛，李超鹏.基于区块链的智慧消防信息共享体系 [J].电子技术与软件工程，2018（13）：172.

[81] 刘宗妹.区块链的应用：安全威胁与解决策略 [J].通信技术，2020，53（1）：142-149.

[82] 卢晓蕊.数字政府建设：概念、框架及实践 [J].行政科学论坛，2020（12）：10-13.

[83] 蔡聪裕，金华.区块链驱动智信政府构建：现实困境、实践路径与理论图景：基于广东省 A 市 Z 区的个案研究 [J].湖北社会科学，2020（10）：33-42.

[84] 杨柠聪，白平浩.区块链技术的政府治理实践：应用、挑战及对策 [J].党政研究，2020（2）：100-107.

[85] 杨学成，许紫嫒.从数据治理到数据共治：以英国开放数据研究所为案例的质性研究 [J].管理评论，2020，32（12）：307-319.

[86] 李晓鹏，孙健夫.从政府投入看中国城镇住房保障的发展 [J].甘肃社会科学，2019（3）：200-208.

[87] 秦响应，申晨，陈刚，等.基于区块链技术的互联网信用体系框架构建 [J].征信，2020，38（2）：12-17.

[88] 余茜.数字群团组织：理论逻辑、战略意蕴及实践路径 [J].北京航空航天大学学报（社会科学版），2020，33（4）：55-61.

[89] 张建锋.数字政府 2.0：数据智能助力治理现代化 [M].北京：中信出版集团，中

信出版社，2019.

[90]　石菲．区块链在健全公共卫生应急管理体系中的应用分析和建议 [J]. 中国信息化，2020（3）：34-38.

[91]　张璋．论信息资源公益性服务政策工具的设计与选择 [J]. 情报资料工作，2009（3）：17-21.

[92]　吴月．技术嵌入下的超大城市群水环境协同治理：实践、困境与展望 [J]. 理论月刊，2020（6）：50-58.

[93]　金泳，徐雪松，王刚，等．基于区块链的电子政务大数据安全共享研究 [J]. 信息安全研究，2018，4（11）：1029-1033.

[94]　刘淑春．数字政府战略意蕴、技术构架与路径设计：基于浙江改革的实践与探索 [J]. 中国行政管理，2018（9）：37-45.

[95]　彭相尚．浅析电子政务对信息资源配置失灵的影响 [J]. 特区经济，2005（10）：221-222.

[96]　曹海军，侯甜甜．区块链技术如何赋能政府数字化转型：一个新的理论分析框架 [J]. 理论探讨，2021（6）：147-153.

[97]　米加宁，章昌平，李大宇，等．"数字空间"政府及其研究纲领：第四次工业革命引致的政府形态变革 [J]. 公共管理学报，2020，17（1）：1-17.

[98]　胡税根，杨竞楠．发达国家数字政府建设的探索与经验借鉴 [J]. 探索，2021（1）：77-86.

[99]　杨冬梅，单希政，陈红．数字政府建设的三重向度 [J]. 行政论坛，2021，28（6）：87-93.

[100]　北京大学课题组．平台驱动的数字政府：能力、转型与现代化 [J]. 电子政务，2020（7）：1-30.

[101]　祁志伟．中国数字政府建设历程、实践逻辑与历史经验 [J]. 深圳大学学报（人文社会科学版），2022，39（2）：13-23.

[102]　吕俊延．回应、精简与开放：区块链技术革新政府治理的三个维度 [J]. 理论月刊，2020（11）：61-69.

[103]　孟庆国，崔萌．数字政府治理的伦理探寻：基于马克思政治哲学的视角 [J]. 中国行政管理，2020（6）：51-56.

[104]　姜宝，曹太鑫，康伟．数字政府驱动的基层政府组织结构变革研究：基于佛山市南海区政府的案例 [J]. 公共管理学报，2022，19（2）：72-81.

[105]　向东．在数字政府建设中深化政务公开助力推动国家治理体系和治理能力现代化 [J]. 中国行政管理，2020（11）：15-16.

[106] 古天姣.吉林省推进分级诊疗制度建设的效果、问题与对策 [J].行政与法，2020（12）：31-42.

[107] 李昊林，彭錞.良好数字生态与数字规则体系构建 [J].电子政务，2022（3）：31-38.

[108] 梁华.整体性精准治理的数字政府建设：发展趋势、现实困境与路径优化 [J].贵州社会科学，2021（8）：117-123.

[109] 张雪帆，蒋忠楠.公共行政的数字阴影：数字政府建设中的伦理冲突 [J].公共行政评论，2022，15（5）：164-181，200.

[110] 王伟玲.加快实施数字政府战略：现实困境与破解路径 [J].电子政务，2019（12）：86-94.

[111] 高奇琦.智能革命与国家治理现代化初探 [J].中国社会科学，2020（7）：81-102.

[112] 邱泽奇.技术与组织：多学科研究格局与社会学关注 [J].社会学研究，2017，32（4）：167-192，245.

[113] 石娟，郑鹏，常丁懿.大数据环境下的城市公共安全治理：区块链技术赋能 [J].中国安全科学学报，2021，31（2）：24-32.

[114] 高奇琦.将区块链融入科层制：科层区块链的融合形态初探 [J].中国行政管理，2021（7）：70-77.

[115] 刘格昌，李强.基于可搜索加密的区块链数据隐私保护机制 [J].计算机应用，2019，39（S2）：140-146.

[116] 周茂君，潘宁.赋权与重构：区块链技术对数据孤岛的破解 [J].新闻与传播评论，2018（5）：58-67.

[117] 李靖宁.区块链解析及应用 [J].青岛远洋船员职业学院学报，2018，39（4）：41-44.

[118] 周冬.公民参与腐败治理：基于区块链技术的实现方式 [J].北京航空航天大学学报（社会科学版），2020，33（4）：62-68.

[119] 戚学祥.区块链技术在政府数据治理中的应用：优势、挑战与对策 [J].北京理工大学学报（社会科学版），2018，20（5）：105-111.

[120] 夏择民.数字政府建设中的区块链技术：制度功能、应用边界和实施障碍 [J].华东理工大学学报（社会科学版），2022，37（3）：108-117.

[121] 陈娟.数字政府建设的内在逻辑与路径构建研究 [J].国外社会科学，2021（2）：74-83.

[122] 黄卓.区块链泡沫还会持续很长一段时间 [J].中外管理，2018（6）：97-99.

[123] 任明，汤红波，斯雪明，等.区块链技术在政府部门的应用综述 [J].计算机科学，2018，45（2）：1-7.

[124] 寇晓燕.区块链在社会治理中的应用与法律规制前瞻 [J].深圳信息职业技术学院学报，2022，20（4）：46-50.

[125] 张楠，赵雪娇.理解基于区块链的政府跨部门数据共享：从协作共识到智能合约 [J].中国行政管理，2020（1）：77-82.

[126] 王立霞.政府信息资源跨部门整合与共享 [J].人民论坛，2013（A11）：48-49.

[127] 郑荣，张薇，高志豪.基于区块链技术的政府数据开放共享平台构建与运行机制研究 [J].情报科学，2022，40（5）：137-143.

[128] 周宁霖.现代数字金融技术特点分析 [J].科技资讯，2018，16（2）：33-35.

[129] 邓理，王中原.嵌入式协同："互联网＋政务服务"改革中的跨部门协同及其困境 [J].公共管理学报，2020，17（4）：62-73.

[130] 顾庆康，池建华.乡村治理、信息技术如何促进农户金融契约信用发育？以浙江桐乡"三治信农贷"为例 [J].农村经济，2020（12）：94-103.

[131] 韩志明.从"互联网＋"到"区块链＋"：技术驱动社会治理的信息逻辑 [J].行政论坛，2020，27（4）：68-75.

[132] 吴凯双，朱莉薇，高海荣，等.大学生创新创业与乡村振兴对接路径探析 [J].科技视界，2020（9）：209-210.

[133] 吴德慧."乡村振兴"视阈下的农业供给侧结构性改革路径探析：以河南许昌为例 [J].山西高等学校社会科学学报，2018，30（4）1-4，27.

[134] 刘波，龙如银，朱传耿，等.海洋经济与生态环境协同发展水平测度 [J].经济问题探索，2020（12）：55-65.

[135] 陈蕾，周艳秋.区块链发展态势、安全风险防范与顶层制度设计 [J].改革，2020（6）：44-57.

[136] 何翔舟，杨佳华.区块链经济机理与乡村振兴战略 [J].安徽行政学院学报，2020，11（2）：68-75.

[137] 韩冰，韩冬.农村土地综合整治中的农民意愿及对策研究：基于成都市的分析视角 [J].农村经济，2014（3）：32-36.

[138] 李建勇.农民职业转向对乡村文化振兴的影响：问题缘起、现实审思与路径选择：基于S省N村的考察 [J].四川行政学院学报，2020（4）：95-104.

[139] 张妍，王龙泽，吴靖，等.区块链与综合能源系统：应用及展望 [J].中国科学基金，2020，34（1）：31-37.

[140] 黄虹，文康珍，刘璇，等．泛在电力物联网背景下基于联盟区块链的电力交易方法 [J]．电力系统保护与控制，2020，48（3）22-28．

[141] 曾昊，刘志伟．基于"区块链"技术的智慧环保管理体系构建思路 [J]．智能建筑与智慧城市，2020（11）：53-55，58．

[142] 洪小玲，万虎，肖晓，等．基于区块链的制造联盟系统 [J]．计算机科学，2020，47（S1）：369-374．

[143] 陈晓红．新技术融合下的智慧城市发展趋势与实践创新 [J]．商学研究，2019（1）：5-17．

[144] 董少龙．区块链＋养老：打造未来养老新模式 [J]．社会福利，2019（12）：28-30．

[145] 石亚军，程广鑫．区块链＋政务服务：以数据共享优化政务服务的技术赋能 [J]．北京行政学院学报，2020（6）：50-56．

[146] 彭灵灵．特色小镇的社会治理创新：基于广东省中山市古镇镇的善治实践 [J]．南方农村，2018，34（6）：49-52．

[147] 刘传岩．中小企业供应链融资模式探析 [J]．黑龙江金融，2011（7）：59-61．

[148] 王强，卿苏德，巴洁如．区块链在征信业应用的探讨 [J]．电信网技术，2017（6）：37-41．

[149] 李靖宁．区块链解析及应用 [J]．青岛远洋船员职业学院学报，2018，39（4）：41-44．

[150] 边莹．大数据下的政府审计质量控制路径研究 [J]．现代营销，2020（5）：210-211．

[151] 章政，张丽丽．商事制度改革与企业信用体系建设 [J]．中国工商管理研究，2015（5）：20-25．

[152] 卞彬．WTO 规则对政府职能的四大挑战 [J]．财经科学，2002（3）：108-111．

[153] 彭星．欧盟《一般数据保护条例》浅析及对大数据时代下我国征信监管的启示 [J]．武汉金融，2016（9）：42-45．

[154] 王化群，吴涛．区块链中的密码学技术 [J]．南京邮电大学学报（自然科学版），2017，37（6）：61-67．

[155] 程平，王文怡．基于区块链技术的税收征管电子发票防伪追溯研究 [J]．会计之友，2020（4）：154-160．

[156] 闵旭蓉，杜葵，戴逸聪．基于区块链技术的电子证照共享平台设计 [J]．指挥信息系统与技术，2017，8（2）：47-51．

[157] 杨庆．第三方支付风险及监管建议 [J]．合作经济与科技，2019（4）：70-71．

[158] 蒲松涛．区块链在知识产权保护中的应用潜力和挑战 [J]．青海科技，2020，27（2）：11-14．

[159] 陈希琳，黄芳芳．乡村如何振兴 [J]．经济，2018（5）：14-18．

[160] 陈兵，程前.《税收征收管理法》修订下网络交易税收征管问题解读：以第三方平台管控为中心 [J]. 上海财经大学学报（哲学社会科学版），2015，17（4）：101-112.

[161] 王玉华，戴泽曦. 区块链技术在保险行业的应用场景研究 [J]. 吉林金融研究，2019（6）：16-20，24.

[162] 张月玲，王晴，王晓菁. 我国区块链概念股上市公司投入产出效率研究：基于 DEA 和 Malmquist 指数模型 [J]. 会计之友，2020（15）：153-160.

[163] 黄佳. 基于区块链技术的跨区域电子证照共享平台 [J]. 科技与创新，2019（11）：61-63.

[164] 杨煜. 基于区块链赋能的生态环境治理网络研究 [J]. 电子政务，2021（4）：105-113.

[165] 顾真源，刘予辰，张明睿，等. 基于区块链的老年护理平台应用研究 [J]. 合作经济与科技，2020（9）：151-154.

[166] 杨雪，李建民，赵楠，等. 药物和医疗器械临床研究评价平台建设的思考 [J]. 药物评价研究，2020，43（10）：2138-2142.

[167] 赵星，乔利利，张家榕，等. 元宇宙研究的理论原则与实用场景探讨 [J]. 中国图书馆学报，2022，48（6）：6-15.

[168] 闫婷，袁艳红，武晓琴，等. 基于区块链技术的食品安全溯源平台研究 [J]. 数字通信世界，2020（5）：194.

[169] 彭军霞，聂兵. 碳普惠绿色通证生态模型研究 [J]. 环境科学与管理，2020，45（5）：20-24.

[170] 王雪竹. 区块链技术对首都社会治理的应用场景解析 [J]. 前线，2020（6）：75-78.

[171] 阙迪文. 食品安全管理中区块链技术应用的要点分析 [J]. 食品安全导刊，2020（30）：156.

[172] 刘宗妹，张国业. "区块链＋物联网"助推食品供应链溯源 [J]. 农业工程，2021，11（2）：51-55.

[173] 伍旭川. 区块链金融应用面临的挑战 [J]. 中国金融，2019（23）：28-29.

[174] 王浦劬. 国家治理、政府治理和社会治理的基本含义及其相互关系辨析 [J]. 社会学评论，2014，2（3）：12-20.

[175] 崔运武，杨映竹. 区块链嵌入公共服务的技术禀赋与应用路径 [J]. 行政管理改革，2022，1（1）：55-65.

[176] 朱红灿，王新波. "区块链＋民生"：内涵、形势与任务 [J]. 广西师范大学学报（哲学社会科学版），2020，56（1）：76-86.

[177] 赵晓."区块链数字货币"的不可承受之重 [J]. 中外管理，2019（12）：10-11.

[178] 王青兰，王喆，曲强. 新型国家公共卫生信息系统建设：提高系统韧性的思考 [J]. 改革，2020（4）：17-27.

[179] 尹慧子，张海涛，刘雅姝，等. 国内外医疗信息共享研究进展 [J]. 情报理论与实践，2020，43（1）：177-181，162.

[180] 王凯芸，郑涛，邵维君. 医疗领域中区块链的应用与数据安全问题研究 [J]. 医学信息学杂志，2021，42（10）：6-10.

[181] 刘宁，陈敏，许晓娣，等. 区块链技术在卫生健康行业中的应用分析与研究进展 [J]. 中国卫生信息管理杂志，2022，19（4）：493-498，528.

[182] 刘扬，胡学先，周刚，等. 基于多层次区块链的医疗数据共享模型 [J]. 计算机应用研究，2022，39（5）：1307-1312，1318.

[183] 刘芬，朱壮友，许勇. 基于区块链的电子病历数据共享模型研究 [J]. 安徽师范大学学报（自然科学版），2021，44（6）：536-544.

[184] 曹允春，李彤，林浩楠. 基于区块链技术的药品追溯体系构建研究 [J]. 科技管理研究，2020，40（16）：215-224.

[185] 王甜宇，吴敏，周瀛. 一种基于区块链的医联体医疗健康数据流转与安全共享方案 [J]. 信息系统工程，2022（5）：68-71.

[186] 赵亮亮. 中国养老问题的特殊性和应对思路探讨 [J]. 当代经济管理，2013，35（8）：37-40.

[187] 卞海霞. 整体性治理视野下中国食品安全治理的困境与出路 [J]. 社科纵横，2013，28（12）：52-57.

[188] 王启飞，程梦丽，张毅. 区块链技术赋能食药安全监管机制研究：基于"鄂冷链"的案例分析 [J]. 电子政务，2021（11）：92-102.

[189] 汪普庆，瞿翔，熊航，等. 区块链技术在食品安全管理中的应用研究 [J]. 农业技术经济，2019（9）：82-90.

[190] 杨学军，徐振强. 智慧城市中环保智慧化的模式探讨与技术支撑 [J]. 城市发展研究，2014，21（7）：1-4.

[191] 沈鼎壹，阮明明，王新华. 区块链技术在环境保护中的应用 [J]. 科学技术创新，2019（22）：57-58.

[192] 明锐. 区块链技术在政府环境污染治理中的应用研究 [J]. 环境科学与管理，2019，44（6）：85-89.

[193] 龙新梅.基于关系结构视角的协同治理困境及实现路径：以"锰三角"区域生态环境治理为例 [J]. 长春师范大学学报，2021（3）：31-37.

[194] 卞传莲. 区块链存储与加密技术在环境监测中的应用 [J]. 中国高新科技，2022（13）：102-104.

[195] 赵楠，盛昭瀚，严浩. 基于区块链的排污权交易创新机制研究 [J]. 中国人口·资源与环境，2021，31（5）：131-140.

[196] 杨德昌，赵肖余，徐梓潇，等.区块链在能源互联网中应用现状分析和前景展望 [J]. 中国电机工程学报，2017，37（13）：3664-3671.

[197] 于冠一，朱丽.综合能源服务助力绿色高质量发展对策研究 [J]. 中国行政管理，2022（5）：158-160.

[198] 李达，杨珂，王栋，等."十四五"区块链应用在能源领域规划之展望 [J]. 中国能源，2021，43（12）：14-22，73.

[199] 颜拥，陈星莺，文福拴，等.从能源互联网到能源区块链：基本概念与研究框架 [J]. 电力系统自动化，2022，46（2）：1-14.

[200] 龙洋洋，陈玉玲，辛阳，等.基于联盟区块链的安全能源交易方案 [J]. 计算机应用，2020，40（6）：1668-1673.

[201] 许月，张夏晨，高捷. 高校智慧校园与区块链技术的建设研究 [J]. 传播力研究，2020（16）：182-183.

[202] 关志.国产密码体系在区块链中的应用与挑战 [J]. 中国信息安全，2019（11）：71-73.

[203] 严振亚，李健. 基于区块链技术的碳排放交易及监控机制研究 [J]. 企业经济，2020，39（6）：31-37.

[204] 任群委，黄小勇. 新时代背景下行政化治理与村民自治耦合的路径优化 [J]. 中国延安干部学院学报，2019，12（2）：78-86，136.

[205] 曹立.推进精准扶贫与乡村振兴有效衔接 [J]. 中国党政干部论坛，2020（5）：55-58.

[206] 岳巍.高等教育"管、办、评"分离：指向、基础及逻辑归纳 [J]. 中国成人教育，2018（15）：51-54.

[207] 吴宇轩，郭金平."互联网+"助力乡村振兴的路径探讨：以湖南通道县为例 [J]. 农业开发与装备，2020（3）：5-6.

[208] 林震，王辉健. 坚持"两山"理念，推进县域高质量发展 [J]. 环境与可持续发展，2020，45（6）：100-103.

[209] 吴烨. 论智能合约的私法构造 [J]. 法学家，2020（2）：1-13.

[210] 吴传俭. 政府审计的经济资源错配修正论研究 [J]. 技术经济与管理研究，2016（12）：88-92.

[211] 王宇鹏. 区块链视角下关于生鲜电商服务提质的思考 [J]. 商业经济研究，2020（14）：92-95.

[212] 余裕，黄英俊. 行政事业单位国有资产管理现状考察及对策 [J]. 行政事业资产与财务，2017（30）：10，12.

[213] 梁智学，齐立磊. 基于站群技术的市级纠风管理系统设计与实现 [J]. 计算机与现代化，2013（3）：207-211.

[214] 曹小兵，王海龙. 基于智慧城市架构下智慧杆的建设探究 [J]. 中国照明电器，2019（12）：12-15.

[215] 沈维嘉，金泽刚. 试论私分国有资产罪的司法认定 [J]. 政治与法律，2004（1）：103-107.

[216] 曹红丽，黄忠义. 区块链：构建数字经济的基础设施 [J]. 网络空间安全，2019（5）：75-81.

[217] 张宁熙. 区块链技术发展综述及其政务领域应用研究 [J]. 信息安全研究，2020，6（10）：910-918.

[218] 张涛. 开放政府数据法制化的地方实践与制度完善：以浙江等 9 个省市为分析样本 [J]. 贵州大学学报（社会科学版），2019，37（5）：75-82.

[219] 和军，谢思. 基于大数据的政府监管能力：区域比较与提升重点 [J]. 经济体制改革，2019（2）：13-19.

[220] 金会芳，吕宗旺，甄彤. 基于物联网＋区块链的粮食供应链金融的新模式研究 [J]. 计算机科学，2020，47（S2）：604-608.

[221] 刘海洋. 乡村产业振兴路径：优化升级与三产融合 [J]. 经济纵横，2018（11）：111-116.

[222] 刘瑾. 我国地方政府数据开放发展模式研究：以山东省为例 [J]. 图书情报导刊，2020，5（4）：27-33.

[223] 陈光炬. 山区生态农业发展的条件、问题及其对策：以浙江省丽水市为例 [J]. 中国商论，2013（33）：109-112.

[224] 欧阳时风. 浅析 ERP 环境下企业成本管控 [J]. 中国乡镇企业会计，2019（8）：177-178.

[225] 张会平，顾勤，徐忠波. 政府数据授权运营的实现机制与内在机理研究：以成都市为例 [J]. 电子政务，2021（5）：34-44.

[226] 王勇旗.公共数据法律内涵及其规范应用路径 [J].数字图书馆论坛，2019（8）：31-39.

[227] 吴勇毅.加速公共数据开放全力打造"上海样板" [J].上海信息化，2019（11）：10-16.

[228] 申洪源.2019 年夏粮收购回顾及四季度市场展望 [J].现代面粉工业，2019，33（5）：43-45.

[229] 陈兵.新时代强化竞争政策基础地位的落实与推进 [J].长白学刊，2020（5）：91-98.

[230] 张启良.从江西实际看影响我国粮食安全的隐患 [J].求实，2000，（1）：33-35.

[231] 张子淇，姜涵，张春飞.试点地区公共信息资源开放现状与推进方向：《公共信息资源开放试点工作方案》专题解读 [J].电信网技术，2018（5）：61-63.

[232] 温祖卿，郑磊.地方政府开放数据的利用与产出研究 [J].电子政务，2019（9）：23-31.

[233] 曾雪兰，黎炜驰，张武英.中国试点碳市场 MRV 体系建设实践及启示 [J].环境经济研究，2016，1（1）：132-140.

[234] 夏德孝，张道宏.和谐社会视角下的劳动价值论解读 [J].商业时代，2008（1）：4-5.

[235] 丁田平.基于区块链技术的高校专项资金管理研究 [J].中国注册会计师，2020（9）：105-108.

[236] 尚杰，陈玺名.全面推进乡村振兴背景下区块链与农业产业链融合 [J].理论探讨，2022（1）：159-164.

[237] 公茂刚，王学真，高峰.中国贫困地区农村居民粮食获取能力的影响因素：基于 592 个扶贫重点县的经验分析 [J].中国农村经济，2010（4）：12-19，29.

[238] 尹振涛，徐秀军.数字时代的国家治理现代化：理论逻辑、现实向度与中国方案 [J].政治学研究，2021（4）：143-154，160.

[239] 邓柯.区块链技术的实质、落地条件和应用前景 [J].深圳大学学报（人文社会科学版），2018，35（4）：53-61.

[240] 黄祖辉，胡伟斌.全面推进乡村振兴的十大重点 [J].农业经济问题，2022（7）：15-24.

[241] 陈宇欣.互联网保险领域区块链创新应用现状研究 [J].中国市场，2021（2）：170-172，182.

[242] 高其才.走向乡村善治：健全党组织领导的自治、法治、德治相结合的乡村治理体系研究 [J].山东大学学报（哲学社会科学版），2021（5）：113-121.

[243] 韩长赋.全面深化农村改革：农业农村现代化的强大动力 [J].求是，2018（13）：41-43.

[244] 张海鹏，郜亮亮，闫坤.乡村振兴战略思想的理论渊源、主要创新和实现路径 [J].中国农村经济，2018（11）：2-16.

[245] 谈慧娟，罗家为.乡村振兴战略：新时代"三农"问题的破解与发展路径 [J].江

西社会科学，2018，38（9）：209-217，256.

[246] 文丰安.农村生态治理现代化：重要性、治理经验及新时代发展途径 [J]. 理论学刊，2020（3）：67-75.

[247] 黄欣荣，周光玲.元宇宙的生成逻辑 [J]. 南昌大学学报（人文社会科学版），2022，53（6）：92-101.

[248] 华为区块链技术开发团队.区块链技术及应用 [M].北京：清华大学出版社，2019.

[249] 陈琦，王冠楠，赵蒙，等.农产品区块链溯源系统对消费者重购意愿影响研究 [J].中国地质大学学报（社会科学版），2022，22（5）：100-111.

[250] 杨振之，郭凌波.基于区块链技术的旅游业去中心化知识共享机制刍议 [J].旅游学刊，2019，34（8）：1-3.

[251] 宋小霞，王婷婷.文化振兴是乡村振兴的"根"与"魂"：乡村文化振兴的重要性分析及现状和对策研究 [J].山东社会科学，2019（4）：176-181.

[252] 李艳荣.乡村振兴视野下乡村"三治合一"治理体系建设的逻辑思路 [J]. 农业经济，2020（4）：34-36.

[253] 张灿强，付饶.基于生态系统服务的乡村生态振兴目标设定与实现路径 [J]. 农村经济，2020（12）：42-48.

[254] 左正龙."区块链＋契约链"绿色融资模式服务乡村振兴研究：基于契约经济学视角 [J].当代经济管理，2021，43（9）：81-88.

[255] 李健.数字技术赋能乡村振兴的内在机理与政策创新 [J].经济体制改革，2022（3）：77-83.

[256] 李晓丹.国有资产管理与经营 [M].北京：中国统计出版社，2000.

[257] 张言民.数字环境下著作权法利益平衡的冲突与消解 [J].出版发行研究，2015（5）：73-75.

[258] 刘佳静，郑建明.公共数据开放利用体系框架研究 [J].现代情报，2022，42（10）：90-98.

[259] 胡业飞，陈美欣，张怡梦.价值共创与数据安全的兼顾：基于联邦学习的政府数据授权运营模式研究 [J].电子政务，2022（10）：2-19.

[260] 李涛.政府数据开放与公共数据治理：立法范畴、问题辨识和法治路径 [J].法学论坛，2022，37（5）：65-73.

[261] 曾子明，万品玉.基于主权区块链网络的公共安全大数据资源管理体系研究 [J].情报理论与实践，2019，42（8）：110-115，77.

[262] 程啸 . 区块链技术视野下的数据权属问题 [J]. 现代法学，2020，42（2）：121-132.

[263] 张翠梅，方宜 . 区块链架构下政府数据开放共享治理研究 [J]. 南通大学学报（社会科学版），2021，37（6）：60-70.

[264] 王本刚，马海群 . 公共数据的公共价值研究：以国内外相关政策和报告为核心的解读 [J]. 情报理论与实践，2022，45（10）：1-10.

[265] 胡继晔 . 完善区块链和数字货币的"中国之治" [J]. 国家治理，2020（16）：33-35.

[266] 宋卿清，曲婉，冯海红 . 国内外政府数据开发利用的进展及对我国的政策建议 [J]. 中国科学院院刊，2020，35（6）：742-750.

[267] 张婷婷 . 财税政策扶持区块链产业发展的路径设计 [J]. 重庆科技学院学报（社会科学版），2019（3）：49-52，59.

[268] 陈加友 . 基于区块链技术的去中心化自治组织：核心属性、理论解析与应用前景 [J]. 改革，2021（3）：134-143.

[269] 宫铭豪 . 广播电视和网络视听商用密码应用与安全性评估 [J]. 广播与电视技术，2020，47（12）：25-27.

[270] 李昊伦 . 基于区块链的智慧城市大数据基础平台构建研究 [J]. 科技风，2018（36）：106.

[271] 高志鹏，牛琨，刘杰 . 面向大数据的分析技术 [J]. 北京邮电大学学报，2015，38（3）：1-12.

[272] 朱少平 . 企业应用区块链潜力无限 [J]. 清华金融评论，2020（2）：93-95.

[273] 孔德彭，吕上一，顾伟骊 . 新工科背景下区块链工程专业人才培养研究 [J]. 浙江工业大学学报（社会科学版），2020，19（3）：324-329.

[274] 郭威，司孟慧 . 基于区块链技术的金融创新：场景、问题与路径 [J]. 互联网经济，2020（4）：26-29.

[275] 黄玉波，喻希雅 . 让新消费点亮文化生活 [J]. 小康，2021（2）：35-36.

[276] 高小平，戚学祥 . 基于政策文本的区块链技术发展趋势与区域差异研究 [J]. 理论与改革，2019（6）：114-129.